AF318782

RAYMOND MAISONNEUFVE-LACOSTE
Ancien avocat général *

INDE
et
INDO-CHINE

LES PAYS,
LES ÉVÉNEMENTS,
LES ARTS

« Ex Oriente lumen »

PARIS

LIBRAIRIE

—

1892

INDE ET INDO-CHINE

DIX ANS DANS L'INDE

I

D'UXELLODUNUM A PONDICHÉRY.

Le 15 septembre 1867, je débarquais à Pondichéry; 3,000 lieues me séparaient de mon village; j'arrivais d'Uxellodunum, petit et obscur coin de terre de l'Aquitaine, non loin de Gergovia, vieille ruine illustre des monts Dômes, jadis le théâtre d'une rencontre entre les légions de César et les soldats de Vercingétorix.

Dans ces contrées arvernes et limousines, on constate à chaque période de dix siècles un mouvement dans les esprits. Les accès de cette fièvre se manifestent tous les mille ans : Avant J.-C., ces races sont aux prises avec les Romains ; endormies jusqu'au XI° siècle, elles se réveillent tressautant au cri de *Coucou piètre* ; le pays devient la vallée des larmes, la fin du monde approche, le salut fait crédit à peine de quelques heures incertaines, les populations affolées éprouvent le besoin de se sanctifier et de donner leur vie pour la délivrance du sépulcre du divin Maître qui avait immolé la sienne pour leur rédemption.

Campagne malheureuse ! tous ces croisés, mendiants, sans pain, sans souliers, ignorants et sans guide, laissant leurs dépouilles sur les chemins ; un petit nombre peut arriver jusqu'en Provence.

Pierre l'Ermite eut la satisfaction d'apprécier les élans de la foi, mais en même temps leur stérilité, quand les fanatiques marchent sans ordre et sans prévoyance.

En somme, la résultante de ces grands évènements de l'histoire sur l'esprit des indigènes a été une obstination granitique à s'immobiliser dans leur province.

En Corrèze, on porte le sol natal attaché au cou, comme le crétin son goître ; monter sur un bateau pour rapporter de Colchos la Toison d'or est une fable du Paganisme; aller sur mer est une impiété; l'esprit de Dieu peut seul marcher sur les eaux ; à l'homme est exclusivement réservé le plancher des vaches.

On n'est pas plus avancé que cela dans ce bon pays Uxellodunum : intelligences médiocres, santé de fer, rivées au *sweet home* (chez soi).

Le premier venu de mon quartier, le figaro par exemple, appelé comme Tirézias à traduire mon horoscope, aurait auguré, pronostiqué ou prédit toutes sortes de prodiges en bien ou en mal; mais il eût mis dans la casserole les poulets sacrés, traité les astres d'imposteurs, et leur influence de mensongère, si un présage d'émigration possible avait montré le plus petit bout d'oreille. Au demeurant ma destinée était calquée sur le modèle du plus grand nombre ; gabarit uniforme et d'une simplicité nature, qui consiste à se laisser vivre ; or se laisser vivre, c'est mettre ses pieds dans les mêmes sabots de l'ancêtre, continuer la tradition du patriarche, multiplier ses jours à l'ombre de la vigne et du figuier, et mourir dans son nid.

Ce rêve réalisé d'Abraham, l'Uxellodunien l'assaisonne de douceurs qui le font pleurer de tendresse ; il les formule ainsi · « Avoir un *en bas* de maison, un sac de blé dans la huche, quelques paniers de pommes de terre à la cave, et un quartier de lard suspendu à la travée. Enfin, comme couronnement suprême de ses convoitises, il ajoute la promenade à la prairie, et le bonheur de voir couler la rivière ;

sur cette herbe tendre, devant ce filet d'eau, il exhale son âme en béatitude ; il dirait volontiers comme le lazzarone de Parthénope : *Vedi Napoli et poï muori ;* j'ai vu la prairie je puis mourir ! Indulgence et miséricorde pour cet attardé, survivant du monde génésiatique : le temps hors de lui et sans lui a marché, les ombres du passé se sont fondues dans de nouvelles aurores ; l'esprit humain, toujours en quête de clartés, gravit à chaque minute ces échelons mystérieux à l'aide desquels le Titan déroba la souveraine lumière ; la vie active a raturé la vie contemplative ; le désert a abdiqué ; Chanaan est peuplé, un souffle civilisateur a réuni les anneaux épars de la famille d'Adam ; la locomotive attelée aux idées a relié tous les peuples qui, aujourd'hui, se donnent la main dans une commune aspiration de bien-être et de prospérité ; la vapeur a supprimé les distances, diminué les risques et périls, les routes des mers sont connues, tracées et jalonnées, pas une crique, pas une anse où l'œil de la découverte n'ait pénétré, et où le navire n'ait appuyé son talon de fer. Résultat prodigieux qui explique ce continuel coudoiement d'individualités de toutes les nations et les implantations étrangères sur tous les points du globe.

Le Gange n'a plus de secrets pour la Tamise, et sur les bords des fleuve Jaunes et Bleu de Confutzée, se promène le léopard d'Angleterre. Chaque partie du monde riposte à l'autre ; des raisons identiques provoquent et déterminent ces entraînements et ces dispersions. La curiosité, la soif de l'inattendu, le besoin de changement, l'intérêt, le caprice, l'ambition, la détresse du cœur, la vanité qui croit que la Fortune lui a fait faillite, déménagent en Europe et se donnent rendez-vous dans ces immenses maëlstroèmes qui s'appellent l'Afrique, l'Asie et l'Amérique.

Celui qui cause en ce moment est un voyageur de cette nécessité inévitable dont parle Sterne ; il se confesse tout de suite, pour éviter les conjectures, rassurer les âmes charitables et les convaincre que son gros péché est de ceux que beaucoup commettent... et commettront...

En France, à Paris ou ailleurs, Fulbert Esq^ro avait eu l'art de défaire un assez bon lit avec une adresse telle que pour reposer une tête aussi habile, il fut contraint d'accepter une natte dans l'Inde. C'était un matelas maigre, lointain, de tous côtés au soleil exposé ; il eût préféré un sommier élastique, même de la fabrique Benoîton ; mais de cette usine une toute autre chose lui avait été adjugée.

Cette aubaine n'améliorait en rien sa position, mais pas du tout, absolument pas. *Oise povero !* Que faire dans cette impasse difficile, hérissée de complications ? Ce que vous n'auriez peut-être pas fait.

Il partit. Regrettant sans doute d'avoir agi avec le bon sens comme Dagobert avec son haut-de-chausses, et cigale imprévoyante du lendemain, d'avoir jeté dans la tourmente des folles joies les épis d'une honnête moisson. En fouillant bien sous quelques replis cachés du cœur, y avait-il peut-être une invisible étreinte, une larme brûlante ?...

Allons, dit Rose, n'en parlons plus. *Hoc erat in votis !* A quoi bon regarder en arrière ? Les repentirs sont les relais de la vie ; plus on marche, plus on laisse de regrets derrière soi. Les nids de l'an passé ne logent plus que des coquilles, n'y cherchons pas les oiseaux de cette année. Le Rubicon étant franchi, Fulbert Esq^ro se réveillait en Orient, citoyen d'Asie, habitant de l'Inde ; ses dieux laissés en Europe, il n'avait qu'à s'incliner devant les tabernacles de Sem.

En Norwège, avec un calorifère et des soins intelligents, on acclimate un oranger ; une plante est plus délicate qu'un homme ; en Orient, si on se croit obligé de conserver le dernier, il faut supprimer la bouilloire et la remplacer par le parasol. Là-bas, la chaleur ; ici, l'ombre ; avec ce renversement de spécifiques, on peut végéter, sinon vivre.

Sur cette grave méditation, faite en pleine dune de Pondichéry, le nouveau débarqué allume un cigare et part en reconnaissance de la place.

Procéder comme tout le monde, suivre le sentier rebattu, n'est pas le propre de Fulbert, il hait la vulgarité et prend les choses de haut ; il ne faut pas s'étonner de le voir monter les quatre-vingt-quinze marches de l'escalier du phare, et s'accouder sur la balustrade de fer de la plate-forme pour avoir un prospect général de la ville. Ce préliminaire, au dé-

botté, fut heureux, et une délicieuse récompense répondit aux fatigues de l'ascension. Un paysage
splendide s'offrit à ses regards, et un spectacle de
beautés grandioses éblouit les yeux de son esprit.

Je transcris dans son désordre emphatique la première impression de la vue de Pondichéry.

II

SUB SOLE, SUB NOCTE.

Vous souvient-il d'Aréthuse, cette ravissante sirène du golfe de Carpathie, qui, au sortir du bain,
se sèche au soleil? Pondichéry en est la vivante
image. La nymphe du Coromandel émerge de la
mer, entourée d'une guirlande de feuillage qui se
termine en couronne verte, ombrageant son front.
Quand la brise fait frissonner cette splendide chevelure, l'air est imprégné de parfums et le sol jonché de fleurs. L'Océan, asservi aux charmes de la
fille de l'Onde, semble avoir perdu le souvenir des
colères et des tempêtes; ce formidable lion bénit
ses chaînes, tant il est calme, fier et majestueux, à
peine son souffle fait-il écho, alors que ses lèvres lèchent les sables du rivage : sur sa crinière ondoyante
se joue le soleil qui l'empourpre de ses rayons; le
dieu de Délos et Neptune luttent de magnificence

comme autrefois aux fêtes du baptême de la ville de Pallas-Athénée.

L'astre s'étale dans sa royale splendeur, il est éblouissant sur son trône de pierreries *(Auro micante pyropo)*, c'est une cataracte d'or liquide, une prodigalité de rayons de l'inépuisable qui donnent la chaleur et la lumière.

Quand vient l'heure ou Phœbus abandonne son char pour s'endormir au sein d'Amphitrite et laisse l'empire du Ciel à sa blonde sœur, née de Latone et de Jupiter, les merveilles se continuent ; la Nymphe se montre sous un prisme moins flamboyant, et ses charmes, pour être plus doux, n'en sont que plus enchanteurs ; la nuit la couvre de ses ailes d'azur tigrées d'étoiles qui étincellent comme une pluie de diamants sur la robe d'un magicien de l'Infini. Haletante sous les feux du jour, pantelante sous un ruissellement de flammes, elle se calme et s'apaise, savourant avec délices les haleines fraîches et embaumées qui inondent l'atmosphère.

O nuits de l'Inde ! nuits sans pareilles ! transparences magiques du bleu éther, quelle harpe d'or chantera vos harmonies ? Quel mage inspiré interprétera les mystères divins de vos nuées ?

O nuits sereines ! c'est de vos flancs que sortent ces effluves qui font tressaillir le monde des êtres dans des ivresses de volupté et d'amour. — Admirables symphonies du ciel ; le bulbul dans la feuillée, le bengali dans le calice du lotus, continuent les mélodies de quelque chantre invisible de l'empyrée.

— O faste indescriptible du bleu firmament, vous noyez l'âme dans une extase inouïe, sacrée, où elle s'agenouille en actions de grâces devant l'Eternel qui a créé ses sublimes visions *The lord, thy god, ô Sion ! Shall be king évermore and throngh all generations, Amen.*

III

COUP D'ŒIL HISTORIQUE SUR L'INDE FRANÇAISE.

Le temps tourne la page et l'histoire enregistre les changements.

Le Pondichéry triste, veule, misérable d'aujourd'hui, est loin de ressembler au Pondichéry du XVIII° siècle. Intelligence, grandeur d'âme, amour de la patrie, activité prodigieuse, esprit d'à-propos, urbanité, grâce, naturel enjoué, respect de soi-même, sentiment de sa propre valeur, toutes ces qualités qui distinguaient les Français d'alors ne se retrouvent plus ; les grandes figures d'autrefois en ont emporté le secret dans la tombe ; une ombre épaisse s'est faite sur cette cité ; aux rides des ans se sont ajoutées les cicatrices venant de la main des hommes ; *edax tempus, edacior homo.*

L'Inde elle-même, ce berceau de la civilisation antique, visitée des dieux, des mages, des héros,

des philosophes et des conquérants, est tombée en
poussière. Sésostris, Pythagore, Darius, Alexandre,
Gengiskan, Tamerlan, Baber, Rader-Shah, ont été
des météores laissant derrière eux une traînée de
flammes qui sauve de l'oubli ces âges épiques.

Ces représentants du Destin porteront pendant
des siècles l'Asie suspendue à l'arçon de leur selle,
mais arrive l'heure où cheval et cavalier s'abîment
dans le néant.

Que voit-on après eux ? Le génie des spécula-
tions, du trafic, debout snr de formidables décombres, raturant le passé. La Providence semblerait
un instant ouvrir une porte à la résurrection de ce
vaste empire, il pourrait renaître de ses cendres,
cette idée admirable de restauration s'allumera dans
l'âme du Français, cet élu avant tous autres chaque
fois qu'il faut être prodigue de cœur, de sang et
d'enthousiasme.

L'esprit de conquête entraîne un groupe d'hommes des côtes de France aux rivages du grand
Océan Indien ; la fortune donne la main à cette audace ; ces aventuriers s'élèvent, brillent et arrivent
au faîte de la puissance, jusqu'à ce que le sol, traî-
tre, perfide, se dérobant sous leurs pas, ils vacillent
et tombent.

Dupleix, la Bourdonnais, Bussy, Lally, tiendront
dans leurs mains les destinées de l'Extrême-Orient.
Pendant un demi-siècle se déroule une iliade de
victoires inattendues, de succès inespérés, de
combinaisons savantes, de manœuvres habiles et

heureuses. Dans cette marche difficile à travers l'inconnu, contre des ennemis innombrables, sous un soleil tombant à pic, ce n'est pas le canon qui joue le premier rôle, le génie français se montre le grand conquérant, il brille de tout son éclat, il répand sa chaleur et sa communicabilité pénétrante ; le vaincu devient l'allié du vainqueur, son tributaire, son soutien, son ami dévoué. A l'aide de cet entraînement irrésistible faisant écho dans les esprits des indigènes, quelques centaines d'Européens, une flotte plus éprouvée que celle d'Ulysse, réduite à un petit nombre de vaisseaux fracassés de la tempête, déchirés par les cyclones, déchiquetés par les vagues, suffiront pour assurer 150 milles de territoire sur la côte de Coromandel, tout le Décan et quarante millions de sujets.

Gloire éphémère, triomphe passager, la fortune détruit en Europe ce qu'elle édifie en Asie, les ténèbres d'Occident portent atteinte au soleil levant, l'ombre froide et glacée noiera cette aurore ; tant de grandeur si chèrement acquise se changera en revers soudains et imprévus. La cause de cet immense désastre, le *quomodo diruerant opes,* à qui l'attribuer ?

Sur le théâtre des événements, ce ne sont pas les hommes qui ont fait défaut. Quel administrateur fut l'égal de Dupleix ? Quel officier a surpassé en bravoure et en vaillance Bussy ? Qui fut plus honnête que Lally ?

C'est en France que se porte le premier coup de

hache à la prospérité des Français dans l' nde ;
l'aveuglement, la faiblesse coupable des hommes
politiques ont signé l'écroulement de ce colossal
édifice. Qu'il soit permis à un simple passant de la
grand'route de s'arrêter en présence de ces ruines
et d'en demander une rapide histoire aux esprits
qui veillent agenouillés dans le souvenir.

Vasco de Gama a ouvert la porte des mers, le
cap des Tempêtes devient le cap de Bonne-Espé-
rance qui sourit à l'Europe.

L'ambition, l'esprit de conquête, la perspective
de grands intérêts commerciaux s'éveillent et s'agitent, le souffle des aventures anime les puissances
de notre continent ; c'est vers l'Asie que se tournera
désormais la proue du navire. Les Portugais donnent le signal, ils ont déjà touché les rivages indiens
quand la Hollande et la France se donnent le mot
pour marcher sur leurs traces.

Les premiers occupants sont jaloux des nouveaux
venus ; des luttes, des combats se succèdent jusqu'au triomphe définitif de la Hollande, qui, pendant quatre-vingts ans, conservera le monopole du
commerce.

Sous Louis XII, en 1500, eut lieu la première
expédition française aux Indes. Ce fut un voyage
sans résultat, une simple exploration qui se perd
dans la nuit d'un siècle.

En 1604, la Compagnie française orientale fut
fondée ; Henri IV en fut le promoteur, Sully en
avait dressé les plans et rédigé les statuts. Le Mi-

nistère, pour l'adoption de son projet, ne dissimule pas qu'il envisage moins des succès à l'étranger qu'un moyen d'assurer la tranquillité à l'intérieur, et il encourage la faveur du roi par cette raison « qu'une nation entraînée dans les aventures trouble rarement la paix du royaume. »

L'Angleterre se préoccupait également de l'Asie, mais à un autre point de vue.

Sir Drake et d'autres navigateurs voulant augmenter la fortune d'Elisabeth, leur illustre reine, lui proposèrent de prendre part aux richesses de l'Hindoustan. Leurs desseins ayant été accueillis, une Compagnie fut créée à l'instar de celle de France ; elle prit le nom de : *United Company of merchants trading to the East Indies.*

Pendant un demi-siècle les Français et les Anglais ont en Orient un rôle assez effacé. En 1661, Colbert, comprenant les sérieux avantages qu'on pouvait retirer du commerce avec les Indes, met du sang dans les veines de la Compagnie dont l'existence était à peu près nominale ; il prodigue les encouragements sous toutes les formes pour lui assurer la vitalité.

Le capital fut porté à quinze millions de livres tournois ; la charte d'investiture lui accordait le privilège exclusif du commerce pendant cinquante ans ; elle était exempte de taxe, et le Gouverneur prenait l'engagement de rembourser toutes les pertes qu'elle pourrait faire pendant les premières années. Pour compléter ces prérogatives parut l'édit

de 1666, qui accorde à la noblesse la faveur de faire
le commerce sans déroger. En dépit de ces concessions, la Compagnie ne fut pas en voie de prospérité : une expédition à Madagascar fut désastreuse ;
le climat, la famine, les armes des indigènes détruisirent la moitié des colons : ceux qui échappèrent à la mort furent dirigés par commisération
sur les îles de Cerné et du Mascarénhas, qui depuis
se sont appelées Ile-de-France et Bourbon.

En 1668, Caron, hollandais, grand voyageur, esprit intelligent, actif, entreprenant, s'étant brouillé
avec sa nation, vint offrir ses services à Colbert,
qui le nomma directeur du commerce dans l'Inde.
Caron double le cap, ne touche point à Madagascar et arrive directement à Surate, premier comptoir des Français, aujourd'hui connu sous le nom
de la loge de Surate, se résumant à une bicoque
assez grande pour abriter le pavillon national et
l'indigène chargé de hisser et d'amener cet emblème de la survivance de nos droits sur ces quelques mètres de territoire.

Ce Hollandais s'était adjoint un Persan du nom
de Marcara, qui jouissait d'un grand crédit auprès
des indigènes. Cette association facilita les rapports
d'amitié avec les nababs et notamment avec le radjah de Golconde, qui permit à Caron de faire le
commerce sans être assujetti aux droits de douane
et l'autorisa, en outre, à établir un comptoir à
Mazuli-Patam. Sur la côte orientale de Ceylan,
Caron s'emparait de Trinquemalé, et, sur la côte

de Coromandel, Saint-Thomé s'ajoutait au nombre de nos possessions.

La brouille entre Caron et Marcara étant survenue, ce dernier s'enfuit à Java. Son associé ayant eu maille à partir avec le directeur de la Compagnie, qui lui reprochait sa fortune immense faite au détriment de ses commettants, partit pour Lisbonne. En entrant dans le port, son vaisseau s'ouvrit et toutes les richesses sombrèrent avec le propriétaire.

Les affaires de la Compagnie marchaient au plus mal et paraissaient désespérées, lorsqu'un Français, dirigeant une factorerie à Alempava, vint se fixer à 35 milles plus loin sur le bord de la mer. Cet homme de talent et plein de patriotisme s'appelait Martin, simple officier et agent de commerce. Il construisit des maisons européennes, jeta les fondements d'une civilisation future sur cette plage et donna à cet établissement le nom de Pondichéry, dérivé de deux mots tamouls : *Poun*, ville, et *cery*, nouvelle.

En 1674, l'état politique de l'Inde présentait cet aspect : des Tartares convertis à l'islamisme avaient pris possession de la péninsule presqu'entière. Un empereur régnait à Delhi, sous le titre de Grand-Mogol ; les provinces éloignées obéissaient à des soubédhars, vassaux du souverain. Le Décan, au centre de la péninsule, entre le Godavéri et la Chrisna, était une de ces provinces. Le Carnatique, qui s'étend entre les montagnes et la mer, appartenait à des nababs indépendants régnant à Arcot, Golconde et Taujaoore ; à l'ouest et au nord du Malabar, les confédérés Marhattes faisaient revivre les principes presque éteints de la nationalité indoue ; sous la conduite d'un chef fameux, Sivadjy, ils avaient créé un grand royaume aux dépens de l'empire du Grand-Mogol, et les souverainetés éphémères indoues ou musulmanes se disputaient le terrain avec acharnement.

Au milieu de ces rivalités incessantes, de ces querelles journalières, Martin songea qu'il fallait protéger sa petite colonie, et, dans ce but, il enrôla trois cents indigènes qu'il instruisit et disciplina à l'européenne. Ce fut le premier régiment de Cipahys que les gouverneurs eurent plus tard à leur solde.

En même temps que Martin plantait sa tente dans le Carnatique, quelques Français s'étaient montrés sur les bords de l'Hoogly. Des services rendus à l'empereur Mogol leur avaient gagné ses sympathies, et Aurengzèb, leur concéda les villages de Chandernagor, Balassar et Kassimbar.

Pondichéry prospérait, lorsqu'en 1696 la Hollande recommença la guerre avec la France. La Compagnie, très satisfaite des avantages qu'elle retirait du commerce en Orient, n'envoyait pourtant ni recrues, ni ressources ; elle laissait aux Français le soin de se tirer d'affaire comme ils pourraient, sauf à les blâmer de leurs défaites, où à les applaudir de leurs succès.

Les sacrifices, on le voit, étaient parfaitement nuls. L'année suivante, en février 1697, quarante Européens eurent à lutter contre une flotte hollandaise; malgré les efforts héroïques de cette poignée de braves et de leur chef, le vaillant Martin, Pondichéry fut obligée de se rendre. Les conditions les plus honorables furent faites à son intrépide défenseur qui, ramené en France, fut entouré de l'estime universelle. Le ministre et la Compagnie le comblèrent d'éloges et de félicitations.

La guerre du Palatinat venait de se terminer par le traité de Ryssvick (20 septembre 1697), qui rendait à la France Pondichéry : Des lettres-patentes de Louis XIV nommèrent Martin directeur général des possessions françaises dans l'Inde, avec le commandement de la place de Pondichéry et une escadre pour le protéger des coups de main. Voulant la défendre plus sûrement, le nouveau directeur l'entoura de fortifications dont les travaux furent dirigés par un capucin du nom de Père Louis. En 1706, Martin mourut pauvre, après avoir assuré la prospérité du commerce et fait la fortune de ses compatriotes.

De 1706 à 1720, l'Inde reçoit le contre-coup de la révolution financière introduite en France par l'écossais Law. Les agiotages de la rue Quincampoix, qui devaient avoir des conséquences si déplorables, furent cause d'une combinaison de Law ratifiée par un édit de 1719, A la Compagnie d'Occident furent réunies les trois autres : celles des Indes, du énégal et de Chine.

En 1735, Benoît Dumas, administrateur de l'Ile-de-France et de Bourbon, fut appelé au gouvernement de Pondichéry. Son administration ne fut pas sans résultat, il obtint du nabab de Tajaoore, Karikal située en face de l'ancienne colonie hollandaise Trinquebar, qui devint danoise et fut achetée il y a quelques années par l'Angleterre.

Au commencement du XVIII° siècle, le pays était déchiré par des factions ; tous ces nababs de Trichenapaly, Tanjaoore, Maduré et Mysore, se querellent sans cesse et obtiennent la paix en payant un tribut au Grand-Mogol et en se mettant sous la protection du gouverneur de Pondichéry pour se garantir les uns des autres. Des guerres intestines avaient produit des résultats tels, que le peuple indigène ressemblait à un troupeau de moutons poursuivis par des loups de toutes tailles ; sa liberté depuis un temps immémorial avait été supprimée, et dans la plus fertile contrée du monde, il était dévoré par les dents de la famine : *faminés Jaws*.

En 1740, les Marhattes, race belliqueuse, se soulevèrent ; cent cinquante mille cavaliers ou fantassins marchent contre le Grand-Mogol. Dans une grande bataille, Ali souverain du Décan fut tué, et Savadjy le Marhatte fut déclaré le maitre ; les autres nababs conservèrent leur autorité dans le Carnatique. La famille d'Ali et sa suite vinrent se réfugier auprès de Dumas, gouverneur de Pondichéry ; à la signature de la paix avec les Marhattes, ils témoignèrent leur reconnaissance en abandonnant une partie de leur territoire au directeur de la Compagnie. L'empereur Mogol conféra le titre de nabab à Benoît Dumas, avec un commandement de 4,500 cavaliers équipés et entretenus par la cour de Delhi.

Le gouverneur de Pondichéry, voyant sa santé altérée par les ardeurs du climat, fut contraint d'abandonner son gouvernement et de rentrer en Europe ; il eut pour successeur Dupleix, intelligence des plus hautes, ayant l'étoffe d'un général, d'un administrateur, d'un diplomate, et qui, suivant l'expression d'Henri Martin, porta dans les comptoirs de la Compagnie des Indes le souffle aventureux de Law et le génie de Richelieu.

Joseph Dupleix naquit à Landrecies en 1698. Son père, fermier général, directeur de la Compagnie des Indes, possédait une fortune considérable. N'ayant qu'un fils, il prit soin de son éducation avec la plus vive sollicitude ; il nourrissait la pensée d'en faire un homme éminent et distingué dans les opérations du négoce ; les études du jeune Dupleix furent dirigées dans ce sens, et ses dispositions naturelles, secondées par un travail opiniâtre, développèrent au plus haut degré son intelligence. Ecolier grave, sérieux, réfléchi, il étudiait avec ardeur les mathématiques, et s'absorbait tellement dans cette science que son père s'alarmant de cette trop grande tension de l'esprit, craignit pour la santé de son fils. Voulant opérer une diversion, il le fit embarquer en 1715 sur les bateaux des Malouins allant en Amérique et aux Grandes-Indes.

Dupleix rapporta de ces voyages des connaissances si complètes sur l'administration des colonies, et en même temps un bagage scientifique si étendu, qu'il étonna en France les hommes de haute distinction et de grande expérience. Son père, fier de ses succès, le proposa à la Compagnie comme auxiliaire : il avait vingt ans. Ayant été accepté, il fut envoyé à Pondichéry en 1720, en qualité de membre du Conseil supérieur et commissaire ordinaire des guerres. Pendant sa mission, il étudia tous les rouages du négoce et trouva que, sans porter atteinte aux prérogatives de la Compagnie, il était avantageux de laisser aux particuliers la faculté de faire le commerce des mers de l'Inde.

Son intérêt associé à celui des colons fut une branche nouvelle de prospérité, il s'enrichit en même temps que ses compatriotes.

En 1730, Dupleix fut appelé à la direction du Comptoir de Chandernagor. Ce village, dont le site charmant a pour ceinture le Gange, comptait à cette époque quelques cases en bambous, plantées çà et là, et habitées par des indigènes vivant du produit de la pêche, de fruits de bananiers et de riz semé dans des parcelles de terre incultes et indivises.

Il n'y avait pas de voies de communication, mais des sentiers à travers la brousse conduisant à Barakpoore et à Cinshura, la route de Calcutta se faisait en pirogue. Cinq ou six maisons européennes se montraient assises sur les rives du fleuve ; les Français étaient en petit nombre ; la race européenne était représentée principalement par quelques Portugais, descendants de ceux qui avaient paru aux premières heures de la conquête.

Sous l'impulsion de Dupleix, cette station pauvre, sans avenir probable, devint, dans l'espace de dix ans, un des centres de commerce florissant de l'Asie. L'Hoogly se couvrit de navires dirigeant leurs voiles sur tous les points de cet immense océan. Des relations commerciales étaient établies avec Bagdad et Bassora, Ceylan, les îles de la Sonde, la Chine, le Japon et l'Europe, tandis que par terre des échanges se faisaient en Perse, dans les royaumes de Cachemire et de Lahore et sur les marchés de Kiva.

De la baguette magique de ce puissant administrateur, sortit une jolie ville avec de belles maisons, des places, des promenades, une citadelle, un palais et un jardin dont les ruines attestent encore quelles en furent et l'étendue et la beauté. La richesse coulant à pleins bords sur les colons, était une source de plaisirs, de fêtes et de prodigalités, auxquels il faut ajouter la bonne humeur du Français, et du Français heureux. Il n'était pas étonnant que, dans les mémoires anglais du XVIIIᵉ siècle, Chandernagor fût désignée sous le nom de *Merry and delightful town*.

En 1741, Dupleix épousa une Portugaise, Jeanne Albert, veuve du sieur Vincent, membre du Conseil supérieur de Pondichéry. Dans les notes laissées par ce grand homme, on se plaît à lire la part qu'il attribue à Madame Dupleix dans ses succès. Juanna connaissant les divers idiomes du pays, lui servait d'interprète et d'intermédiaire auprès des nababs ou autres radjahs. Dupleix, assuré d'avance d'une interprétation fidèle, n'eut jamais à craindre, dit-il, de signer des traités ou conventions présentant des clauses obscures ou embrouillées.

Celui qui parle en ce moment est parvenu, après de longues et dangereuses recherches au milieu d'une nécropole de manuscrits moisis, dévorés des carias, servant d'abri aux serpents, à découvrir à Chandernagor le registre où se trouve l'acte de mariage de Dupleix.

En voici une copie fidèle et authentique :

Le R. P. François de l'Assomption, religieux Augustin, curé de Calcutta et vicaire de Vira pour le royaume de Bengale, ayant accordé le onze avril de cette année la dispense pour l'empêchement de l'affinité spirituelle et dispensé de la publication des bans ; je soussigné, curé de Chandernagor, ai, le dix-sept du même mois, marié avec les cérémonies prescrites par le rituel romain : M. Joseph-François Dupleix, écuyer, directeur général pour la Compagnie de France dans le royaume de Bengale, président du Conseil de Chandernagor, nommé gouverneur des ville, citadelle et forts de Pondichéry, commandant général dans l'Inde et président du Conseil supérieur de Pondichéry, natif de Landrecies, fils de François Dupleix, écuyer, seigneur de Bacquencourt et de Mircin, sieur des Fannevieille, La Bruyère, etc., écuyer ordinaire des écuries de Sa Majesté, fermier général et directeur général de la Compagnie des Indes ; et de dame Anne-Louise de Massac, âgée de quarante-trois ans ; avec madame Jeanne Albert, veuve de monsieur Jacques Vincens, conseiller du Conseil supérieur de Pondichéry, née à Pondichéry, fille de monsieur Jacques-Théodore Albert et de dona Elisabeth Rose de Castro, âgée de trente-trois ans. — Témoins : M. le chevalier François Schounamille, gouverneur pour Sa Majesté Impériale à Cassimbazar ; M. Jean-Albert de Schiterman, chevalier et directeur général pour la noble Compagnie de Hollande à Chinchura, et son épouse, madame Sibille Folkira ; Messieurs du Conseil de Chandernagor ; dona Elisabeth-Rosa de Castro, mère de l'épouse ; mesdames Marie-Madeleine Albert, veuve Aumont-Suzanne-Ursule Albert de Saint-Paul ; Rose-Eléonore Albert d'Arboulin ; sieur et MM. Nicolas-Louis de Saint-Paul, second du comptoir de Chandernagor ; Louis Carlouzan d'Arboulin, écuyer, beaux-frères de ladite épouse.

> Signé : Claude-Stanislas Bandier, jésuite-curé.
>
> Signé : Jeanne Albert, Sibillia Valkera Sichterman, Gebovre Savulyes, G. Guillaudin de Saint-Paul, Ravet, le chevalier de Schounamille, Albert, veuve Aumont, Albert d'Arboubin, Renalt, Guillaudin, Dupleix, Desdezerts d'Haugett, le chevalier Courtins, Finiels...

... En 1742, Dupleix est appelé comme gouverneur général de Pondichéry. Placé à la tête des affaires, il comprit que la lutte était impossible avec la Compagnie anglaise, et que, pour vaincre sa supériorité maritime, il fallait créer une puissance territoriale ayant une influence considérable et pouvant accaparer le monopole du commerce. Pour arriver à ce résultat, il n'eut qu'à étendre les

premiers plans de son prédécesseur : mettre à profit les divisions des nababs ardents à s'entre-dé-
truire ; protéger les uns, écraser les autres, et obtenir des indemnités à chaque triomphe. Telle fut
la politique que les circonstances servirent admirablement.

Le musulman Sanda-Saïb élevait des prétentions
sur la nababie d'Arcot et cherchait à détrôner le
nabab régnant ; Dupleix, après conditions réglées,
lui promit son assistance, mais ces négociations
furent ajournées par suite de la guerre de 1746
intervenue entre la France et l'Angleterre. Dès le
commencement des hostilités, le célèbre Mahé de
Labourdonnais avait paru dans les mers de l'Inde
avec une escadre de neuf vaisseaux équipés à ses
frais. Ayant rencontré la flotte de l'amiral Burnet,
un combat naval eut pour résultat la dispersion des
navires anglais. Labourdonnais, après une courte
escale à Pondichéry, vint mettre le siège devant
Madras qui capitula.

Des instructions de la Métropole lui défendant
de conserver aucune conquête dans l'Inde, il s'était
contenté d'une capitulation qui lui garantissait le
paiement de neuf millions de francs pour la rançon
de cette place. Le document authentique ci-joint,
puisé dans les archives de la bibliothèque de Pondichéry, serait une preuve évidente que, dans le
traité de reddition, les mains de l'amiral ne furent
pas des plus désintéressées :

Aujourd'hui 21 d'août 1747, à quatre heures de l'après-midi, j'ai été appelé par monsieur Dupleix pour servir d'interprète entre lui et M. Savage, ci-devant conseiller à Madras et maintenant prêt à partir sur sa parole pour Ceylan ; monsieur Savage me pria de faire mille remerciments à Monsieur le Gouverneur pour toutes les politesses qu'il avait reçues de lui, et de l'assurer de son côté d'une reconnaissance éternelle.

Monsieur le Gouverneur, après avoir répondu à ce compliment, lui demanda pour preuve de son amitié, de lui dire combien monsieur Morse et le Conseil de Madras avaient donné à monsieur de Labourdonnais, et de lui déclarer là, amicalement et sous le secret, comment les choses s'étaient passées ; monsieur Savage, fort étonné d'une demande à laquelle il ne s'attendait pas, parut hésiter sur la réponse. « J'ai consenti, dit-il, à tout ce qui a été fait, je l'ai signé même, quelle idée aura monsieur Dupleix de moi si je révèle moi-même des opérations dont je devrais rougir le premier ? » — Ce n'est rien, lui répliqua monsieur Dupleix, tout autre en eût fait autant à votre place, vous faisiez de votre mieux pour vous tirer d'affaire et pour vous débarrasser d'un vainqueur dont vous étiez obligé d'accepter les ouvertures, quelque contraires qu'elles vous parussent à la droiture et aux sentiments d'honneur que je vous connais.

Cette réponse jetée adroitement rassura monsieur Savage ; après une longue enfilade de compliments, il exigea de monsieur Dupleix sa parole d'honneur qu'il n'en parlerait point ; il m'en demanda autant. Monsieur Dupleix insinua qu'il ne lui faisait point cette question dans le dessein de se servir de son nom, mais uniquement pour être mis dans les voies, qu'il savait déjà bien des choses, mais confusément et sans être positivement sûr.

— Votre Conseil de Madras doit vous avoir écrit tout, dit monsieur Savage, car nos messieurs Angles du Mont leur ont révélé tout le mystère. » Monsieur Dupleix répondit qu'on ne leur avait rien dit : — Pardonnez-moi, répliqua monsieur Savage, car j'étais présent quand quelques-uns de nos messieurs jetèrent cette affaire au nez de monsieur Morse. Ils lui reprochèrent la façon dont il les avait dupés, mais qu'il n'en profiterait pas, puisqu'ils s'en étaient vengés par l'exposé qu'ils avaient fait de toutes ses manœuvres secrètes à messieurs du Conseil de Pondichéry pour lors à Madras; je suis surpris, continua-t il, qu'une affaire aussi publique et qui a passé par la bouche de tant de mécontents, ne vous soit pas connue dans toutes ses circonstances; vous savez, le traité public des onze lacs, l'article secret était que nous devions donner en particulier à monsieur Labourdonnais un lac comptant, pour sauver la ville du pillage et mettre le bien des particuliers à l'abri de l'insulte. — A-t-il reçu ce lac en entier? demanda monsieur Dupleix. — Non, mais à ma connaissance, il a reçu, tant en or et en argent qu'en diamants, quatre vingt cinq ou quatre-vingt-dix milles pagodes, et s'il avait attendu un jour de plus, le tout eût été payé. — Cette somme, sur qui a-t-elle été levée? — Sur les habitants anglais. — A-t-on fait contribuer les Malabars? — Je n'ai pu éclaircir ce point, mais ils se plaignent fortement. — Et des Arméniens, qu'en a-t-on tiré avant que de les laisser sortir de prison? — Je ne crois pas, dit monsieur Savage, qu'on en eût rien tiré encore, mais si la ville nous fût restée, ils auraient été obligés de faire comme les autres. — Quels étaient ces mécontents qui criaient tant contre monsieur Morse et son conseil? — C'étaient les jeunes messieurs Faulkas et plusieurs autres, parce que après avoir contribué à payer ce lac avec ce qu'ils

avaient de plus portatif, ils voyaient, au train des
choses, que leur bien allait être confisqué, ni plus ni
moins Ne demandez pas davantage, continua-t-il,
vous verrez toutes ces menées dans les papiers publics
d'Angleterre l'année prochaine ; il y a un tas de plaintes, qu'elles ne peuvent manquer de faire du bruit en
Europe ; je souhaiterais qu'on pût oublier tout ce qui
s'est passé à Madras, je n'y pense qu'avec horreur.

Je lui demandai combien de caisses de piastres il y
avait dans le trésor le jour que la ville fut prise. — Je
ne puis me le rappeler au juste, dit-il. — Mais, monsieur, lui répondis-je, par la minute des délibérations
qui est de votre écriture, il y avait, les derniers jours
d'août, dix-huit caisses ; cette minute va jusqu'au six
ou sept septembre. Votre délibération, je vais vous la
montrer, et il n'y est point question qu'on ait tiré des
piastres du trésor ; j'ai remarqué dans cette minute
qu'aussitôt qu'on en tirait et même avant, vous ne
manquiez pas de l'inscrire. — Oui, dit-il, il devait y
avoir dix-huit caisses et elles y étaient sans doute. Il
fut fort surpris quand je lui dis qu'il ne s'en était trouvé
que six.

Voilà ce qui s'est passé de plus essentiel à cette
conversation. En sortant, monsieur Dupleix me pria de
la mettre par écrit, afin de s'en ressouvenir mieux, ce
que j'ai fait avec toute l'exactitude possible, avant sept
ou huit heures du soir, ce 21 août 1747.

Signé : Frielt.

Je soussigné, certifie, en mon âme et conscience,
que le contenu dans le présent écrit est vrai et m'a été
dit par monsieur Savage en langue anglaise, que j'ai
expliquée en français à mondit sieur Dupleix à Pondichéry, à sept heures et demie du soir, ce 21 août 1747.

Je soussigné, conseiller au Conseil supérieur et commandant de Karikal, certifie que ce présent écrit m'a été présenté par monsieur Dupleix, commandant général de l'Inde, dans l'instant même qu'il a été fini par monsieur Frielt, et que j'en ai pris lecture après avoir préalablement donné ma parole d'honneur à mondit sieur Dupleix de garder sur son contenu un profond silence, en conséquence de la même parole qu'avait exigée de ces deux messieurs le sieur Savago à Pondichéry, à 7 heures et demie du soir, ce 21 août 1747,

Signé : PARADIS.

Dupleix, voyant l'importance qu'il y avait de conserver cette ville, fit casser la capitulation par un arrêt du Conseil. La Bourdonnais employa la force pour faire respecter le traité. Le gouverneur de Pondichéry, irrité d'une telle opiniâtreté, le dénonce comme coupable de haute trahison. Pendant que l'amiral allait en Europe rendre compte de sa conduite, la flotte anglaise, sous les ordres du commodore Boscaven, vint attaquer Pondichéry. Dupleix fit une résistance héroïque. Capitaine, ingénieur, artilleur, munitionnaire, il tint en échec avec ses batteries la flotte anglaise, et, après quarante jours, l'obligea de lever le siège. Cet exploit le couvrit de gloire ; l'Asie entière retentit de son nom, et tous les princes indiens se disputèrent l'appui d'un si formidable allié. Il allait utiliser ces dispositions admirables, lorsque le traité d'Aix-la-Chapelle lui fit perdre Madras et ses dépendances (1748). Réduit à de faibles ressources, il ne se dé-

couragea point et recommença la politique d'intervention dans les querelles des indigènes. Mouzaersing disputait à son oncle Nazersing le trône du
vieux Nizam-Elmoulouk ; se sentant trop faible, il
demanda l'appui de Dupleix. La lutte entre les
deux compétiteurs dura dix-huit mois ; Mouzaersing victorieux fut proclamé sous-bédhar du Décan,
avec trente-cinq millions de sujets. Dans sa reconnaissance pour les services rendus par son allié, il
voulut recevoir la couronne de celui qui la lui avait
donnée ; il se rendit à Pondichéry, proclama Dupleix, devant tous les nababs et radjahs du Décan
et du Carnatique, vice-gérant pour le Grand-Mogol
de tout le pays compris entre la Christna et le cap
Comorin ; il lui donna le fort de Valdaour avec
toutes les aldées dépendantes, lui fit d'immenses
largesses et lui laissa le soin de partager le trésor
de Nazersing, qui s'élevait à soixante-quinze millions. Les négociations interrompues avec Chanda-
Saeb furent reprises, et la nababie d'Arcot lui fut
donnée. Sur ces entrefaites, Mouzaersing étant
mort, Dupleix mit sur le trône du Décan Salabet-
sing, fils de Nazersing, qu'il avait autrefois vaincu
et dépossédé ! Ce prince concéda en retour les provinces des Circars et promit leur soumission complète aux volontés du Gouvernement des Indes.

Au faîte de la puissance, se voyant maître à Au-
rengabab, Dupleix porta ses vues sur Delhi ; tous
ses plans étaient arrêtés, toutes ses combinaisons prises, lorsque la Compagnie vint y mettre obstacle ;

sans secours, sans vaisseaux, réduit à ses propres ressources, il ne put résister aux attaques des Anglais Sounders, Lawrence et Clive ; les désastres commencèrent dans le Mayssoor, à Trichenapaly, dans le Tanjaoore en 1752 ; aux prises avec d'insurmontables difficultés, Dupleix avait trouvé cependant le moyen de se maintenir ; en 1754, il assiégeait pour la septième fois Trichenapaly, lorsqu'un commissaire du roi vint lui demander la remise de son épée.

Cet homme, un des plus grands génies de son siècle, qui avait eu la plus brillante destinée, qui avait vécu en souverain, vint en France, à Paris, y traîna une vie misérable, réclama en vain pendant neuf années une somme de douze millions qu'il avait prêtée à la Compagnie, et mourut de misère et de douleur. La fin de ce héros rappelle celle du vainqueur de Marathon, Miltiade mourant dans les fers, après avoir sauvé Athènes.

En 1758, les hostilités entre l'Angleterre et la France avaient recommencé. Bussy, officier et agent de la Compagnie, prévoyant l'arrivée de Lally avec des forces considérables, met sous son entière indépendance le souverain d'Hyderabab, et, par ses manœuvres habiles avec les Marhattes, il s'empara de 600 milles de territoire sur la baie du Bengale. Lally débarqué en Orient se met à guerroyer avec intrépidité et inspire des craintes sérieuses aux Anglais, prend le fort Saint-David, extermine le roi de Tanjaoore, et vient assiéger Madras, qu'il abandonna avec des pertes considérables. En 1760, le colonel Cooke met le siège devant Pondichéry, et, malgré une résistance acharnée, il parvint à s'en rendre maître. La fortune se déclare contre les Français, les revers s'ajoutent aux revers, et l'année suivante toutes les possessions françaises étaient à jamais perdues. Lally, brave et intrépide soldat, fait de vains efforts pour sauver les débris qui restent, mais en butte à la haine du plus grand nombre, ayant contre lui les sourdes menées des agents de la Compagnie, il est obligé de quitter les Indes. Une première fois, en 1757, il demandait son rappel en France et écrivait au ministre : « La probité est en plein zénith, je n'ai pas vu l'ombre d'un honnête homme, l'enfer m'a vomi dans ce pays d'iniquités, et j'attends, comme Jonas, la baleine qui me recevra dans son ventre ; au nom de Dieu, retirez-moi d'un pays pour lequel je ne suis pas fait. » Le retour dans la mère-patrie lui réservait le suprême calice des amertumes et le couronnement du malheur ; des exacteurs et des envieux conduisirent sa tête sur l'échafaud. Dès ce jour, la gloire des Français en Asie est morte. En 1763, à la fin de la guerre de Sept ans, Pondichéry occupée par les Anglais fut rendue à la France ; en 1778, sous Hector Munro, elle fut reprise. A la paix de 1783, l'Angleterre s'en empara encore ; à la paix d'Amiens en 1802, elle est restituée de nouveau aux Français, qui la reperdent encore. C'était la quatrième fois qu'elle passait alternativement des mains des Anglais à celles des Français. Si Napoléon eût triomphé dans cette bataille qui a décidé du sort de l'Europe, la puissance française dans l'Inde aurait eu une lueur de résurrection ; mais la fortune ayant déserté l'aigle, Pondichéry et les autres comptoirs français désarmèrent et se soumirent aux conditions du vainqueur.

Depuis 1815, jusqu'à nos jours, la colonie est restée dans l'effacement et la décadence ! Beaucoup d'administrateurs se sont succédé ; l'Annuaire a enregistré leurs noms, mais l'Histoire n'a rien à en dire.

Singulier contraste du Destin ! après le Sinaï, la Courtille ; après Dupleix.... Bobèche !!!

IV

LA VILLE NOIRE

Fulbert, ce Pindare d'olympiades aux Indes, esprit ingénieux, mais soumis au vent du caprice, a édifié son œuvre à rebours : le grenier est avant la cave, et la girouette avant les fondements ; il a fini par où il aurait dû commencer. Son premier coup de chapeau a été pour la Ville Blanche. Lui en a-t-il fait des bouquets à cette Chloris ! lui en en a-t-il noué sur les épaules et aux cheveux des fleurs en tresses et guirlandes ! Quelle pluie de roses, et comme il a pris soin d'enlever les grosses épines !

Que va-t-il rester à la Ville Noire, cette deshéri-tée, condamnée au deuxième rang ? Si elle osait se plaindre, ne serait-elle pas en droit de dire : « *Barbarus, hic ego sum, qui non intelligor illis :* Il me traite en barbare parce qu'il ne me connaît pas. Partialité aveugle ! » *Layes* (1) chinois irréfléchis ! *salams* (2) inconscients ! contre-sens impardonnables, heurtant toutes les règles du raisonnement, du respect et des convenances ; il ne faut pas descendre du groupe fameux des logiciens de Port-Royal, pour savoir que la primauté appartient au premier occupant ; qu'hier précède aujourd'hui, que le passé marche avant le présent, et que la filiation place l'enfant après le père, à plus forte raison après l'aïeul ; que, même en République, nul n'impute à crime la déférence au droit d'aînesse ; enfin, que la courtoisie la plus simple s'accommode parfaitement des égards envers le dépossédé devenu hôte et sujet ; coucher dans le lit du vaincu, n'empêche pas de lui faire les honneurs de chez lui quand on est Français et bien élevé.

Ces réflexions amères mais justes, suivies de bien d'autres que je passe, ont trotté dans la cervelle de ce gratte-papier tenant la plume ; mais le meilleur a cédé au plus mauvais (*meliora video, deteriora*

____

(1) Protestations.
(2) Salutations.

sequor), toutes les excellentes raisons ont fait long feu et se sont éventées probablement sous l'influence de ce sentiment étroit, petit, mesquin, qui laisserait croire à l'âme de Narcisse, s'arrêtant à travers ses migrations, pour se contempler et s'admirer avant tout. L'amour-propre européen a toujours eu de ces faiblesses-là pour sa race ; il arbore sa cocarde et la salue tout d'abord ; c'est vice de nature, sa guenille lui est chère, il tient à son continent comme l'aigle à son aire ; chaque émigrant emporte sous la semelle de sa sandale la poussière du sol de la patrie, et dans cette cendre naît, croît, et se développe ce termite qui fait sa trouée de bas en haut et s'étale en orgueil national.

La ville européenne l'emporte-t-elle sur la ville indigène ? Le blanc vaut-il mieux que le noir ? Qui jugera cet antagonisme de vieille date, et qui pourra nous dire que la blonde aquarelle est préférable à la magnifique sépia ? Un rapin obscur se tire de la difficulté à l'aide du refrain :

> Si vous croyez que je vais dire
> Qui j'ose aimer,
> Je ne saurais pour un empire
> Vous la nommer !!!

A ce couplet folâtre qui exalte la couleur des blés, le cantique proteste par le *nigra sum sed formosa !* et à vrai dire, la clientèle de Notre-Dame d'Eryx n'est pas plus nombreuse que celle d'Aphrodite : c'est affaire de goût.

Les deux sœurs, la cité blanche et celle qui ne

l'est pas, sont séparées : la pelle et la pioche, comme un bistouri allant du sud au nord, ont débridé le sol en faisant une blessure de deux milles de long sur vingt mètres de large, qui divise Pondichéry en deux. Cette tranchée ou ligne séparative s'appelle pompeusement le Canal, en vue probable de l'eau dont il doit être le récipient ; mais, par une ironie bien digne de ce pays, la pluie ne descend sur la terre qu'à contre-cœur, et le plus rarement possible ; la machine hydraulique du ciel, comme celle de Marly, ne fonctionne qu'à certains jours marqués.

Pendant la saison des orages, un liquide bourbeux, noirâtre, croupit dans le susdit canal, mais un mois suffit pour que le soleil, ce fauve altéré, ait lappé toute cette vase, et alors la tranchée ouvre sa gueule béante, desséchée et pestilante. A l'eau presque absente, le canal, qui, au dire de certains géographes, porte des navires (en papier sans doute, et quel papier ! *horresco referens*), ressemble sur ses bords au canal Mamoudich d'Alexandrie; on n'y trouve pas de coquillages, mais des immondices de toutes sortes et de toutes odeurs, littéralement déposées sur ses rives, mode originale, dit un ami de l'Olympe, de déposer son offrande à la vieille Thétys. Par bonheur, le canal très étroit est rapidement franchi ; nous mettons le cap au nord-ouest, et nous voilà débarqués chez le peuple indien.

Ces ruches nombreuses, animées, bourdonnantes, semées dans des bouquets d'arbres dont la verte chevelure se chauffe au soleil, sont les pénates des descendants de Sem. En dépit de leur couleur fort tannée, les êtres qui habitent ces cellules ne sont point des frelons; depuis des siècles, ils avaient le secret de faire le miel, et les nonchalantes abeilles d'à côté le savent bien. Dans cette agglomération de huttes qui occupent une vaste étendue, vivent et s'agitent 40,000 rejetons de cette race prédestinée qui a joué les premières scènes de la civilisation et lui a donné sa première effigie. Le polythéisme est encore la religion dominante ; les croyances, mêlées et confondues avec les usages, les mœurs et coutumes, se sont pétrifiées dans l'intelligence de ce peuple qui se réveille lentement à la voix du progrès.

Ce serait œuvre de savant et de philosophe que de suivre pas à pas dès son aube la marche intellectuelle de cette nation, mais le *non cuivis adire Corinthum* se dresse devant nous, il ne nous appartient pas de tordre le voile de Brahma tout trempé de ténèbres. Nous entrerons dans son temple, et il suffit à notre curiosité d'avoir vu les symboles de la première notion divine, et les fidèles prosternés devant les idoles, pour en donner un simple aperçu.

Nous sommes, avons-nous déjà dit, un passant de la grande route, qui s'arrête au bas du vallon, dans la plaine, au sommet de la colline, au détour du sentier, et, armé d'un méchant crayon, ébauche au gré de sa fantaisie un dessin, prend une silhouette, photographie un paysage, collectionne des anecdotes, associe le passé au présent, et pique la date de souvenirs fugitifs.

Nos essais sur l'Inde sont des causeries familières ayant un seul but, le même qu'avait cette Apsara nommée Dinarzade : « Sauver notre mère et notre sœur du plus cruel et du plus implacable des sultans, l'ennui engendré par l'absence ; appeler le rire à notre secours, ce bienfaiteur qui distribue l'oubli, allège les heures de la séparation et aide à entretenir la douce illusion que le sablier d'or du temps heureux, n'est point entièrement brisé et qu'il peut y avoir encore du baume en Galaad.

V

LES VÉDAS. — LA TRIMOURTI : BRAHMA. VICHNOU. SIVA.

« Les Védas, écriture Sainte de l'Inde, œuvres collectives de mages polyptères, ont l'ampleur sinistre du possible rêvé par la démence ou raconté par le songe. Ces vastes poèmes marchent dans l'art du pas des mammouths, et parmi les iliades et les odyssées, ont l'air d'hippopotames parmi les lions... » — Ainsi ont été définis et jugés par un grand pontife de la littérature, ces testaments de l'Inde.

Ce verdict a-t-il été rapporté? Les orientalistes qui ont jeté la sonde dans ces mystères, en ont-ils mesuré la profondeur? Le pic et la pioche de la science ont-ils fait jaillir une étincelle de vraie lumière de ce formidable chaos?? Qui oserait le prétendre!!... Un voile d'épaisse obscurité cache le sens intime derrière lequel s'abritent les divinités du Gange ; dans cette brume, l'esprit en quête d'une philosophie tâtonne, flotte, hésite, accumule des conjectures, monte et descend toute une gamme d'hypothèses ; de là autant d'interprétations que de penseurs... *tot capita, tot sensus.* Toutefois, de cet abîme pressé de questions, se dégagent des perspectives infinies, des groupes colosses, des chimères extravagantes, des accouplements monstrueux qui se meuvent dans des orbites démesurés.

Cette disproportion égare l'intelligence qui louvoie dans cette obscurité ; mais infatigable à trouver le mot de ces énigmes, elle essaie tous les appareils d'optique sur cet inconnu.

En suivant l'ordre des âges de la civilisation, l'Orient fut le théâtre des premières sensations de l'homme et de la mise en éveil de son esprit :

La terre par excellence, *alma mater,* se place en Asie ; sa supériorité sur les autres continents est constatée à chaque page de l'antiquité ; les Chaldéens et les Grecs consacrent son nom dans leurs écrits ; Pythagore et Eschyle appellent cette partie

du monde « la grande Asie, » le sol sacré d'Asie ;
enfin Moïse a glorifié les tabernacles de Sem.

La terre mère, *Asia*, l'Asie, est si resplendissante,
d'une ornementation si prodigieuse, que l'homme,
au milieu de cet Eden, est ébloui par le spectacle ;
à chaque pas il est sous le poids du divin ; le ciel,
le soleil, la lune, les moissons, les troupeaux, les
vents et les tempêtes, autant de merveilles qui le
plongent dans l'extase ou la crainte. La terre devient temple et idole, chaque sommet est un sanctuaire devant lequel il fléchit le genou, et la nature
est le livre où il réfléchit et médite.

De la contemplation, il passe à la rêverie, et c'est
dans ce recueillement qu'un phénomène d'une
essence particulière se manifeste ; il sent au dedans
de lui quelque chose qui s'agite et secoue ses ailes
dans sa prison ; ce quelque chose sera le réveil de
la Psyché mystérieuse, l'âme, qui à travers ce maté-
rialisme cherche à se retrouver dans le prolongement de l'infini. Le grand Pan ne remplit pas en-
tiérement ses aspirations ; elle a besoin d'une puissance supérieure et dont toutes les beautés de la
nature ne seront qu'un reflet.

Pour que cette notion où l'esprit se dégage de la
matière, soit d'une compréhension facile, percepti-
ble à l'intelligence de tous, en quelque sorte tombe
sous les sens, les songeurs, les visionnaires, les richis, les mages, les lettrés, imaginèrent la langue
des symboles, qui, à l'apothéose de la nature, rattache des doctrines d'un ordre plus élevé.

Au sommet de cette pyramide de symboles mo-
numentés dans les Védas, apparaît la figure emblé-
matique de la divine sagesse, de la lumière parfaite,
sous le nom de Brahma. Le dieu est assis sur un
cygne, la tête ornée d'une couronne ; il a quatre
visages et quatre bras.

Ces attributs ont leur signification : le cygne
représente la simplicité, allusion au développement
facile des opérations de la nature ; la couronne est
la marque de la souveraineté ; les quatre visages,
tournés vers les quatre points cardinaux, indiquent
la pénétration universelle, l'œil du Tout-Puissant
embrassant dans la même seconde l'univers entier ;
les quatre bras ont aussi leur sens, chaque main a
son rôle : la première main porte les Védas, les
tables de la loi ou la science divine, la deuxième
est ornée du sceptre, emblème de la domination,
la troisième soutient le cercle signe de l'éternité, la
quatrième est vide, les brahmes donnent pour raison que, dans sa miséricorde, l'Être suprême veut
avoir une main libre pour tendre aux malheureux.

On ne peut s'arrêter sans un certain tressaille-
ment devant cette idole de Brahma taillée dans le
granit ou charpentée avec les plus grands arbres
de la forêt, elle mesure des dimensions colossales ;
ce bloc gigantesque, d'aspect sinistre, trouble ; on
se demande quels étaient ces hommes qui matéria-
lisaient ainsi leurs visions. — Le brahme symbolise, représente la divinité avec des bras et des
yeux quadruples. A quelques milliers d'années

d'intervalle, le farouche prophète de la Chaldée
voit l'homme sous quatre faces : homme, bœuf,
lion, aigle. Cette vision trouve également un sens :
— homme, il est maître de la pensée ; bœuf, maître du champ ; lion, maître du désert ; aigle, maître
de l'air. — Sept siècles plus tard, l'Evangile su-
bordonna Mathieu, Luc, Marc et Jean aux mêmes
emblèmes. Ne dirait-on pas qu'il y a certaine affinité dans les opérations de la pensée ? N'est-il pas
au moins étrange que l'auteur du rig Véda se rencontre dans la suite des âges avec ces inspirés qui
s'appelèrent Daniel, Ezéchiel et Jean ? — Les Védas auraient-ils dans la Bible un commentaire plus
ou moins remplis de changements, variantes et
interprétations accommodés aux besoins et aux
mœurs de ces Asiatiques émigrés du Gange sur les
bords de l'Euphrate, et campés à l'autre extrémité
de la Péninsule ? L'affirmative serait téméraire ;
toutefois, on trouve des analogies qui frappent,
des concordances qui étonnent. — Dans l'une et
l'autre écriture, l'idée du Tout-Puissant se traduit
par des images identiques, la métaphyique prend
souvent le même tour, et arrive par une route à
peu près semblable au même but, à une même
croyance.

Les slocas de Manou, ce législateur des temps
préhistoriques, selon les uns, et suivant d'autres,
mille ans avant notre ère ; les slocas ou versets de
sa législation, donnent des théories sur la Genèse
tout aussi intéressantes que le premier livre de

Moïse. Le mystère de la trimourti trouve une explication, et tout le livre, en somme, respire une grande sagesse et professe des idées sublimes sur l'Etre suprême.

Dans les Védas, le trône de Brahma est soutenu par les esprits de l'air, les souffles. Dans la Bible, le trône de Jéhovah est porté par des séraphins. Brahma crée d'abord les devas, divinités secondaires *dii minores*, qui sont ses auxiliaires. — Indra (air) ; — Sourya (soleil) ; — Roudra (obscurité) ; — Agni (le feu), etc., etc.

Quant aux premières journées de la création, elles se produisent dans un ordre différent de celui de la Genèse, et plus poétique et plus séduisant. Le germe de la vie universelle est déposé dans le sein des eaux, qui est la première œuvre du créateur. Le slocas de Manou dit : « Brahma résolut dans sa pensée de tirer de sa propre substance tous les êtres, et il déposa dans les eaux qu'il créa premièrement, le germe de la vie universelle. »

Les eaux s'appellent *Naras* ; comme émanation de *Nara*, l'esprit divin ; et comme premier lien de mouvement, elles procèdent d'Ayra, — d'où a été formé Narayana, esprit qui se meut sur les eaux. Le *Spiritus ferebatur super undas*, ne semble-t-il pas emprunté à ce sloca ?

La mise en possession de l'âme par l'homme, quoique plus écourtée dans la Genèse, est la même que dans le Véda. — Verset VII, chapitre II : « Le créateur souffle dans l'homme une respiration de

vie, et l'homme est fait une âme vivante (sloca
Védique), et il tire de sa propre substance le souffle
immortel qui ne périt pas, et à cette âme de
l'être il donne l'Ahancara, le directeur souverain,
la conscience. » Existence, immortalité et conscience, découlent de la formation même de l'âme.

L'office de l'Ahancara (la conscience) est expli-
qué par Manou en parabole : « Lorsqu'un sillon
doit être tracé dans les champs, le bœuf est attelé
à la charrue, l'homme met la main au timon et dit :
Va !.... Le bœuf se met en marche s'arrêtant ou
continuant sa course, suivant la volonté de son maître ; quand le sillon est terminé, l'homme seul juge
si cela est bon ; ni le bœuf qui transmet le mouvement à la charrue, ni la charrue ne peuvent apprécier leur œuvre ; le directeur souverain, l'Ahancara,
est le seul juge des bonnes ou mauvaises actions. »

L'idée de l'Etre suprême, de Dieu proprement
dit, se manifeste partout de la même manière et en
termes équivalents.....

Brahma répond à son fils Narada, qui l'interroge
sur les temps qui l'ont précédé, et il répond : « Dieu,
souverain de tous les êtres, est un, immuable, dénué
de parties et de formes, infini, omniscient, omnipo-
tent : c'est lui qui a fait sortir les cieux et les mondes de l'abîme du néant, et les a lancés dans les
espaces infinis par un son de sa voix formidable qui
a retenti dans l'humanité. » Le sloca de Manou
répète la même définition :

« Brahma, celui qui existe et qui n'est pas à la

portée des sens extérieurs, développant la nature avec les cinq éléments et les principes subtils, parut brillant de lumière, et sa présence chassa la nuit. »

Brahma, pouvoir suprême, occupe le sommet de ce triangle appelé le Trimourti (trunk). Il en est la première personne, celle qui crée. La deuxième personne est désignée sous le nom de Vichnou; c'est la bonté par excellence, la médiation entre le bien et le mal, l'esprit de conservation divine; il est représenté étendu sur le serpent annantaqui, qui s'allonge sur son corps et recourbe ses sept têtes sur la sienne. D'autres fois, il est porté sur un épervier ou sur un aigle; il a quatre bras et quatre mains. Dans une main il tient la massue; dans une autre, un disque ou roue magique (tchakra); dans la troisième, une conque; dans la quatrième, un lotus. Sa tête est ornée d'une couronne à triple étage. On le représente encore sous la forme d'une chimère, moitié oiseau, moitié poisson.

L'épervier et l'aigle, *Vagana* de Vichnou (monture ordinaire), témoignent de sa promptitude à manifester sa présence. Sa puissance s'étendant aux quatre coins de la terre est indiquée par ses quatre bras; la massue est l'arme qui châtie le méchant; le disque magique (tchakra) est le symbole de la pureté des sentiments et le miroir qui réfléchit les bonnes pensées, la conque lui sert à traverser les fleuves.

Enfin, le lotus est à la fois l'emblème de la vie et

de l'immortalité, il symbolise le triple attribut du Dieu en ce qu'il participe à la terre par sa racine, à l'eau par sa tige, au rayon par sa corolle.

Le Bhagavéda, chant postérieur aux Védas, donne le nom des incarnations de cette divinité protectrice; chacune d'elles est un bienfait, un acte de dévouement pour l'humanité.

Ces avatars sont au nombre de neuf :

1° Vichnou prend la forme d'un poisson pour sauver le monde. Les cataractes du ciel se sont ouvertes, la terre est inondée, les hommes vont périr, et un géant a avalé les Védas. Le dieu attaque le redoutable ravisseur, reprend les livres sacrés, les place dans une arche dont il est le pilote et qu'il conduit sur la montagne Manda.

2° Il se métamorphose en tortue pour porter le monde lors du barratement des Océans.

3° Il prend la forme du sanglier pour aller chercher dans la fange des eaux le globe terraqué.

4° Il se change en lion dans les combats où le courage doit s'allier à la générosité.

5° Il se change en Nara-Shing — l'homme nain — pour délivrer la terre du géant Kaischipou. Cette métamorphose a un côté original qui mérite l'explication de l'aventure. Le géant avait bien mérité de Brahma, qui, en récompense, lui octroya le don de ne pouvoir mourir, ni le jour, ni la nuit, ni par le fer, ni par le feu, ni par l'eau, ni par les coups d'un être ordinaire, homme ou bête. Kaischipou, fier de cette prérogative, en abusa : il dirigea une attaque contre Indra. Le prince de l'air se plaignit au Maître suprême, qui l'adressa aussitôt à Vichnou. Le dieu bienveillant écouta la plainte et promit de donner satisfaction à Indra; mais voulant respecter les lettres d'invulnérabilité accordées au géant par Brahma, il eut recours à la ruse. Vichnou, pour triompher de l'ennemi, se cache dans une des colonnes du palais de Kaischipou, et, à un moment donné, un de ses richis, armé d'une hache, fend la colonne d'où sort Vichnou! Ni homme ni bête, mais en nain ayant une formidable mâchoire dont il fait l'essai sur la peau du géant qu'il met en pièces.

6° Il descend sur la terre sous forme de Paraçou Rama (l'homme à la hache), pour venger une injustice; il tue Azouna, qui avait dérobé la vache merveilleuse du sage Brighou.

7° Il s'incarne dans la personne de Rama; il épouse Sita, qui lui est enlevée par Ravana et conduite à Ceylan. Cet enlèvement de Sita est le sujet du poème le Ramayana.

8° Le huitième avatar est considéré comme l'apparition elle-même de Vichnou sous la forme de Christna ou Krichna.

9° Il devient Boudha, le saint, le sage par excellence.

Lorsqu'il s'incarnera pour la dixième fois, Vichnou sera le cheval exterminateur Kalki, qui d'un coup de pied réduira le globe en poudre. Il a pour femme la belle Lakchmy; de son nombril sort un

lotus qui porte les deux autres personnes de la Trimourti.

La troisième personne de la Trimourti est désignée sous le nom de Siva, le dieu des transformations. On le représente monté sur le taureau Nandy,
ou l'ayant à ses pieds, le corps coiffé de cinq têtes
et tenant dans ses mains le trident, le padma ou
lotus, le cerf nain, le schakara, ou roue magique.
Tantôt le dieu est à cheval sur un tigre énorme, la
face est noire. ses gencives rouges sang armées de
dents aiguës, les bras et la taille enroulés de serpents, un collier de crânes humains est suspendu à
son cou. Il a pour femme Bowhani ou Doorgah.
Quand on représente la Trimourti par l'arbre de
la vie, Siva en est l'écorce la plus intérieure, celle
qui recouvre immédiatement l'aubier.

Ce triumvirat divin, forgé dans le premier atelier
de la civilisation, est resté le dernier effort de l'intelligence hindoue. L'homme tout fraîchement sorti
du limon est ébloui par la lumière et ne se familiarise qu'insensiblement et par degrés, il appelle à
son secours les forces de la nature pour écarter
l'ombre des mystères qui l'entourent. L'enthousiasme ou la crainte multiplie les fétiches; de là des
conceptions étranges, dispersées tout d'abord, mais
qui se confondront et se résumeront à des croyances
plus précises. La vie et la mort dont il constate les
accidents alternatifs frappent son esprit, et pendant
des siècles il honorera ces deux divinités rivales,
cette continuité de la vie et de la mort, laissera

place à l'idée de durée, qui à son tour fera naître celle de conservation. Cette mystérieuse trilogie : la vie, la mort, la durée, a servi de trépied au brahmanisme. — Qu'est-ce que Brahma ? — la vie. — Qu'est-ce que Siva ? — la mort. — Qu'est-ce que Vichnou ? — la conservation.

Au point de vue littéraire, les immortels Védas, considérés comme révélations de Brahma, se résument à quatre œuvres principales : le rig Véda, le Yajarvéda, le Samavéda, l'Atharvéda.

Il y avait, à vrai dire, une infinité de Védas, mais Vyasa les a réduits à quatre, les a mis en ordre, et on croit généralement que ses compilations seules ont survécu. Postérieurement aux Védas, qui sont les écritures par excellence, il y a d'autres compositions d'un mérite inférieur qui sont inspirées des Védas et souvent empruntées; elles s'appellent les *Upravédas, Védangas, Pouravanas, Dorsanas, etc.* Ces sastras (nom qui signifie : composition sacrée) sont supposés embrasser toutes les connaissances humaines et divines.

Des controverses se sont élevées au sujet de l'origine des Védas.

Le rig Véda procéderait du feu; l'Atarvéda, de l'air; le Samavéda, du soleil; le quatrième Véda serait une compilation des trois autres. Cette version accréditée par Manou est contredite par des kalpas (écrits), qui le considèrent comme sacrifice allégorique de Brahma. *Brahma allegorical immolation.*

Chaque Véda se divise en deux parties : Mantras, les prières; Brahmanas, les préceptes. Les prières employées pour les rites solennels, *yujuyas*, sont renfermées dans les trois premiers Védas. Les prières en prose s'appelent : *Yajush*; celles en vers : *Rig*, et les cantiques : *Saman*. Le Véda *Atharvana*, inusité dans les cérémonies religieuses, renferme des prières pour les purifications, pour se concilier les divinités, et enfin des imprécations contre les ennemis.

Les sujets et les prières des Védas diffèrent suivant les dieux invoqués, et souvent n'ont aucun rapport avec le dieu auquel ils s'adressent. Chaque verset est une allusion à la mythologie ou une notion sur la nature divine et les esprits célestes. Le rig Véda est consacré aux divinités; le Yajarvéda, au genre humain; le Samarvéda concerne les ancêtres et les mânes.

Les indianistes et interprètes de sanscrit ne sont pas d'accord pour assigner une date précise aux Védas. William Jones rejette leur antiquité, Moor suppose qu'ils ont été écrits avant le déluge, il oserait affirmer que c'est la plus ancienne des œuvres sanscrites; elle remonterait à trois mille ans et aurait paru avant les cinq livres de Moïse. D'aucuns placent la date des Védas trois cents ans avant les « *Institutes*, » six cents ans avant les Pouranas, douze cents ans avant Jésus-Christ. Au quatrième siècle de notre ère, dit Colebrock, les Védas ont été arrangés, mais les originaux remonteraient à trois mille deux cents ans.

Le Baghaveda, comme l'indique son nom, est une œuvre en l'honneur de Baghava ou Vichnou ; elle aurait paru il y a six siècles ; c'est dans ce livre que se trouve la vie de Kristna, qui est du douzième siècle.

Les Védas et les Sastras ne peuvent être lus par la classe des Soudras ; mais il leur reste encore un vaste champ de littérature profane composé pour la multitude et qui a quelques rapports avec les Sastras. Tous les Indous qui sont destinés à la médecine étudient avec soin les compositions sacrées qui ont trait à cette science. Les autres branches des Sastras qui traitent de poésie, de grammaire, d'histoire et de morale, sont principalement l'objet des études des brahmes.

La lecture des Védas n'est pas sans profit pour le prêtre ; celui qui a conservé dans la mémoire tout le rig Véda, est exempt de fautes, qu'il ait donné la mort à des êtres appartenant aux trois mondes, ou qu'il ait pris de la nourriture venant de toutes mains pures ou impures ; s'il peut réciter les Mantras et Brahmanas du rig Véda ou du Yusuh, ou du Saman, il est lavé de toute iniquité. « De même qu'un nuage de la terre se dissout en tombant dans un grand lac, de même tout acte répréhensible est noyé, submergé dans les trois Védas. » Hors les Védas, point de salut. L'Encyclique et le Syllabus n'ont-ils pas une déclaration semblable : en dehors de l'Église apostolique, catholique et romaine, il n'y a que damnation.

VI

LE RAMAYANA, POÈME DE VALMIKY.

Une myrialogie en vingt-quatre mille slocas ou versets semés de poésie, c'est le Ramayana.

Ce poème étrange, hérissé de monstres, a une vie spéciale, *sui generis*, qui lui est exclusive.

C'est l'expression sidérale et bestiale des humanités passées. Le réel y coudoie les chimères les plus extravagantes, le poète a dans l'imagination l'ampleur des épaules d'Encelade ; le chaos s'y repose à l'aise : *dii majores, dii minores :* Gandharvas, Rakshasas, génies bons et mauvais ; richis. pénitents, brahmes, rois, peuple, éléphants, lions, tigres, aigles, vautours, serpents, singes, tout ce cosmos y prend la parole. La faune mêlée à l'espèce humaine se meut et s'agite dans un immense tourbillon. A cette entrevue colossale, dans cette mêlée formidable d'hommes et de bêtes, le beau et l'horrible se font face ; le soleil et l'ombre, la force et la faiblesse, l'audace et la crainte, le courage et la ruse, la pitié et la cruauté, l'amour et la haine sont mis en présence les armes à la main. Dans cet échevellement vertigineux, ces antagonistes éternels, le bien et le mal, sont aux prises, ils s'étreignent

corps à corps, et dans cette lutte une immense participation au triomphe du bien semble la volupté
de la nature. Cohortes célestes, richis, héros, planètes, rochers, montagnes, fleuves, océans, ont une
inexprimable angoisse du succès de Rama, qui est
la personnification de la souveraine sagesse.

L'entrée en matière du poème est loin du coup
de clairon homérique : *Menin aide* ; c'est une idylle,
ou mieux encore un conte à la façon de Perrault ; il
vaut *Peau d'Ane* et mérite d'être conté.

Il y avait autrefois une ville célèbre appelée
Ayandhya (Oude), sur la Kançala, gouvernée par
un prince magnanime et glorieux, le roi Daçaratha.
Cette cité resplendissante semblait la remise où
stationnaient les chars aimés des divinités : quel
prince que ce Daçaratha ! Semblable aux dieux,
savant dans les Védas, à la vue d'aigle, à la splendeur éclatante, représentant Kshawsksou dans les
sacrifices, aussi magnifique dans son gouvernement
qu'Indra dans son Amaravati, séjour des immortels.
Ce roi devait être heureux ? Hélas ! non, une grande
tristesse assombrit le cœur du monarque, il n'a pas
d'héritier mâle pour lui succéder et offrir les sacrifices à ses mânes. Prières, pénitences, largesses
n'ont pu fléchir la rigueur du destin. Mais où les
rois échouent, les brahmes réussissent ; ces mages
savants composent des sastrams et donnent des
philtres aux reines, et la magie sacrée opère au
delà de toute espérance.

Caauçala, la première des souveraines, met au

monde un fils qui, par sa beauté, sa force et son courage, est l'égal de Vichnou : il s'appelle Rama, nom qui signifie : homme qui plaît et sait se faire aimer.

Soumitra, deuxième épouse du roi, enfante Lakasmana et Catrougnha, tous les deux ont de brillantes qualités, mais sont inférieurs à leur a'né.

Kaleyi, troisième reine, donne le jour à Baratha, homme juste, honnête et sincère.

Ces quatre princes faisaient l'orgueil de leur père : Daçaratha était dans la joie, comme Brahma environné des dieux.

De magnifiques fêtes sont données à l'occasion de ces illustres naissances; le roi fait des largesses aux pénitents, aux brahmes et au peuple. Le solitaire à jamais mémorable, le sage Vicyamitra, fils de Gadhi, descendant de Kança Mithra, maître de la terre, et issu de Brahma, vient ondoyer Rama; il le plonge dans les eaux du Sarrayou et lui donne la puissance et l'anti-puissance préservatifs contre la faiblesse, la fatigue et la vieillesse.

Ce pieux richi veille à l'enfance du jeune prince et fait son éducation; il l'habitue à l'obéissance, au respect et à la tendresse dus au père et à la mère, l'initie aux cérémonies des sacrifices agréables aux dieux, lui enseigne la vertu en termes aussi sensés, aussi fleuris que Mentor à Télémaque; il ne néglige point les exercices du corps, et son royal élève sait manier l'arc avec une grande habileté; il a des flèches terribles qui chacune ont un nom : flèche de

feu, trait d'homme! c'est avec la première que
Rama percera les démons noirs Maritcha et Som-
balou, qui troublent son précepteur en prières dans
sa grotte.

Le Daçaratide (Rama) et le solitaire se baignent
dans les ondes du fleuve sacré, font des libations
au Père des dieux, et sur ces rives fortunées se livrent à de doux entretiens, tels que celui-ci où Vi-
ciamitra raconte la légende fabuleuse du Gange :

« L'Hymalaya, roi des monts, riche en pierreries, inépuisable en trésors, épousa Méra, fille du
mont Mérou; de cette union naquirent deux filles :
Ganga (*le Gange*), dont tu vois les ondes, et Ouma
(probablement *l'Oulle* ou *le Djemnah*).

» Les immortels, ambitieux de la main de la belle
Ganga, la sollicitèrent, et le mont des Neiges, selon
les règles de l'équité, voulut bien la leur donner à
tous en mariage *(Communis fluctus aquarum)*.
Ouma, sa sœur, s'est alliée à Siva, et, par des ma-
cérations, a mérité un culte. Pendant soixante mille
années, sous les règnes d'Ancoumat, Sagora et
Delyra, la reine des rivières avait borné son cours,
et s'abstint de purifier les mondes; mais le richi
Bagaratha, par ses prières, trouva grâce devant
Brahma, qui permit à la Ganga de répandre plus
au loin ses ondes, à condition que Siva s'engagerait
lui-même à supporter cette cataracte qui briserait
la terre. Le dieu puissant et redoutable ayant promis, monta sur le sommet de l'Hymalaya et dit à
la Ganga : « Descends! »

» Depuis ce jour, ceux qu'une malédiction a précipités du ciel sur la terre peuvent, par la vertu de cette eau, reconquérir leur ancienne pureté et remonter dans le palais éthéré, et les mortels qui y ont lavé leurs souillures arrivent au Swarga avec le concert des Gandharvas et autres divinités tutélaires. »

Rama avait grandi, son austérité, ses vertus le faisaient admirer et chérir de tout le peuple d'Ayandhia, qui aspirait à lui voir partager la couronne de son père. Vicyamitra toujours vigilant et attentif à ce qui pouvait contribuer au bonheur du Daçarathide, le conduisit à Mythila, dans le palais d'un prince de noble race, riche et aimé de ses sujets; il se nommait Djanika et avait deux filles ravissantes. L'une d'elles, appelée Sita, surpassait en beauté sa sœur; elle était née du sillon de la terre, en avait le sel et le parfum; son père la destinait au prétendant qui montrerait la plus grande vigueur et serait capable de tendre un arc fait dans de telles dimensions que les plus forts n'avaient pu jusqu'à présent le soulever.

Laksmana qui adorait son frère et ne le quittait pas plus que son ombre, l'accompagnait dans cette visite. En voyant ce monstrueux engin de guerre, il eut crainte de voir les forces de Rama le trahir; mais le Daçarathide sourit, et, jetant un regard d'aimable tendresse sur la belle Sita, saisit l'arc, tendit la corde et brisa l'arme en deux. Ce triomphe inattendu fut aussitôt récompensé : Sita donna sa main à Rama.

Cette union remplit de joie le cœur des deux familles; Daçaratha voulut mettre à exécution son désir et celui de ses peuples, en partageant la royauté avec son fils. Les fêtes et cérémonies du sacre sont préparées; les sacrifices, les offrandes et les mortifications sont achevés, quand un évènement se met à la traverse et étend sur tout ce bonheur un voile de tristesse.

Ici le drame commence : Kalei, mère de Baratha, quatrième fils du roi, poussée par la jalousie que lui avait soufflée Manthua, sa suivante Bréghaime, bossue et encore plus difforme d'esprit que de corps, attire Daçaratha dans un piège qui a pour but de faire sacrer Baratha et condamner à l'exil le fils de Caauçalya. Cette femme artificieuse feint la douleur la plus vive; son désespoir dépasse tout désespoir et attendrit l'âme du roi, qui lui demande pourquoi elle se roule ainsi dans la « chambre du chagrin ». Kaleyi, voyant son époux ému de ses fausses angoisses, suspend ses larmes et dit : « Jure-moi, prince qui n'a jamais connu le parjure, d'exaucer ma prière, si je te révèle le sujet de mes tourments. »

Daçaratha sans défiance promet; Kaleyi, forte de cette promesse, mais voulant lui imprimer le caractère d'irrévocabilité, prend à témoignage toutes les puissances du ciel et de la terre : « Que les dieux, dit-elle, réunis sous leur chef Indra, entendent ce serment solennel de tes lèvres qui m'accordent la grâce demandée; que le soleil, les planètes, l'éther, le ciel, les plages du monde, les gandharvas, les rakeshasas, les démons qui abhorrent les clartés du jour, et les dieux domestiques à qui il plaît d'habiter sous nos toits, que tous les êtres animés, quelle que soit leur nature, connaissent ton serment ; je les prends à témoins qu'ils sachent que Daçaratha qui a donné sa foi à la vérité, pour qui le devoir est une science bien connue, dont les actes sont accompagnés de mûres réflexions, s'engage à mettre les objets d'une grâce dans mes mains : O Monarque, je te demande l'exil de Rama dans une forêt lointaine, et que Daçaratha, mon fils, soit sacré et partage ta royale couronne. »

Le héros au grand arc, enveloppé dans le réseau de fer du serment, reste anéanti sous ces terribles paroles ; il appelle à son secours toutes les armes de la raison pour dissuader Kaleyi ; il passe de la colère aux larmes et achève par demander grâce à genoux : « Prends sous ta protection, dit-il, un vieillard malheureux, faible d'esprit, esclave de ta volonté, et qui implore ton appui, ne sois pas impitoyable, fais cesser mon martyre, si ce n'est là qu'une feinte mise en jeu pour éprouver mon amour ; femme au gracieux sourire, la vérité de mon cœur, la voilà : je t'aime et suis ton esclave ; je t'accorde tout ce que tu voudras, mes palais, mes richesses, ma vie, mais ne me demande pas l'exil de Rama ! »

A cette expansion touchante d'un père navré de douleur, Kaleyi indomptable répond avec dureté et lui rappelle son serment : « Le premier des devoirs, c'est la vérité, ont dit les hommes sincères, et si je t'ai sollicité, c'est que je savais que ta parole est sincère, et ton serment aussi inviolable que celui des dieux; et tu le tiendras à l'exemple de Civi, le maître de la terre, qui ayant promis, pour sauver la vie à une colombe, de donner son cœur à manger à un vautour le lui donna; le sage Alarka s'arracha les yeux pour les donner à un brahme à qui il en avait fait la promesse. C'est ainsi qu'ils ont mérité de passer de la terre au Swarga. »

Rama apprend, en même temps que le désespoir de son père, son exil dans une forêt lointaine. Cette double et cruelle atteinte, loin de faire naître des sentiments de haine et de vengeance, provoque dans cette âme généreuse et vaillante des sentiments de la plus haute noblesse, une vive compassion pour les souffrances de son père et une soumission calme au devoir qu'impose la foi jurée.

Le brusque revirement de fortune du jeune prince se répand bientôt dans Ayandhya et y sème le deuil. Caauçalya, sa mère, apprend la fatale nouvelle; la malheureuse se lamente, fait retentir le palais de ses sanglots, maudit Daçaratha et pousse son fils à la désobéissance; mais le magnanime Rama la console, la supplie de modérer son chagrin et de conserver égards et dévouement au roi, dont l'affliction n'est pas moins grande que la sienne, et dont la vieillesse, peut-être, ne pourra résister à une pareille épreuve.

Calmer un père, sécher les larmes d'une mère, le

Daçarathide a réussi dans la mesure du possible, mais il n'en sera pas de même de son épouse : la Mythilène affolée, meurtrie dans son âme et dans son cœur, est sourde aux paroles de son époux, qui révèle son intention de partir seul en exil.

Sita lui oppose un refus formel et l'adjure en termes émouvants :

« Un père, une mère, un fils, un frère mangent seuls à table; dans ce monde comme dans l'autre vie, le fruit né des œuvres d'un chacun lui est propre; un père n'obtient pas la récompense ou le châtiment par le mérite de son fils, ni un fils par les mérites de son père; chacun d'eux engendre le bien et le mal pour lui-même; par ses actions, seule, l'épouse dévouée à son mari obtient de goûter un bonheur mérité par son époux; je te suivrai en tous lieux où tu iras; séparée de toi, je ne voudrais pas habiter même le ciel, je te le jure, noble descendant du sage Raghou; par ton amour et ta vie, tu es mon seigneur, mon *Gourou*, ma route, ma divinité; j'irai donc avec toi, c'est ma résolution dernière; si tu as tant de hâte pour aller dans la forêt épineuse, impraticable, j'y marcherais devant toi, brisant de mes pieds, afin de t'ouvrir un passage, les grandes herbes et les épines. Pour une femme de bien, ce n'est pas un père, une mère, un fils, un ami, ni son âme à elle-même qui est le chemin à suivre, son époux est seul la voie suprême.

» Ne m'envie pas le bonheur de te suivre, jette loin de toi cette pensée jalouse, comme l'eau qui reste au fond du vase après que l'on a bu. Emmène-moi, emmène-moi, hélas! l'asile inaccessible de tes pieds, mon seigneur, est préférable au palais des rois, au char des dieux, à l'Amaravati. Accorde-moi cette faveur d'aller près de toi, dans cette forêt habitée par les lions, les tigres, les éléphants, les ours et les reptiles; j'y vivrai aussi contente que dans la demeure du bienheureux Indra; là, plusieurs milliers d'années écoulées près de toi, sembleront à mon âme n'avoir duré qu'un instant; le Swarga, sans toi, me paraîtrait un séjour odieux, et l'enfer avec toi ne peut m'être qu'un ciel préféré. »

Ce discours achevé, Laksmana, les larmes aux yeux, se jette aux genoux de Rama et demande également la faveur d'être son compagnon d'exil. Le Daçarathide, vaincu par de si beaux dévouements, prend avec son épouse et son frère le chemin de la forêt; ils sont vêtus du dixpata, vêtement fabriqué de joncs et de fibres de cocofiers, tels que le portent les pauvres et les errants. Au milieu des bois, ils construisent une grotte, et leur vie est celle des solitaires dont le temps est consacré aux prières, aux mortifications et au souvenir.

Deux ans se sont déjà écoulés depuis le départ d'Ayandhya, et cette ville est visitée par un nouveau deuil, la mort de Daçaratha, qui n'a pu survivre à la séparation cruelle imposée par la religion du serment. Baratha, fils de Kaleyi, lui succède; ce prince, grand et généreux, reste étranger aux manœuvres de sa mère, laisse éclater des regrets que veut adoucir le pénitent Vacistha, ami de son père.

Le discours du saint homme a une telle analogie avec celui du pasteur qui console Hermann et Dorothée, qu'en souvenir de Goëthe on se sent le besoin d'en donner la traduction :

« Ce monde, dit Vacistha, est continuellement affligé de l'antagonisme de principes opposés; te tourmenter, Baratha, pour une cause qui existe de toute éternité, n'est pas digne d'un sage; tout ce qui est né doit mourir; ne veuille donc plus te désoler pour deux principes à la fatalité desquels nul mortel ne peut dérober sa tête : la vie et la mort. Le destin est souverain maître et traîne les hommes çà et là au gré de ses désirs dans le cercle de la vie; l'éparpillement est la fin des amas; l'écroulement, la fin des élévations, et la séparation, la fin des assemblages.

» Quand ce n'est pas une toute autre cause que la maturité qui met en péril les fruits suspendus aux branches, peut-on se plaindre? Il en est de même des hommes arrivés au point où la mort jette sur eux son lacet. La mort marche avec la créature, s'arrête avec elle, s'en retourne avec elle; quand le chemin a été assez long, les jours et les nuits de tout ce qui respire ici-bas s'écoulent et tarissent chaque durée de la vie, comme les rayons du soleil au temps chaud tarissent les eaux des étangs. — Pourquoi pleures-tu, Baratha, sur un autre? Que l'homme repose, qu'il marche, sa vie se consume incessamment; quand les rides ont sillonné ses membres, quand l'hiver a blanchi ses cheveux, meurtri, brisé, que peut-il faire d'où lui vienne le plaisir?

» Les êtres sont des épaves réunies d'abord, séparées ensuite : la mort est une caravane en marche, tout ce qui est placé sur sa route peut lui dire : Et moi aussi je suivrai demain le pas de ceux que tu emmènes aujourd'hui ! Pourquoi te désoler d'une route que chacun est destiné à suivre? L'oiseau est fait pour voler, mais l'âme est donnée à l'homme pour se soumettre au devoir. Ton père, arrivé au terme de la vieillesse, est monté au Swarga, cueillir le fruit de ses vertus et continuer une autre vie au séjour d'Indra. »

Que dit Goëthe ?

« L'image de la mort n'apparaît pas au sage comme un objet d'effroi, ni comme un dernier terme à l'homme pieux. A celui-là, elle apprend à s'attacher à la vie et à la bien employer; à cet autre, elle donne le courage contre l'adversité par la foi dans le salut futur, et pour tous les deux, la mort devient une vie future. »

Daçaratha mort, on procède à ses funérailles, qui retracent les usages des peuples de l'antiquité; aucun rite n'est oublié : la triple ablution du corps avec l'eau sacrée, l'huile et l'essence, la toilette dernière, l'exposition dans l'édifice, que nous appellerions chapelle ardente, où les brahmes récitent des prières, et les pleureuses font entendre leurs cris. Vient ensuite le char funèbre ; l'éléphant sacré couvert de draperies mortuaires, le coursier favori du roi, pénitents, pandarons, musiciens, dignitaires du palais, et la foule escortant la royale dépouille jusqn'au bûcher en bois de sandal, enfin la cérémonie de l'incinération.

Ce respect, cette vénération qui entourent le mystère de la tombe, naissent de doctrines qui trouvent dans la mort l'enseignement de l'éternité ; souvenir des ancêtres, sacrifices aux mânes, croyances aux migrations des âmes dans des sphères invisibles, rémunération des œuvres, sont autant de preuves affirmatives de l'existence d'un pouvoir supérieur à l'homme. La philosophie moderne, en raturant quelques préjugés, effaçant quelques superstitions, ne nous en apprend pas plus long ; et toute la science se résume à un acte de foi au Tout-Puissant et à la confiance dans sa miséricorde.

Tandis que dans Ayandhya les esprits sont en proie à la tristesse, la paisible retraite de Rama va être troublée par de tragiques aventures.

Courpanaka, sœur du redoutable Ravana, démon à dix têtes, a vu Rama dans la forêt. La beauté, la force, le génie du héros, lui inspirent une passion des plus ardentes ; elle veut être aimée et met en œuvre toutes les séductions pour captiver l'amour du Daçarathide ; mais ses désirs se heurtent contre une vertu inébranlable, et elle se voit repoussée : alors, ce que peut la colère compliquée du dépit (*quid possit femina furens !*) traverse l'âme altérée de vengeance de la Rakshasas : elle appelle à son aide les mauvais génies et leur inspire la pensée de chasser de la forêt cette famille de vagabonds qui se sont implantés sur les domaines de Ravana.

Les Rakshasas, au nombre de 1,200, sous la conduite de Dhousama, Tricivas et Kara, attaquent les deux solitaires Rama et Laksmana. Cette lutte se termine par l'entière destruction des ennemis qui tombent sous les flèches des Daçarathides.

Cette première défaite ne fait qu'aviver le courroux de Courpanaka qui vole chez son frère Ravana, roi de Lanka (île de Ceylan); elle lui raconte l'anéantissement complet des légions des Rakshasas, la mort des trois héros, et achève son récit par une peinture des charmes séduisants et irrésistibles de Sita. Elle gagne sa cause et met les armes á la main de Ravana, ce démon Noctivague qui a dix visages, vingt bras, des yeux couleur de cuivre, des dents de fauve longues et blanches, une bouche béante comme celle de la mort; sa taille est monstrueuse et semblable à une montagne; son corps est sillonné de blessures faites par les éclats du tonnerre et les défenses d'Arouta, l'éléphant sacré d'Indra. Un double désir embrase le cœur du géant : venger ses Rakshasas et ravir Sita.

Avant d'entrer en campagne, il consulte le pénitent Maritcha, qui cherche vainement à le dissuader de sa coupable et dangereuse entreprise, et se trouve néanmoins contraint d'obéir à ses volontés. Enlever Sita est la première difficulté à vaincre;

la ruse est le seul moyen adopté par Maritcha et Ravana. Grâce à son pouvoir de métamorphose, le richi se change en gazelle d'une admirable beauté, ses cornes sont dorées, ses pieds agiles sont couleur de rose, son pelage est soyeux comme une moire brune mouchetée d'opales. Ce gracieux animal, en folâtrant aux alentours de la grotte de Sita, éveillera le désir d'être possédé par elle. Pendant que Rama poursuivra la gazelle qui, par une habile tactique à se dérober, l'entraînera au loin dans la forêt, Ravana, sous la forme d'un brahme pauvre et malheureux, pénétrera dans la grotte de Panchavati, où habitent les Daçarathides. Un stratagème attirera Laksmana hors de cette demeure ; une voix mensongère, imitant celle de Rama, criera au secours, et sur les prières réitérées de Sita, le brave Laksmana ira malgré lui à la recherche de son frère, qu'il trouvera en face d'un affreux génie qui s'envole dans les airs, en place de la gazelle qu'il avait frappée d'une flèche mortelle.

Ces manœuvres artificieuses exécutées par Maritcha sont couronnées de succès ; Ravana, sous le déguisement d'un richi tombé dans la détresse, entre dans la grotte, et se trouvant seul avec Sita, lui adresse des compliments qui, sur les lèvres d'un pèlerin, sont pleins de clartés tendres, amoureuses et passionnées.

Ecoutons le sycophante serviteur de Brahma :
« Femme ravissante, au sourire charmant, aux yeux plus charmants encore, tu brilles d'un éclat plus vif

qu'un bosquet en fleurs. Qui es-tu ? toi dont la robe d'or ressemble au calice de la plante Acouta (le lys), toi que les guirlandes de lotus et de nymphœas bleus rendent plus belle qu'une étoile, dis-moi, es-tu la pudeur ? la gloire ? la félicité ? la splendeur ou la déesse Laksmi ? Qui donc es-tu, femme au séduisant visage ? Es-tu l'existence elle-même, ou la volupté aux libres allures ? Tes dents uniformes et bien enchâssées sont des perles au reflet d'une admirable blancheur ; tes sourcils sont dessinés avec art ; tes joues fermes, potelées, sont en harmonie avec ton visage d'un coloris éclatant et d'une exquise fraîcheur ; tes oreilles ornées d'or ont une courbe délicieuse, et tes mains, d'une forme suave, sont effilées comme les pétales du lotus ; tes pieds, qui réunis se font un ornement l'un à l'autre, sont d'un modèle divin, mignons comme ceux d'un enfant ; les étoiles de jais entre les angles rouges de tes grands yeux, nagent dans un pur émail ; ta chevelure est splendide, et ta taille, à emprisonner dans les deux mains. Non, sur la face de la terre, une Kinnari, une Jaki, une femme Gandharva, une déesse même, ne fut ton égale en beauté. »

Entraîné par le feu de la passion, Ravana quitte le masque, se montre dans tout l'éclat de sa puissance, et, malgré la résistance et les cris de Sita, il l'emporte dans un char ailé, et franchit les airs pour arriver à son palais de Lanka.

Pendant le trajet, la Mithylène lutte contre les tentations entreprenantes de son ravisseur et laisse tomber sur la terre son pagne et ses bijoux. Un aigle vieux, vaincu par l'âge, traînant l'aile et tirant le pied, et qui n'était autre que Djatayou, le vainqueur de Bali, entend les cris de la Djanatide, il vole à son secours, déchire le visage de Ravana, mais, atteint d'un trait mortel, il tombe bientôt inanimé sur la terre. Sougriva, roi des singes, frère de Bali, qui habite la montagne de Rishyamoukas, s'est ému de l'affreuse situation faite à Rama, et médite de le venger. Un grand conseil de singes est tenu, on délibère longtemps sur la possibilité de traverser le bras de mer qui sépare le continent de l'île de Lanka, où la Mythilène est retenue prisonnière dans le palais de Ravana. Chacun mesure ses forces et beaucoup déclinent l'impossibilité d'aborder l'autre rive, lorsque Hanounan, fils de Marouti, Indra des singes, se propose pour faire la traversée et s'assurer de l'existence de Sita. Pendant sa courte absence, des Katis ou dizaines de millions de singes seront préparés pour la bataille. Sougriva avertit Rama de la découverte de son épouse, du départ d'Hanounan et des préparatifs de guerre ; c'est à lui que sera confié la direction des armées. Le Daçarathide, au comble de la joie, sent redoubler son courage, et attend avec impatience le retour du fils de Marouti pour se mettre en marche.

Hanounan, ce vaillant Indra des singes, s'est résolûment jeté dans les vagues, qui lui sourient d'abord, pour se déchaîner ensuite. Aux perfides hypocrisies de la mer, il devra ajouter celles de la terrible sirène Sinaka. Ce monstre à tête de femme, qui happe l'ombre, veut absorber l'audacieux qui est entré dans ses domaines ; mais le rusé Hanounan se dérobe comme Protée, et, sous la forme d'une montagne, il échappe à la Rakashasie. Après mille dangers et des écueils sans nombre, évités non sans blessures, il met le pied sur le rivage désiré. Il est à Lanka. Ayant repris sa forme de singe, il attend la nuit close pour entrer dans la ville ; se rasant dans l'ombre, il court les rues ; tantôt il voyage sur les toits, applique son œil à toutes les fenêtres et lucarnes, voit ce qui se passe dans l'intérieur des habitations, écoute les récits de celui-là, de cet autre, il bat le pavé en tous sens, flaire dans les coins et recoins, et il n'a point encore découvert le palais de Ravana. La fatigue, l'obstacle, le péril ne le découragent pas, il a une mission de justice à remplir, il la remplira, dût-il fouiller toute la cité et lui retourner les poches. Hanounan marche toujours ; ravins, fossés, remparts sont par lui franchis ou escaladés ; enfin nous le retrouvons sous forme de wistiti, perché sur un arbre au pied duquel Sita se lamente ; il entend les soupirs, il voit couler les larmes, il assiste aux obsessions que les Rakshasas font à la Mytilène pour accepter l'amour de Ravana ; Hanounan, témoin muet et invisible, se sent le cœur ému de pitié, les larmes de Sita lui arrachent des larmes, il se fait connaître comme messager de Rama, et propose à cette épouse vertueuse de l'enlever et de la ramener au camp du Daçarathide, Sita refuse ce mode de salut, il faudrait monter sur le dos d'Hanounan, et la décence s'y oppose. L'Indra des singes repart seul pour rejoindre ses compagnons, mais avant il incendie le palais du Noctivague. Ravana, au milieu des flammes, comprend qu'il est découvert et que ses ennemis le menacent ; il fait atteler à son char des hyppogriffes à têtes d'épervier, et court à la rencontre des troupes de Rama. Le combat est déclaré, et quel combat ! c'est plutôt le heurt de tous les êtres de la création, les voix les plus formidables se font entendre ; rugissements de lions, de tigres, d'ours ; sifflements de serpents, barrissements de l'éléphant, se mêlent dans un sinistre tumulte aux clameurs des héros et des hommes. C'est une collection de plaies et de blessures horribles. Le démon de Lanka et le Daçarathide se sont rencontrés, et alors commence une lutte terrible ; le triomphe reste un instant suspendu à l'indécision ; chaque tête de Ravana percée du trait de Rama, renaît aussitôt ; abattre cette hydre d'un seul coup n'est pas chose facile, il faut que le Daçarathide ait recours à la flèche qui lui a été donnée par Brahma et à laquelle une mort inévitable est attachée.

Rama a terrassé le monstre ; la victoire a couronné ses armes, et des cris d'allégresse et de joie manifestent en même temps le triomphe de son armée. Hanounan quitte le champ de bataille et vient chercher Sita pour la conduire à son époux...

Rama, ce vaillant héros qui dépasse toutes les têtes, qui a en partage la lumière, la renommée et la divinité, à l'approche de Sita, éprouve un sentiment de jalousie, il est mordu par le serpent d'Othello, mais sans arriver à la rage shakeaspearienne. Il décide de renvoyer Sita chez son père. Sa raison, un instant égarée, retrouve sa route à la vue de Sita, dont les nobles et touchantes paroles font éclater la vertu; le Daçarathide se relève dieu et rend hommage au mérite de la belle Mythilène, qu'il place à la droite de Laksmi comme emblème de la fidélité conjugale.

Rama, qui est la dernière incarnation de Vichnou, fut le modèle des monarques, et son nom est resté à jamais sacré dans le souvenir du peuple d'Ayandhya.

Arrivé à l'étape, il n'est pas défendu de s'arrêter et de se rendre compte du chemin parcouru. Nous sommes partis avec l'aube; toutes les candeurs du matin sourient à la Nature; le poète chante le bonheur domestique qu'il asseoit sur la piété envers les dieux, les sacrifices à leurs autels, la conscience, la justice, l'honnêteté et les douces affections de la famille.

C'est un traité *de officiis*, où la leçon du juste et de l'injuste emprunte des formes ingénieuses ou bizarres, et les vertus et les vices sont extraits de l'âme et amenés sur le visage. Dans l'Iliade et l'Odyssée, nous trouvons des beautés qui ont une grande analogie avec celles du Ramayana, ce qui nous entraîne à combattre la vieille habitude de tout attribuer aux Grecs, de ne pas voir au delà et de leur octroyer un droit d'aînesse qui trouve un démenti formel dans le *ex oriente fit Lux*. On fait remonter à quinze siècles avant l'ère chrétienne la naissance de Walmïki; il aurait, par ce fait, devancé Homère de cinq cents ans, et naturellement l'antériorité appartiendrait à la lyre de l'Indoustan.

Cette conjecture admise, Walmïki, appelé le « Père de la Poésie orientale, » aurait répandu une poussière d'or que les Marouts ont dispersée sur les sommets du Pinde, où les Acdes d'Occident l'ont recueillie. Orphée, le poète belluaire, qui apprivoise les fauves, avait, comme Walmïki, trouvé ce secret, exprimant leurs tendances à l'amélioration des races humaines. Homère a dû sentir le souffle de la Muse du Ramayana, ses chants ont de semblables envergures d'ailes. Fable et histoire, dieux, rois, peuples, monstres, forêts, montagnes, animaux, océan, fleuves, sont l'objet d'autant de peintures. Grandir le héros par le dieu, l'homme par le héros, est le but proposé et obtenu par les poètes. Sous le pinceau du Pélasge, les draperies et les noms changent, mais les dessins restent les mêmes : Jupiter créateur des êtres ; Tiresias, devin ; Calchas, grand sacrificateur ; Hercule, la force ; Achille, la vaillance ; Diomède, l'impétuosité ; Ulysse, la ruse ; Ajax, l'audace ; Priam, la majesté couronnée de l'infortune ; Agamennon, roi des rois, semblable aux dieux ; Hector, l'héroïsme et la noblesse du caractère ; Patrocle, le modèle du dévouement. Toutes ces figures sont tracées dans le Ramayana : Brahma est le père des êtres ; Ksawskou, le grand sacrificateur ; Waïchuta, le devin ; le singe Hanounan est aussi fécond en ruses et en artifices que le roi d'Ithaque. Rama, sous la forme humaine, trahit son essence divine ; médiateur, placé entre le dieu qui crée et le dieu qui transforme, il est celui qui conserve. Daçaratha, son père, est le modèle des grandes vertus, toujours sincère, droit et juste, il allie à la force du lion sa générosité. Il a en lui la faculté de s'attendrir : le *quid flebile* ajoute à la majesté de ses cheveux blancs ; aux prises avec l'adversité, son âme éprouve une douleur dont l'écho semble réfléchi dans l'âme du vaincu d'Ilion ; ces deux vieillards perdant leur fils, l'un par l'exil, l'autre par la mort, ont le même sanglot, le même déchirement des fibres paternelles : Daçaratha, victime d'un odieux artifice, et suppliant la femme Kaleyi de le relever d'un fatal serment, a dans le cœur et la voix les mêmes larmes que le dieu du soleil aux genoux de l'enfant téméraire qui lui a surpris la promesse de conduire son char. La parole donnée, prudente ou inconsidérée, légère ou calculée, reste inviolable de par le Gange, comme de par le Styx : le *pœnituit jurasse patrem*, le repentir se traduit par la prière et les adjurations, mais la foi jurée dit le dernier mot.

Sita, l'héroïne du poème, est une Hélène doublée de Pénélope ; enlevée par Ravana, elle pourrait encore se présenter aux autels de Diane ; et si on dépense la sueur des héros, des hommes, des bêtes, pour la reprendre au géant, ce *multum sudor* est pour punir le rapt autant que pour rendre hommage à la vertu. Dans sa dure captivité, Sita a une attitude tout aussi intéressante que la veuve d'Hector ; le cœur de la Troyenne s'est rencontré avec le cœur de la Mythilène. Lacksmana, au cœur de lion, tout comme Patrocle, n'a-t-il pu servir de modèle au Locrien ami d'Achille ? Ravana, ce géant qui a la face noire et l'ame faite d'ombre, est une saisissante figure du mal, ayant l'encre de la trahison dans les veines. Cette hypocrisie, cachant de criminelles convoitises, recevra son châtiment ; cette perfidie sera son arrêt de mort, sa rupture avec le destin, qui l'avait fait invulnérable. Rama, dans le triomphe, conserve la sérénité du dieu, et si un moment l'aspic de la jalousie glisse sur son cœur, il ignore les vengeances promises à la guenon de Nod ; il en trouve une plus naturelle, moins sanglante : renvoyer sa femme dans sa famille ; mais cette dernière épreuve réservée à Sita sera une consécration nouvelle de sa vertu ; Rama ou Vischnou, qui sonde les cœurs et lit sur les visages, reconnaîtra son égarement, et la femme du foyer sera la femme du temple, assise à côté de Laksmi, emblème de la fidélité conjugale.

Il faut conclure que ces théologies d'Orient et d'Occident procèdent toutes de la même Genèse, et que sous les appellations diverses : le grand Pan,

Brahma, le Grand Esprit, Adonaï, Jéhovah, l'Eternel, le Créateur, il n'y a qu'un même Dieu, qui, dans ce chaos apparent de croyances, n'inspire qu'un même sentiment, celui de tourner les regards en prière vers lui.

A la suite du Ramayana, un brahme, pandaron facétieux et intéressé, ajoute une réclame qui ne manque pas de sel. Jugeons-en : « Ce poème, qui donne la gloire, prolonge la vie, rend les rois victorieux, est l'œuvre primordiale de Valmïky. Qui le lira, aura des fils et des richesses; la jeune fille qui désire un époux, l'obtiendra ; ses parents, s'ils voyagent au pays étranger, auront bonne traversée. Cette pieuse lecture et des offrandes aux brahmes, suffisent pour acquérir toutes les joies du ciel. »

Après cette assurance, on peut tirer l'échelle et reconnaître que chez tous les peuples une culture du fort et du faible au profit des porte-clefs des tabernacles et des montreurs d'idoles.

VII

KRISTNA.

Vichnou, venu sous la forme humaine de Rama, se manifeste encore sous la même enveloppe dans Kistna. Cet avatar, au dire de ses sectateurs, est celui où sa puissance et sa gloire brillent à leur apogée : c'est le dieu tout entier fait homme. Cette croyance rencontre néanmoins des contradictions parmi certaines tribus hindoues qui considèrent Kristna comme un tyran impie, avide, féroce, enfin un démon incarné qui expie ses crimes en enfer. Un peu de contradiction aide à la grandeur même des immortels. La légende, extraite du Raghavéda, divinise le héros, et sous l'imagination enthousiaste des mages, sa figure encadrée dans les antiques traditions, projette une pâle lueur de spiritualisme emprunté aux philosophies étrangères.

Dans les Pouranas, on a trouvé des points de ressemblance avec certaines divinités accréditées dans l'Olympe grec. Kristna serait : Hercule au berceau, Bacchus couronné de fleurs; Apollon jouant de la flûte et gardant les troupeaux chez Admète; enfin, les fictions védiques laisseraient à glaner aux derniers venus qui trouveraient de la similitude entre Kristna et le Christ.

« L'inepte évangile connu sous le nom de *Miracula infantiæ* de Thomas, disciple de Manès, passa dans tout l'Orient, en Perse surtout, pour l'ouvrage de Pierre, et l'évangile par excellence; si l'Inde connut quelque évangile, ce fut celui-là. Si le Kristnaïsme renferme quelque élément chrétien, c'est par là qu'il serait venu.....

» Le Christ dont Mahomet entendit parler est celui de ces évangiles puérils: un Christ fantastique, un spectre prouvant sa nature surhumaine par une extravagante thaumaturgie. »   (RENAN.)

Le touriste qui, comme nous, trotte à petics pas sur le péristyle du Panthéon hindou, se borne à suivre la fable, en s'aidant des guides familiers avec les œuvres sanscrites.

Kristna eut pour père et mère, selon la chair, Vaçoudéva et Dévaki ; sa naissance fut environnée des dangers les plus grands. Son oncle Kansa, roi de Matuna, voulant s'assurer le trône, avait médité et résolu la mort des enfants de sa sœur Dévaki. Le massacre de tous les nouveau-nés du royaume est ordonné ; Putana, choisie comme nourrice, doit présenter à l'enfant un sein empoisonné, et des gardes veillent autour du palais de Vaçoudéva pour empêcher toute soustraction et commettre le meurtre commandé par le roi. Ces criminels desseins sont déjoués par Systra, déesse de l'immortalité, qui transporte Kristna à Gokoula, et le confie à Yasoda, femme de Nanda, pasteur de troupeaux.

L'enfance du fils de Dévaki s'écoule au milieu des joies champêtres : la chasse, la danse et la musique ; il vit en compagnie des bergers et des bergères, dont il a su éveiller déjà l'amour de *neuf* d'entre elles. Jusqu'à l'âge de quinze ans, on le désigne sous le nom de Bala-Kristna ; il est représenté avec une figure brune, presque noire, ses cheveux sont relevés et noués en forme de chignon au sommet de la tête ; il tient une boule dans la main droite, emblème du monde, disent les uns ; simple jouet, disent les autres. Cette main renferme quelquefois un gâteau que l'enfant espiègle trempe dans le beurre quand la nourrice a le dos tourné. Certaines images le montrent au milieu de fruits et d'animaux, emblèmes de sa puissance sur les deux règnes végétal et animal : il jongle avec le redoutable serpent Kaléya, qu'il maintient sous son pied pendant qu'il joue du bug-pipe; dans ce cas, il est identifié avec Apollon vainqueur du serpent Python, et dieu de la musique sous le nom de Gopala. Il est le berger de Kradje, à l'instar du dieu de Délos, chevrier en Thessalie. De nombreuses appellations servaient encore à le désigner, telles que : Murari, Heri, Madhava, Bhagava, Govinda, Gakoula, Gopala, Gopintha, Yadava, Warshenia et Vaçoudéva.

Le premier effet de la puissance divine de Kristna se fait remarquer à l'âge de sept ans, et dans la circonstance suivante : « Indra, jaloux et humilié de la diminution des offrandes et sacrifices offerts à ses autels, menace le peuple pasteur d'un déluge. Les cataractes du ciel sont ouvertes, bergers et bergères vont être submergés; dans leur détresse, ils implorent et adjurent Kristna. L'enfant divin les sauve en mettant sur le bout du petit doigt la montagne Govardhana qui devient un imperméable abri et protège les gopas et gopis.

Bala-Kristna, grand maestro, a des susceptibilités à l'encontre de son talent; sans prendre le tour cruel d'Apollon écorchant Marsyas, son irritation se traduit par une plaisanterie amère et railleuse. Pendant que son rival sur la flûte, Narada, fils de Sarawathi, déesse de la musique, tire de doux accords de son instrument, Kristna place son bug-pipe entre les pattes d'un ours, qui, à grand renfort de cymbales, accompagne Narada moqué et mystifié.

Les femmes jouent un grand rôle dans l'existence de Kristna, les passions inspirées par le beau berger de Kradge dépassent toute imagination; de combien de soupirs, de tendresses, d'adorations n'est-il pas l'objet?... Dans cette ruche de Philis amoureuses, la jalousie quelquefois fourre son nez; alors ce sont des reproches, des sanglots, des brouilles; le tout suivi de tendres raccommodements.

Cet enthousiasme du beau sexe a fourni au pinceau indien des sujets de dessins originaux.

Par des attitudes spéciales du corps, des entrelacements particuliers des membres, ces bergères arrivent à figurer tantôt un palanquin sur lequel est assis le bien-aimé avec Rhadha sa favorite, tantôt un cheval ou un paon qui sert de monture.

Le Yavana (Kristna) est un amoureux infatigable, un séducteur d'un inépuisable appétit, un polygame insatiable, un épouseur de tout le genre féminin; il possède huit épouses légitimes : Laksmi, Jambavati (la fille d'un ours roi), Kaludi (la sœu, du soleil), Satyavamana, Laksmana, Mitravendar Magnagiti et Nidori. A cet octave régulier, il faut ajouter ·16,000 vierges qu'il trouve dans le vaste sérail de Naraka, un géant Assoura à cinq têtes, qu'il tue en expiation de ses crimes, et dont il enlève le mobilier et le poulailler. A la façon de Jupiter, il se passe quelques brusques fantaisies avec les belles princesses du voisinage ; il enlève Kaka-mini, fille du roi Kundina, le jour de ses noces avec le prince Sisupala.

Ce sera l'origine de la guerre des Assouras et des Pandous.

Avec un corps d'armée de plus de 16,000 femmes, Kristna ne saurait laisser une succession en déshé-rence ; aussi sa postérité peut-elle satisfaire le plus vaste orgueil ; chacune de ces infantes n'a pas moins de dix rejetons, ce qui ferait un total de 160,000.

Dans ces effluves extraordinaires de passion, dans ces innombrables amours, il faut voir, disent les penseurs mystiques, une image de l'enthousiasme délirant qui avait gagné tous les cœurs, et princi-palement celui des femmes, êtres sensibles et fasci-nés par les grâces toutes aimables de doctrines où l'amour était l'élément par excellence. Kristna, le dieu tout-puissant, se serait incarné pour enseigner au monde la vertu et réprimer le vice. Il ne faudrait voir dans ces relations terrestres qu'une image de l'alliance multiple de la bonté divine avec l'âme humaine.

Dans cette ardente explosion du volcan, dans ce ruissellement d'amour, la coupe enchantée circule, mais non la prosaïque tasse de dame Nature.

Dans cette interprétation métaphysique, le mys-tère est dans le mystère ; les poètes persans, Sufi Hafez, Saadi et autres sont remplis de ces chants symboliques qui rappellent le Cantique des Can-tiques.

Les amours de Kristna et de Rhadha sont des incantations d'âmes tombées dans le ravissement et buvant l'ivresse à même le goulot ; sur les lèvres de l'élue de Kristna, nous retrouvons les ardeurs de la fille de Sunam.

Les ombrages de Gakaula et de Galaad se font écho :

« Mets-moi comme un cachet sur ton cœur, mets-moi comme un cachet sur ton bras, l'amour est fort comme la mort, et la jalousie est dure comme le sépulcre, leurs embrassements sont comme des embrassements de feu. »

Radha, aux pieds du noir Gopala, s'exprime de même :

« Délicieuses sont les fleurs de l'Aurra sur le sommet de la montagne, où les abeilles font un miel si doux, mais mon bien-aimé a pour moi plus de délices et de douceur. »

Laissant au domaine de l'imagination toutes ces transparences mystiques, Moor et N. Thompson donnent des appréciations sur les principes contenus dans le Bhagavedha-gita. Cette œuvre renfermerait le panthéisme de Védanta, avec les modernes doctrines de Bhackti, ou la dévotion à Kristna comme Être suprême ; elle enseigne la renonciation au monde, mais dans la mesure incompatible avec les lois de la nature ; elle recommande l'immobilité du cœur, un entier renoncement aux affections, peines et plaisirs ; toute passion bonne ou mauvaise, étant synonyme de corruption, doit être subjuguée, et c'est par la ferme volonté de l'esprit que l'on dompte le corps et qu'on arrive à la souveraine émancipation, au salut, au but unique, à Dieu, qui doit être le seul mobile des actions.

Cette philosophie, qui a pu recevoir une application sous les glaces du Nord par des chrétiens refroidis, semble d'une pratique plus difficile sous les zones torrides. Le Christ ayant dit : « Abandonnez père et mère, quittez tout pour Dieu, et, comme le lys de la prairie, reposez-vous sur le Créateur du soin de votre nourriture, » des fanatiques ont vu dans ces paroles un conseil d'absolu renoncement au monde, mais les Orientaux sont loin de ce fanatisme-là : « La nature, disent-ils, tient un autre langage. »

Il est naturel d'avoir l'amour de la prospérité, de la richesse, de l'indépendance de soi-même, et tout en ajoutant foi aux promesses du ciel, ils savent qu'il vient en aide alors qu'on s'aide soi-même. Ils considèrent le péché comme une conséquence de la nature humaine, qui est composée d'éléments tout différents de ceux des purs esprits. Il est dans notre destinée d'accepter irrécusablement le bien et le mal en bloc; ce sont deux créanciers dont nous sommes fatalement tributaires.

Kristna se mit à la tête des Pandous pour combattre les Assouras; ces luttes furent longues, et pendant dix-sept fois la victoire demeura incertaine; à la dix-huitième rencontre, grâce à la ruse, Déva

Kala Javana, son terrible adversaire, fut vaincu. Kristna aveugla son ennemi endormi dans sa grotte et le fit périr dans les flammes qu'il avait allumées. C'est peut-être cette façon déloyale de combattre, restée dans le souvenir de quelques tribus, qui est l'origine de leur haine contre Kristna qu'ils appellent le démon incarné.

Quelques épisodes, ayant trait à la force et au courage de Kristna, sont semés dans le poème ; il combat des lions, des ours, etc.

Les extraits suivants dont la beauté originale se perd dans la traduction, ont sans doute été la source des polémiques religieuses et ont ouvert la porte des conjectures au sujet de Kristna :

Arjouna, fils de Pandou, conducteur du char de Kristna, s'adresse à lui comme au Brahma suprême, le dieu existant avant tous autres dieux, sans commencement ni fin, le souverain de toutes choses, le dieu de bonté par excellence. Dans un autre passage du Baghaveda, Kristna, prenant la parole, dit : « Je suis le commencement, le milieu et la fin de toutes choses ; sous ma forme invisible, tout l'univers procède de moi ; ce kalpa (période du temps) achevé, toutes choses reviendront à leur source primordiale et de nouvelles seront créées au commencement d'un autre kalpa ; je suis le créateur du genre humain, aucun être n'atteint ma grandeur, et toutes choses sont suspendues à moi comme un collier de pierres précieuses ; je suis la suprême intelligence, la suprême gloire, la suprême force ; je suis la semence éternelle de la nature : créateur, seigneur et protecteur du monde; je suis la mort et l'immortalité, l'existence et le néant, j'édifie le temps et j'étreins la mort, je suis la résurrection... »

Ces doctrines, répandues au nord de l'Asie, identiquement reproduites sur les bords du lac de Thibériade, durent éveiller l'attention des savants, et on doit leur savoir gré de leurs recherches; toutefois, il y a tant d'obscurité, de surnaturel, d'étrange, de bizarre dans l'ensemble de la vie de Kristna, que notre ignorance nous empêche sans doute d'y voir un avatar du Christ.

Kristna, à l'instar de Rama, nous paraît un personnage illustre, dont le courage, les vertus et l'esprit de sagesse ont fait l'égal d'un dieu. La poésie orientale est féconde en divinités, et si l'Atlas en a compté 30,000, l'Hymalaya s'est trouvé de force à en avoir davantage. Pourquoi Kristna ne serait-il pas le plus célèbre des Pandous, et qui aurait conduit son peuple avec des lois empreintes de sagesse et de haute intelligence ?

La fin tragique de Kristna se ressent du merveilleux de son existence, et a donné croyance à l'allégorie.

Un chasseur mystérieux poursuivait un daim ; croyant l'apercevoir dans un hallier, il envoya une flèche qui traversa les deux pieds de Kristna couché à l'ombre des arbres. Le chasseur, désolé de sa méprise, vient, les yeux en pleurs, se confondre en excuses. Kristna le rassure, et, lui montrant le ciel, lui dit : « Voici la demeure des dieux », et aussitôt apparut un char céleste dans lequel fut emporté le chasseur.

Le grand Kristna laissant sa dépouille à la terre, redevint l'esprit pur, infini et éternel. Le mystérieux chasseur, auteur de cette mort, et connu dans le poème sous le nom de Jara, ne serait autre que l'image de la vieillesse et des infirmités, d'où il faut conclure que celui qui porta jadis la montagne de Govardhama sur le petit doigt, mourut vaincu du temps et retomba en enfance après avoir vu son peuple réduit, par les guerres civiles, à la plus extrême faiblesse.

Arjouna ayant trouvé le corps de Kristna, lui rendit tous les honneurs funèbres ; ses épouses, après l'avoir pleuré et couvert d'embrassements, se jetèrent dans les flammes de son bûcher et furent incinérées avec lui.

De grandes fêtes se célèbrent au Bengale en l'honneur de Kristna ; les rites, à peu de chose près, ressemblent aux coutumes du XVᵉ siècle à la Saint-Jean ; les folies des sectaires rappellent l'élection de Quasimodo, pape des fous ; le tohu-bohu et le brouhaha se donnent la main pendant une semaine, et, à chaque coin de rue, d'immenses piles de fagots brûlent en l'honneur du dieu. Le temps de la saturnale expiré, on jette dans le Gange les cendres saintes de ces incendies sacrés.

Le Baghavéda a une grande célébrité dans l'Inde, mais ses doctrines, comme celles des Védas, ne sont comprises que des quelques hommes qui se livrent à l'étude; l'indifférence, l'inertie, le fatalisme hindou subsistent toujours et seront difficiles à extirper, et les doctrines chrétiennes auront bien de la peine à changer les tradifions du Gange; l'hindou devînt-il civilisé, aussi sensible que le sauvage du Nouveau-Monde, comme Chactas, il hésiterait encore à renoncer à la religion de ses pères. Les classes inférieures, parias misérables, fournissent seuls des recrues au catholicisme, et la fermeté de leurs nouvelles croyances résiste peu aux épreuves. Pour une roupie, ces néophites deviennent relaps.

VIII

LES CASTES.

Le livre de Manou considère les castes comme une émanation divine. C'est Brahma lui-même qui aurait réglé les relations hiérarchiques du peuple hindou et marqué d'un signe tout homme naissant. Un sloca dit : « Brahma, suprême essence, manifestée pour perpétuer l'espèce humaine, tira de sa bouche, le *Brahme*; de son bras, le *Kchatrya*; de sa cuisse, le *Vaïssya*; et de son pied, le *Sçoudra*. »

Le nom de Brahme exprime la vertu; celui de Kchatrya, la puissance; celui de Vaïssya, le travail; celui de Sçoudra, l'obéissance.

Cette division première, dont l'origine remonte à la Genèse hindoue, s'est compliquée de greffes qui forment des subdivisions à l'infini, et se rattachent aux quadruples racines de cette souche (*Traité des Castes* de M. Esquer, président de la Cour d'appel de Saïgon, magistrat distingué, qui a passé quatorze ans dans l'Inde). Ces distinctions sociales, résultant de la volonté divine ou plutôt de la nécessité d'ériger en institutions des inégalités natives, ont résisté à toutes les révolutions des âges et se sont maintenues dans leur complète intégralité. Droits, devoirs, prérogatives affectés à chaque caste, n'ont pas varié; des règles inflexibles bouclent chaque individu à son rang social. Ni la vertu, ni le mérite ne peuvent changer cette immuabilité. Le *tu es in æternum in ordine tuo* est marqué sur le front d'une empreinte indélébile. Tous les actes de la vie de l'Hindou sont précédés, accompagnés ou suivis de cérémonies religieuses d'un rite spécial à chaque caste; le lien religieux, confondu avec le lien civil, est la chaîne de fer enroulée de prestige qui retient chacun sous l'obéissance. Malheur à celui qui chercherait à en briser les anneaux, il s'exposerait à de funestes conséquences : flétrissures, exclusion, bannissement, privation de l'eau et du feu, frappent le réfractaire; la mort civile, compliquée de la mort *religieuse*, fait le vide autour de lui et le réduisent à l'état d'ombre maudite, errante et misérable; la société l'a mis hors de son cercle, et le temple a tiré les verrous sur lui. Par exemple, le mariage d'un brahme avec une femme Sçoudra, est une énormité, un outrage sanglant au respect et à la dignité de la caste, une mésalliance impure, un accouplement monstrueux que toutes les eaux du Gange ont de la peine à laver. Cependant, comme il faut une porte ouverte au repentir et qu'il n'appartient pas de priver de la moscha (béatitude finale) un être sorti de Brahma, des voies de recours en grâce sont ouvertes au pécheur : la prière, le jeûne, l'aumône, la mortification, la flagellation de sa chair, le pèlerinage aux lieux saints, enfin des sommes considérables versées en expiation au collège des brahmes qui, la pénitence dûment reconnue et établie, accordent l'absolution, et procèdent à l'*Amrïty* ou grande fête de la réintégration dans la caste.

Cette rigueur de règles, usages et coutumes, a provoqué l'indignation d'un indianiste, travailleur opiniâtre, qui a utilisé son séjour aux Indes à faire des études sérieuses, et a publié notamment un ouvrage sur les religions comparées de Manou, Moïse et Mahomet. Cet écrivain distingué prétend que, par des interpolations introduites dans les textes, se serait insinuée cette distinction de naissance parmi des êtres sortis de la même substance. Naturellement, le procès est fait aux brahmes ; un esprit de domination avait donné naissance à l'établissement des castes : *Ego nominor leo !* aurait dit le brahme, et ce qui vient après moi, est au-dessous de moi ! *Nec pluribus impar !* je suis astre et les autres sont des satellites et doivent se mouvoir éter-

nellement dans l'orbite assigné. Trancher radicale-
ment *ex abrupto* une semblable question par le
procédé d'Alexandre, témoigne tout au moins de
l'impatience, l'épée coupe et ne dénoue pas, faire
de la charpie n'est pas la solution demandée du
problème. Les castes ont leurs idées qui sont leurs
défenses, et nous sommes de ceux qui croient doué
d'un esprit supérieur et d'un entendement éclairé,
le brahme, le kchatrya ou autre qui a imaginé cette
division première du peuple indou.

Avant de condamner le passé, étudions, et peut-
être cette distinction de naissance trouvera-t-elle
son explication.

Les castes offrent une question complexe : la nécessité qui les imposait, et le progrès qui tend à
leur suppression. Il faut se souvenir que l'humanité
est à l'heure de l'enfance; si le temple de la nature
est achevé, complet, illuminé de toutes les splen-
deurs, il n'en est pas de même de la fourmilière
humaine sur laquelle flottent épars tous les fils
sombres, fraîchement cassés du chaos. Chaque être,
à l'état d'ébauche, se traîne à quatre pattes dans le
crépuscule, se heurtant à chaque pas contre l'obstacle, la difficulté et le danger; l'ignorance le gar-
rotte, la faiblesse le déconcerte. A-t-il une hutte?
il ne peut seul l'approvisionner ou la défendre; cultiver la terre, en cueillir les fruits n'est pas sans
péril; la faim du passant respectera-t-elle ses la-
beurs? Non! travail et fatigues seraient perdus.
L'isolement est pire que la mort, étant compliqué

de l'effroi du plus faible dévoré par le plus fort. Le besoin de se rapprocher de son semblable s'impose naturellement, la nécessité crée le groupe. A cette réunion d'autres s'étant jointes, la tribu, l'aldée, la cité s'établissent successivement, mais à mesure que l'agrandissement se fait, le cercle s'élargit, chaque élément humain qui le compose doit justifier d'un apport physique et intellectuel; l'édifice de cette société n'est admissible qu'à cette condition, sans cela on tomberait dans cette confusion qui arriva un jour à Babel, et on se trouverait dans de farouches ténèbres. Ne faut-il pas reconnaître que, par une volonté toute-puissante de la nature, ou une erreur regrettable, tous les êtres n'ayant pas les mêmes forces physiques et la même dose d'intelligence, il en résulte que la coopération au bien-être général ne sera pas la même chez tous; chacun ne pourra jouer un rôle que selon ses moyens; mais qui en jugera? qui déterminera ce plus ou ce moins? Evidemment, ce ne sera pas l'intéressé. Dès lors, le choix d'un chef s'indique, tout comme le besoin d'une direction se révèle; tout d'abord, la préférence se porte sur le plus ancien. Plus tard, les cheveux blancs, tout en conservant le respect qui leur est dû, s'inclineront devant les combinaisons plus satisfaisantes d'un esprit plus jeune que l'intérêt général appellera et désignera au commandement. L'étendue des connaissances primera l'expérience toute nue, et quiconque se fera remarquer par la conception la plus profitable sera la voix entendue.

Or, l'homme appelé au service des dieux, préposé aux cérémonies religieuses, fut considéré comme un esprit imprégné de la sagesse de ce puissant voisinage, et l'autorité lui fut naturellement dévolue : *esto dominus fratrûm tuorum!* dit la Genèse. Que dans la suite du temps le brahme n'ait pas cherché à étendre son crédit, que le temporel n'ait pas glissé dans le spirituel, que ce dernier n'ait pas été âpre au premier, ce serait aller contre une vérité et affirmer un contre-sens, et dire que les institutions ne sont pas susceptibles d'altération ou d'amélioration. Les modifications et transformations sont des lois de la nature; la perfection où existe-t-elle réellement? Nulle part.

Chaque fleur a sa chenille, chaque fruit a son ver, et parce qu'une rose a vieilli et s'est corrompue, faut-il nier qu'elle ait eu ses aromes; jette-t-on au feu le chêne sur les branches duquel a poussé le gui? Pourquoi lapider jadis, noyer dans la réprobation et vouer aux dieux infernaux cette caste sacerdotale, et représenter les brahmes comme des nœuds à la circulation et des centres de nourrissante paresse? Un de nos grands penseurs a dit : « Il y a le labeur invisible, et n'est pas un oisif qui est absorbé dans la méditation, les bras croisés travaillent. » Leurs œuvres protestent : ces Védas, ce Rig Véda, ce Mahabaratha, sont les fruits de leurs méditations; dites que ce sont des rêveries, mais ces songes ont intéressé toutes les civilisations; vous en trouvez les reflets sur les bords du Nil, à

Athènes, à Rome ; tous ces peuples se sont inspirés des pensées de l'Extrême-Orient. C'est sous l'empire des brahmes que se sont élevés ces monuments qui étonnent l'architecte et le ciseau du statuaire modernes. Michel Ange, après avoir lu Homère, disait : « En présence de ces héros grecs et troyens, je me regarde pour voir si je n'ai pas vingt pieds de plus. »

Qu'est-ce que le Ramayana? sinon l'Iliade hindoue, telle est du moins l'opinion émise par quelques savants. Enfin, pourquoi tant de courroux envers une classification qui assigne à l'un (Çoudra) laboureur, *rïot*, la culture de la terre ; à cet autre (Kchatrya) guerrier, le devoir de la protéger ; à cet autre (Vayssia) marchand, le soin d'en écouler les produits, et à cet autre le brahme, homme d'étude et de science, un sacerdoce avec charge de veiller au respect dû aux lois, règles et coutumes, nées du consentement unanime, voire même de la nécessité!

Cette organisation ne froisse pas le bon sens ; que le progrès, la trouvant surannée, appelle sa dessuétude, d'accord ! mais une démolition demande une reconstruction, et il faut y mettre quelque chose à la place, et dans cette révolution être indulgent pour le passé, se rappeler la date. Le régime brahmanique a été utile à produire la réduction de la brutalité, c'est par ce symbolisme surabondant, grossier quelquefois, qu'il a rendu l'idéal potable et mangeable à l'esprit embryonnaire de ces races. En somme, les brahmes ont été un point de départ en civilisation; ils ont commencé un peuple, ils ont fait hier; à d'autres de préparer demain. La transfusion des idées européennes dans le monde asiatique exige du temps et encore du temps, il faut sa longue participation pour extirper des préjugés millénaires qui se hérissent comme autant de roches gigantesques dont la base est soudée au plus profond des entrailles de la terre. Tant que la croyance portera le pèlerin hindou des extrémités de cet immense continent aux sources du Gange pour y boire l'eau consacrée et mourir dans les bras du fleuve, il faut s'attendre à des résistances opiniâtres, à des luttes violentes et acharnées, je dirais presque à l'effondrement de ce peuple. La fissure faite à la pagode par le christianisme est encore trop légère et trop invisible pour opérer promptement cette grande révolution qui, dans l'avenir, aura été son œuvre.

L'Angleterre qui est la seule puissance dominatrice en Orient, et dont la politique parfois est critiquée un peu à la légère par des esprits prévenus ou maladroits, craindrait de perdre ses influences, de diminuer son autorité en portant atteinte aux castes; elle les protège et les fait respecter. Cette nation, d'une clairvoyance incontestable, ne brusque pas la marche du progrès, elle la facilite et par le plus sûr moyen, en répandant la lumière, en fondant des écoles qui préparent les générations nouvelles à l'intelligence d'institutions plus libérales et plus fécondes que les leurs. De sérieux résultats ont couronné ses efforts, et chaque année la statistique scolaire enregistre les noms de deux à trois cents élèves indigènes sortis des collèges de Madras, Calcutta et Bombay, et désignés pour des emplois dans l'administration.

Dans les établissements français de l'Inde, le libéralisme a arboré pavillon. Tous les sujets de cette colonie sont électeurs et éligibles s'ils remplissent les conditions exigées par la loi. Le suffrage universel, botté, éperonné, le fouet à la main, est entré sur les domaines de Vichnou. Je ne suis pas bien sûr que ce nouveau venu ne soit considéré quelque jour comme le onzième avatar de ce dieu réparateur des maux des fils de son peuple. En attendant, le commissaire-gouverneur lui donne l'hospitalité; il est vrai que son accueil ressemble un peu à celui d'un seigneur féodal recevant un garnisaire qu'il ne peut éviter; il s'incline ou paraît s'incliner, ce bon commissaire-gouverneur; mais, au fond, il rechigne sous cette inclinaison commandée par la nécessité, cette fée ironique et généreuse, qui a mis dans son échine le roseau, ce précieux mât de fortune dans la tempête.

Devant le fonctionnement de cette divinité de tous et pour tous, le rire d'Homère est dépassé, on se tient les côtes pour qu'elles n'éclatent pas; c'est un spectacle exhilarant que de voir le citoyen Brahme, Kchatrya, Vayssia, Çoudra et *tutti quanti*, tenant en main ce merveilleux talisman qui doit faire le bonheur du peuple. La physionomie de cet

heureux électeur présente celle de la jeune guenon
tenant la noix dans sa coque verte ; il tourne, retourne en tous sens ce papier et ouvre la bouche
dans un ahurissement indicible ; son œil interroge,
cherche, son intelligence voudrait savoir ce que
signifie ce carré de papier orné de lettres cabalisti-
ques. La perplexité serait éternelle sans les explica-
tions du thasildar, qui les résume à cette formule
laconique : « Dimanche, tu te trouveras avec ce
papier devant la porte de la cacherie. Attention !
il ne faut pas y manquer, nous devons y être tous !
Va-t-en, fiche le camp, poda ! »

L'électeur, suffisamment éclairé et renseigné, n'en
demande pas davantage et revient. Le *dies ad quem*
arrivé, l'électeur obéit à l'injonction du thasildar,
— le haut fonctionnaire du district, à l'instar de ses
dieux, a beaucoup de bras qui s'appellent : le beche-
kar, le naïnard, le chaufkidar et le tabédar, hauts
et bas officiers de police ; il emploie toutes ces tenailles à arracher de leur apathie des insouciants et
inconscients citoyens. La foule se presse autour de
la cacherie, le thasildar et ses adjoints s'assurent de
la présence des électeurs, et, vérification faite, la
bande des citoyens, autorité en tête, marche librement au scrutin..... Un pendal de feuillage et en
forme de chapelle a été construit pour abriter l'a-
réopage qui garde la boîte mystérieuse renfermant
les secrets du sort. Ordinairement, un aspirant,
aide, ou sous-commissaire, et deux notables à raison de trois ou quatre roupies la journée, composent le bureau et reçoivent les bulletins.

Il est huit heures; la séance est ouverte; les élec-teurs sont interpellés par les agents de l'autorité pour savoir s'ils ont leur bulletin. Sur la réponse affirmative, ils sont invités à entrer dans le temple de verdure, où ils déposent tout ouvert leur suf-frage sur la table, sur la boîte, et rarement dans l'ouverture ménagée *ad hoc*; les membres du bu-reau suppléent à cette lacune et rétablissent la rè-gle. Si vous interrogez ce citoyen électeur sur le grand acte de liberté, fraternité et égalité qu'il vient de remplir, il vous dira... « Certainement, j'ai obéi au thasildar! » Il arrive que des candidats au-tres que ceux de la paternelle et sage administra-tion entrent dans la lice. La scène change; on voit l'agitation naître, les amis de l'opposition se démè-nent, exploitent leurs moyens, forment des comités composés d'Indiens intelligents, mais dupes souvent de farceurs intrigants. Enfin, on voit se produire toutes les manœuvres possibles, et, comme tous ces sauveurs de l'indépendance nationale, ne sont pas généralement des lords d'Angleterre, ils ne crai-gnent pas les nominations à l'aide des trois P. (*Prece, Pretio et Poculo*).

O Brahma, du haut de ta gloire, que tu dois rire du progrès de la civilisation!

Après cela, la France est le pays par excellence de la vulgarisation des idées, son cœur fraternel est vaste comme l'Océan; il n'est pas jusqu'au fils de Hanounan qui n'ait eu part aux saintes agapes.

Que la Trimourty nous contemple!

IX

DIVINITÉS, PAGODES, CÉRÉMONIES, PÉNITENTS.

Au dernier plan, presque aux confins de la Ville Noire, dans une rue à peu près déserte, bordée çà et là de chétives paillotes, un monument moitié pierres, moitié briques, badigeonné au lait de chaux, projette son ombre à travers quelques rares palmiers à tête chenue qui semblent monter la faction de la tristesse. Ce monument est le temple de Darmanacovil. La maison des dieux jure avec la taille qu'on leur attribue : ils ont dû passer par le lit de Procuste avant d'entrer dans cet étroit sanctuaire.

Pauvre temple ! Placé sous l'équateur, il a l'air d'avoir froid ; son mur d'enceinte laisse suinter des larmes ; de quoi pleure-t-il ? de son amoindrissement ; les grandeurs du voisinage le diminuent, l'effacent, le suppriment ; il n'est plus que l'ombre d'une ombre ; les richesses du dieu de pauvreté l'écrasent. Qu'il est petit, qu'il est infime derrière cette succession d'édifices qui s'appellent : l'église, le monastère des religieux, le couvent des religieuses, le grand séminaire et le petit séminaire, l'enclos et la maison de Monseigneur *In partibus infidelium*. Toutefois, la pagode persiste à vivre, ou plutôt à ne pas mourir, elle se tient debout malgré l'air ambiant, souffle sournois et hypocrite qui lui

ronge les moelles. N'allez pas croire à la persécution, oh que non pas! Il y a beau temps que l'on a
révoqué tous les édits de révocation; brusquerie et
violence sont vieux engins de guerre, bons pour les
esprits gothiques, truculents et maladroits du
moyen âge. L'expérience a démontré qu'on n'empêche pas plus l'hérésie par ordonnance qu'on ne
crée la vertu avec le prix Monthyon.

Édits, rescrits, arrêtés sont publiés par centaines,
mais rassurez-vous, pas un qui ne traite avec bienveillance l'idolâtrie; à Dieu ne plaise qu'on lui
mette le couteau sous la gorge! il y aurait eu danger
d'abord et insuccès ensuite. Les Gentils sont libres
de barbotter dans leurs vomissements; qu'exige-t-
on pour prix de cette liberté? Rien, peu de chose,
qu'ils restent parqués dans le cloaque désigné,
qu'ils sacrifient au coin du carrefour indiqué; qu'ils
brament dans des étables estampillées, et qu'en
toutes circonstances joyeuses ou lugubres, ils n'in-
commodent pas leurs voisins, les vrais croyants;
et, dans ce but, ces infidèles n'useront du gong,
tam-tam et psaltérion, qu'avec autorisation de police. Après cela, que Bajazet, libre dans sa cage,
crie à l'intolérance, ne serait-ce pas injustice criante?
Personne ne murmure. Le peuple hindou a bien
cela pour lui, que sous le masque d'une impassibi-
lité sœur de l'indifférence, il demeure inébranlable
dans la foi de ses pères, et s'il est entravé dans ses
exercices religieux, il erre sur la montagne, comme
les enfants de Juda, et émigre dans les pays où il

trouve plus de liberté. Toutefois, à Pondichéry, la magnificence des fêtes est presque tombée. La pompe qui accompagnait jadis les cérémonies du culte, se perd de jour en jour; cette mise en scène du merveilleux devient de plus en plus pâle.

D'adorateurs zélés à peine un petit nombre
Ose des premiers temps nous retracer quelque ombre.

A quoi tient cette tiédeur ? Les dieux sont-ils partis ? Les Gentils ont-ils brisé les idoles ? Le Cambyse ultramontain qui gouverne aurait-il renversé le temple de Siva ? N'y aurait-il plus que des néophytes trempés dans les eaux saintes de la régénération? La harpe de David aurait-elle remplacé celle de Walmiky ? Et ses fantômes formidables se seraient-ils changés en séraphins à ailes, de colombes rechampies d'azur ?...

Croire cela serait témérité.

Vichnou et Siva sont encore sur leur piédestal de bronze et de granit, ils sont couronnés de fleurs; le nombre des fidèles ne va pas en décroissant, la foi est aussi vive intérieurement, mais elle se trouve réduite à l'impuissance de manifestation extérieure.

La pagode, avec de faibles ressources, est tenue à de lourdes charges ; les frais d'entretien sont relativement considérables. Le bâtiment, le sanctuaire, le personnel : brahmes, pandarons, musiciens, bayadères, illuminations, feux d'artifice, enfin toujours quelque divinité à restaurer ou repeindre, absorbent ses revenus. L'administration du temple, confiée à des hommes sages, intelligents et éclairés, pourrait subvenir à toutes les dépenses, me disait un de ses membres, sans les taxes qu'on impose pour les cérémonies; le manque d'argent arrête la magnificence du culte. Aux fêtes solennelles des armes et du feu, un administrateur vint proposer de supprimer le grand *Nagabelou*, n'ayant pas le montant de la taxe. Vous saurez que sous ce nom-là on désigne une grosse caisse monstre placée sur une voiture à bœufs où se campent deux artistes qui, à grand renfort de bras, tambourinent et rossent ce roi des instruments. Sans *Nagabelou*, pas de grande fête, mais une façon d'attroupement comme celui des juifs au temps de Vespasien. Le gouvernement l'a si bien compris, que, dans sa touchante sollicitude, il se contente de 125 fr. pour autoriser le Nagabetou à sortir et à donner de la voix. Cette harmonie, si charmante qu'elle soit, ne dispense nullement les autres engins de musique de faire leur partie et de payer en conséquence. Les dieux s'en trouvent très bien, mais le trésor de la pagode fait triste mine, il est vite épuisé à ce régime; alors faute d'huile les lampes s'éteignent ; faute de roupies les psaltérions s'endorment et les feux d'artifice brillent par leur absence.

Voilà l'explication de la physionomie morne et attristée de cette pagode qui, autrefois, ressemblait à un Horeb en flammes, où les mugissements des taureaux, le barrissement des éléphants se mêlaient aux voix humaines et aux échos stridents de la musique. Faut-il en conclure que le catholicisme fasse d'immenses progrès ? je ne le crois pas ; les annales peuvent enregistrer de nombreuses victoires ; malheureusement, c'est beaucoup de bruit pour rien, et si l'on compte les convertis, on s'aperçoit qu'il y a plus de trafic que de prosélytisme. Les vrais ouvriers de Dieu dont parle saint Paul, sont rares, et les évangélisateurs d'aujourd'hui ressemblent fort peu à leurs aînés, hommes de lumière, de charité et de foi. L'éducation et l'instruction, ces apanages de notre siècle, semblent inutiles à la plupart de ces pieux errants, qui ressemblent par trop aux croisés de la première heure, cohortes ignorantes et incapables d'atteindre le but. Cette campagne aux syrtes lointaines, faite en vue de la civilisation, demande non seulement des cœurs vaillants, mais encore expérimentés ; la foi du centenier ne suffit plus, il faut une autre chose qui est si nécessaire pour convaincre et vaincre, je veux parler du tact en pensées, en paroles et en actions, le *quod decet !* Or, ce très digne apôtre, à peine dégrossi, ne connaissant ni les hommes, ni les choses, épelant le cathécisme qu'il a peine à comprendre, tant il l'a peu étudié, quel bien peut-il faire sur une terre ingrate, rongée par les superstitions ? Que peut-il faire dans ce champ d'ivraie ? Rien, sinon y ajouter sa stérilité. Celui qu'une robuste santé, une forte dose de patience, doublée de savoir-faire, élèvent à la dignité supérieure de son ordre, se prend aussitôt pour un personnage, il cultive l'intrigue au moins autant que le bréviaire, il s'insinue onctueusement dans les affaires de l'administration ; il prend de la place, quelquefois, toute la place, et si le chef du temporel a des tendances à s'incliner devant le spirituel, on s'aperçoit bientôt que la couverture a été tirée toute d'un côté ; il est vrai que le pieux gouverneur est dédommagé par d'abondantes distributi.. : de Moullouthani épiscopal et une bénédiction à jet continu jusqu'à sa retraite. Le gouvernement est sous la soutane et le gouverneur est son premier bedeau. Glissons mortels! n'appuyons pas, *sit pro ratione voluntas! sic fata voluere!* et le ministère aussi. 1875-1876. Les temps sont changés. Pondichéry s'est consolé du départ du tartufe T...

Nous sommes en face de la pagode; et tout d'abord ce nom est parfaitement inconnu des indigènes, c'est sous l'influence de la langue européenne qu'il s'est glissé dans l'usage. Les Hindous appellent généralement leur temple *Devalaya*, mot dérivé de Déva (divinité), et *alya* (demeure).

Darmanacovil étant plutôt un grand pagotin qu'une pagode, nous l'abandonnerons à son obscurité pour faire dix kilomètres et visiter un véritable temple indien.

Nous sommes à Vilnour, au milieu d'un paysage souriant et doux comme un tableau de Claude Lorrain; le site est charmant, l'horizon se confond avec les ombres des grands arbres qui s'étendent au loin dans la plaine. A droite et à gauche d'une route unie comme la surface d'un lac, de magnifiques rizières se déroulent en tapis d'émeraudes. Des oiseaux que l'on prendrait pour des fleurs veloutées, passent en jetant des cris de surprise ou de joie ; à chaque instant un couple de petites perruches vertes se pourchassent de branches en branches sur un boabab dont le pied est entouré de cactus et d'aloès. N'approchez pas de cette broussaille, elle est perfide, elle cache, sinon des griffes, du venin ; il y a là des nids de serpents, c'est le correctif à cette splendeur de la vie animale et végétale si luxuriante en Orient.

Faisons salam : — Voilà la pagode ! elle est vieille sans être d'un grand âge ; quelques siècles pèsent peu sur ces masses de pierres. Elle est édifiée au milieu d'un très vaste quadrilatère entouré d'un mur de granit. Au côté nord se dresse un large pylone surmonté d'une pyramide en briques avec reliefs représentant des scènes du Ramayana : dieux, génies, géants, apsaras, singes, taureaux, lions, éperviers, etc., un fouillis de chimères escaladant le ciel à 100 mètres de haut.

Un semblable pylone se trouve à l'ouest, vis-à-vis le porche de la pagode. L'édifice proprement dit est d'un aspect sombre, sévère, il inspire un peu d'effroi, surtout devant la consigne qui vous en interdit l'accès à l'intérieur. Les sculptures abondent, et toutes les surfaces sont en reliefs. La pagode n'a pas de dôme, mais une pyramide qui s'appelle en langue sanscrite le seyra. Aux abords du porche, le regard est frappé par un énorme bloc de granit sculpté en forme de taureau ; cet ostiaire, comme le sphinx de Giseh, est accroupi, son large cou est enguirlandé de fleurs, et sa face béate regarde le couchant. C'est le taureau Nandy, un avatar de Siva. Des ruminants de la même famille, mais plus petits, sont dispersés çà et là dans l'enceinte. Sur un des bas côtés du porche, on voit, sculptée dans la pierre, la statue de Ganesa ou Pouléar, divinité à trompe d'éléphant, fils de Mahadevah et Parvadi, et très en honneur chez les habitants du Carnatique.

L'histoire du nez de ce dieu est assez originale pour la raconter :

Pouléar était le plus tendre des fils, il adorait sa mère qui lui témoignait en retour une vive affection. Chaque fois que survenaient des querelles de ménage, Pouléar prenait la défense de Parvadi. Un jour de grande discussion entre Vichnou et sa mère, Pouléar allait faire un mauvais parti au dieu, quand intervint Siva, qui, sans autre forme de procès, coupa la tête à l'enfant terrible.

Ce dénouement tragique jeta Parvadi au comble du désespoir, elle se livra sans relâche à des sabbats qui fatiguèrent tellement les dieux qu'ils s'assemblèrent pour trouver un moyen d'apaiser la déesse. Siva, qui était le coupable, regretta les impatiences de sa main, et promit de recoller la tête de Pouléar ; mais n'ayant pu la retrouver, il modifia sa promesse, et s'engagea à lui rabibocher un chef avec celui du premier animal qu'il rencontrerait : ce fut un éléphant. Depuis lors, Ganesa ou Pouléar est représenté avec une trompe ; son crâne éléphantide est coiffé d'un bonnet pointu à l'instar des ténors du lutrin ; un long serpent enroulé autour de cette façon d'entonnoir sert d'ornement. Pouléar a quatre bras assortis d'autant de mains ; les deux premières tiennent des armes, la troisième soutient son nez, sa trompe, veux-je dire. Il paraît que cet appareil olfactif de grande dimension cache une allégorie. L'éléphant étant considéré comme le plus prudent et le plus intelligent des animaux, Pouléar, avec la tête du pachyderme, signifie le dieu de la finesse et de la prudence. Cette aventure a peut-être donné naissance à ce dicton, « avoir du nez, » chaque fois que l'on a eu le flair d'éviter un mauvais pas.

Comme pendant à cette originalité sacrée, et en quelque sorte une riposte à la divine trom.. . faisant vis-à-vis à Pouléar, il y a le lingam. C'est une pierre noire conique qui se dresse enserrée au centre de l'Arya, ou Yoni, autre pierre circulaire creusée en forme de vasque : ce sont les emblèmes de la génération qui sont vénérés des peuples hindous. Sur le lingam, sont tracées des lignes circulaires de couleur orange ; des couronnes de fleurs jaunes de Vilna l'entourent du sommet à la base. Ce lingam reçoit en Asie, et surtout dans le Décan, les mêmes offrandes et adorations qu'en Europe le verrou sacré de la chapelle de Notre-Dame de Rocamadour, ou le fameux sabre de Roland à celle d'Eygurande : les femmes stériles se consument en prières devant l'emblème sacré, et les mères Gigognes lui témoignent la plus ample reconnaissance pour avoir aidé à leur nombreuse couvée.

Les sectateurs de Siva portent généralement suspendue au cou une amulette en argent qui renferme les images *in actu capulationis*.

Indépendamment de cette breloque précieuse, ils impriment sur leur front des lignes formant des dessins particuliers à chaque secte. Le saman ou poudre employée, est blanche, rouge ou jaune. Les Sivaïtes tracent une perpendiculaire rouge du sommet d'un angle dont les deux côtés sont des lignes blanches.

Le culte de lingam a été un des plus répandus en Asie d'abord, en Egypte, en Grèce et enfin à Rome. Dans les fêtes en l'honneur d'Isis, d'Osiris ou d'Amon Rha, il y avait la procession des Phallophores ; à Eleusis, à Milo, à Olympie, partout où se célébraient les Dyonisiaques, fêtes de Bacchus, chacun portait cet emblème, comme au Palm's Sunday les enfants portent une corne dans une branche de buis. Aux orgies de *liber pater* et de la bonne déesse, le hiérophante était suivi de prêtres et prêtresses qui avaient ce même instrument, et le portaient comme les pénitents tiennent leur cierge, ou les Parisiens leur mirliton à la foire de Saint-Cloud.

Dans les entr'actes des tragédies d'Eschylle, des marchands vendaient à la multitude des phallus, tout comme nos ouvreuses de loges des bâtons de sucre d'orge. Cet usage, *shoking* à la pudeur, s'est perdu à peu près sur les bords du Nil, tout à fait en Grèce, et un pâle souvenir se retrouve sur les bords du Tibre le jour du sacre du Pape, lors de la vérification du sexe. *Deo gratias, Amen!* dirons-nous, en passant à d'autres curiosités.

A quelques mètres de la pagode, parallèlement à son aile gauche, s'étend un vaste bassin d'eau en pierres de taille. Une longue galerie à colonnes de granit en suit le contour. C'est sous ses arcades que les baigneurs se retirent pour se déshabiller, faire quelques prières avant les ablutions, ou se sécher après le bain. Un kiosque en briques avec écusson représentant Vichnou, s'épanouit au milieu des nénuphars, qui fleurissent dans cette piscine.

Presqu'adossée au mur d'enceinte de l'est, se trouve la remise des chars des dieux et autres objets nécessaires aux grandes cérémonies. Quand nous parlons des chars, ce sont ceux de moyenne ou petite grandeur qui sont dans ce bâtiment; les autres sont de dimensions si gigantesques qu'il faudrait des écartements de piliers, comme ceux du colosse de Rhodes, pour leur faciliter le passage; les immenses chars sont laissés à l'extérieur et protégés des intempéries de l'air par des toitures en olles ou feuilles de palmier, tressées en forme de nattes.

Le grand char de Vilnour a la hauteur d'un troisième étage; il est construit en bois de teck massif, reposant sur quatre roues pleines, comme les roues

des plus grands moteurs d'usine ; des câbles gros
comme des haussières s'élongent à la volée, et 4,000
Indiens s'attellent à cette corde quand il faut mettre
cet édifice en mouvement. Au-dessus de l'avant-
train du char, un quadrige de chevaux ailés à robes
rouges, s'élance dans l'espace ; ces coursiers sont
sans doute pères d'Eoüs, Pyrohus, Egon et Phlege-
ton, qui conduisent le *dokar* du soleil. Toutefois, la
chaleur d'une imagination orientale et fantaisiste,
le ciseau du sculpteur, pour démontrer la parfaite
vigueur de ces coursiers, leur a donné des attitudes
dans les formes qui laisseraient croire plutôt à une
course amoureuse, qu'à un steeple-chase. Sur un
plan qui domine ce vertigineux attelage, se trouve
un dôme sur lequel est assise la divinité ; des bayadères, dans tout le resplendissant de leurs atours,
agitent des éventails et brûlent du camphre sous le
nez de Vichnou, en lui adressant des œillades et
contorsions provocantes et amusantes.

Le char est sculpté de la base au sommet ; il faut
croire que les dieux et surtout les plus vieux se délectent singulièrement à la bagatelle..... ces sculptures sont des priapées à mille exemplaires, c'est
l'invariable thème des romans de Paul de Kock, un
Dieu avant, pendant ou après la bonne fortune.
Dans ce fouillis de reliefs en bois, l'imagination en
délire a épuisé le dernier rôle de la débauche. Chaque année dans la lune d'août, il y a durant huit
jours fête plénière à Vilnour ; à la fin de l'octave, le
char fait le tour de l'enceinte extérieure de la pa-

gode. C'est pendant cette promenade que les dévots fanatiques, en expiation de leurs péchés, se torturent cruellement : sauts de vingt pieds sur des pointes de fer, promenade sur des charbons ardents, enfin quand le char passe, d'aucuns parmi les plus fervents se précipitent sous les roues et se font broyer. L'administration française, sous le gouvernement de l'amiral Verninac, prit des mesures pour empêcher de pareils actes de démence.

Dans le Bengale, le charaka ou danse aérienne, est encore pratiquée aux fêtes de Siva. Voilà en quoi consiste cette danse ou mieux ce supplice. Sur la place qui avoisine la pagode, on plante un mât de dix mètres de hauteur; à l'extrémité sont fixées deux cordes qui se terminent par des crochets en fer. Le pénitent se prosterne au pied de cette potence et un assistant marque sur le dos la place où doivent être enfoncés les crochets. Cela fait, l'homme est harponné et la corde se hisse à moitié hauteur du mât, un mouvement de rotation est imprimé à ce pendule humain qui se meut dans un horrible tourbillon, on dirait une aile de moulin sous le souffle de toute la famille d'Eole.

Le charaka disparaît de plus en plus sous la surveillance des collecteurs anglais qui l'empêchent autant que possible. Ce fanatisme aveugle qui pousse le plus obscur des pénitents à une souffrance volontaire aussi sanglante, est une preuve palpable du triomphe de la foi opiniâtre et tenace de ce peuple ; on se prend à douter du triomphe de vulgaires

tenailles sur des croyances si profondes et si éner-
giquement affirmées.

Revenons à Vilnour, où s'agite une foule immense, bigarrée, compacte, bruyante, ivre jusqu'à
la folie ; c'est le tohu-bohu bras dessus bras dessous
avec le brouhaha, on dirait la Cour-des-Miracles
dégorgée sur une arène brûlée du soleil, où toutes
sortes de chairs se tordent sous ses rayons. Les mendiants sont là, sous toutes les formes ; spectres et
larves, c'est le rendez-vous de toutes les caries ;
l'ulcère s'y montre sous toutes ses faces : *étisie,
éléphantiasis, lèpre, lupus exedens, cécité puru-
lente, etc.*

A côté de ces protervies affreuses, coude à coude
sont les bateleurs, les jongleurs, les psylles, les dé-
moniaques ; des truands peints en lions, en singes,
en tigres, en oiseaux qui se livrent à une gymnastique qui eût fait ouvrir les yeux à Auriol, Gandler
et Laristie, ces princes européens de la cabriole ;
un peu plus loin, les montreurs de bêtes se livrent à
leurs exercices. Ramsamy est à cheval sur son ours
noir de l'Himalaya ; le cavalier et la bête également
démuselés, luttent l'un contre l'autre, griffe contre
griffe, dent contre dent ; c'est Ramsamy qui mord
plus fort, Master Bruen demande grâce et se couche à ses pieds. Après l'ours, c'est Saminadin le
jeune cornac de huit ou dix ans, un champy re-
cueilli par la pagode de Tanjaoore et adopté par un
des éléphants de ce temple : c'est merveille de voir
ce ver de terre assujettir à tous ses caprices ce for-

midable colosse affolé de ce petit être. Au moindre signe, l'éléphant obéit, il se met à genoux, se tient sur un pied, sur la tête, se couche, se lève, fait le beau, salue, passe du calme à la fureur, pleure ou pousse un cri de victoire, fait la quête, et prend ensuite l'enfant avec une précaution délicate et le dépose tout doucement dans l'Aouda qui est sur son dos.

Si j'entreprenais le récit des tours de fagotin et des jongleurs, vous me prendriez pour le reporter de l'administration de la pagode; je vous certifierai cependant que les artistes quadrumanes et bimanes peuvent, pour la force et l'adresse, rivaliser avec les plus célèbres du cirque des Champs-Élysées.

Jusqu'à présent, nous ne nous sommes occupés que des choses du dehors et pour cause, la vié murée de l'Indien devient impénétrable quand il s'agit de culte : en sonder les mystères, en connaître exactement les rites est impossible à l'Européen. Quelques chercheurs d'aventures ent prétendu qu'a vec un rossignol on forçait la serrure, et qu'avec un gâteau de riz on endormait Cerbère; hâbleries et vantardises de touristes fortement osés. La porte de la pagode n'a pas que des serrures et des solives bardées de fer et constellées de clous pour en assurer la fermeture ; en dehors et au-dessus de ces moyens matériels, il y a une garde plus redoutable, c'est le fanatisme, qui, à la première atteinte murmure, et au premier signe de surprise se hérisse et se dresse et fait rempart de toute sa puissance, il devient aussitôt légion foudroyante pour punir le sacrilège, ou mourir sur les ruines de son temple. N'entre pas qui veut dans la pagode, même un Hindou ; une infranchissable balustrade de fer sépare la foule du collège des desservants : *Procul este profani* était la consigne de l'antre de Cumes, *Interficantur profani* est la consigne de l'autel de Siva.

On raconte cependant que M. de Saint-Simon, gouverneur des établissements français dans l'Inde, aurait, à prix d'or, corrompu deux brahmes de Vilnour, et grâce à un habile déguisement, se serait furtivement introduit dans le sanctuaire. Cette fraude, où l'abus d'autorité se mêle au mépris des conventions qui assurent aux Indiens le respect de leurs coutumes religieuses, eut des résultats graves, non pour M. de Saint-Simon qui put échapper à la vengeance grâce à sa qualité de gouverneur et à la superstition écrite dans un matras qui prescrit, avant de s'attaquer à un roi, de prévoir les conséquences du sang répandu, mais quant aux brahmes, ses complices traîtres et avides : les profondeurs secrètes de la pagode pourraient dire les supplices qu'ils ont endurés, avant que Yama ne vînt prendre leurs âmes pour les conduire dans le « naraca », séjour de punition réservé aux sacrilèges.

Les cérémonies du culte sont doubles, elles se pratiquent à l'extérieur et à l'intérieur ; les unes au grand jour, et les autres dans le mystère. Au milieu d'un brouillard de fumée, d'encens et de camphre, aux sinistres lueurs des lampes de cuivre à plusieurs

becs, sous le mugissement des taureaux, avec inter-
mèdes de chants, de musique et de danse, s'accom-
plissent les rites sacrés. Toute cette psalmodie qui
roule en ondes bruyantes sous la voûte du temple,
est inintelligible à la foule, tout comme le latin des
moines de Saint-Denis était parfaitement incompris
des rois fainéants et de leurs sujets : le bruit litur-
gique suffisait. Il en est de même du populaire hindou qui se contente des airs des sastras.

X

LES BRAHMES, L'ORCHESTRE ET LA CHORÉGRAPHIE.

Nous avons parlé assez longuement de la pagode,
disons quelques mots de ses desservants.

Chez les Juifs, la tribu de Lévi était la pépinière
d'où sortaient les prêtres ; chez les Hindous, ils sont
tous choisis dans la caste brahme. Cependant, il ne
faut pas en conclure que tous les brahmes soient re-
vêtus du sacerdoce. Pour avoir droit d'exercer le
ministère du culte, il faut passer par les longues et
nombreuses épreuves de l'initiation. Le brahmat-
chary ou aspirant prêtre se condamne à des études
très sérieuses et une soumission absolue aux règles
les plus sévères.

Manou, dans ses slocas, nous donne la définition
complète des brahmes, de leur mérite et de leurs

vertus : les brahmes ont la tâche glorieuse de lire et d'enseigner les Védas ; ils sacrifient ou assistent aux sacrifices ; s'ils sont riches, ils font des aumônes ; s'ils sont pauvres, ils en reçoivent. Issus de la plus noble partie de Brahma, étant les premiers nés, possédant les Védas, ils sont, avec raison, les chefs de toutes les créatures. Celui qui existe par lui-même, le souverain des êtres, les fit sortir de ses propres lèvres pour accomplir les rites sacrés, offrir la mantèque (beurre clarifié) et le gâteau de riz aux dieux qui ont engendré la race humaine pour la conservation du monde.

De toutes les choses créées, celles qui excellent sont celles qui sont animées. Parmi les êtres créés, la prééminence appartient à ceux qui sont intelligents, et dans l'espèce humaine intelligente, le premier rang revient de droit à la caste sacerdotale. Les prêtres instruits marchent avant tous les autres ; viennent ensuite ceux qui connaissent leurs devoirs et les remplissent fidèlement, et enfin ceux qui cherchent la béatitude en réglant leur vie sur les doctrines des écritures. Le brahme est né pour propager la justice et procurer le souverain bonheur. Quand un brahme répand la lumière, il est au-dessus du monde et des créatures, il est le gardien du trésor des devoirs religieux et civils. Tout ce qui existe dans l'univers est en fait, et non pour la forme, dans le domaine du brahme, il en est le maître par droit de primogéniture qui lui donne la supériorité.

Le brahme porte des vêtements d'une couleur particulière. Pagne ou scapigillum est en étoffe jaune. Il est orné du grand cordon en sautoir, signe qu'il a reçu l'ordination. Sa manière de se nourrir est toute spéciale et invariable, elle consiste en riz, en lait caillé et fruits; il ne boit jamais de liqueurs fermentées, et s'il voyage, il porte avec lui les ustensiles de sa cuisine. Les brahmes sont tous mariés, à l'exception de quelques reclus qui se sont condamnés au célibat.

Le sorite inscrit sur le salagrama de la pagode de Chelambrom et rapporté par Jaccolliot dans les *Etudes orientales*, résume la suprématie du brahme : « Tout ce qui existe est du pouvoir des dieux; les dieux sont au pouvoir des mentrams (prières); les mentrams sont au pouvoir des prêtres; donc les dieux sont au pouvoir des brahmes. »

Il y a une hiérarchie sacerdotale, le chef suprême porte le nom de « Grand Gourou »; les autres gouroux ordinaires sont desservants de pagode, plus ou moins vénérés, suivant leur science et leur vertu. En descendant les degrés de cette échelle hiérarchique, on trouve le brahme calendrier, le tireur d'horoscope; c'est le prêtre attaché à un service d'une ou plusieurs familles qui préside et ordonne toutes les cérémonies, son intervention est indispensable aux grands événements de la vie, tels que naissances, puberté, mariages, décès, sacrifices aux mânes, etc.

Aussitôt son apparition, l'âme est tenue par un

fil et le magicien seul connaît les méandres de la pèlerine pendant son passage sur cette planète. On le consulte pour toutes sortes d'affaires, et rarement l'Hindou consultant passe-t-il outre les avis et conseils de son brahme.

Au-dessous de ce Cagliostro directeur de consciences, vient le pandaron, pauvre hère, mendiant et chantant les sastras pour une poignée de riz; son caractère religieux l'empêche de mourir de faim.

Avec l'invasion musulmane ont paru les fakirs, fanatiques dangereux et redoutables, excitant la charité publique par les tortures qu'ils s'imposent, mais trop souvent affiliés, dans leurs longs pèlerinages, à des bandes de malfaiteurs dont ils partagent les excès.

Ce que la caste brahme sacerdotale n'a jamais produit, et cela dans aucun temps, c'est le moine Gorenflot, entripaillé jusqu'aux dents, mangeant beaucoup, buvant davantage, dodelinant de la tête et barytonnant de l'autre extrémité. Il n'y a qu'en Europe où l'hymne ait pu s'aviner et le psaume dégénérer en gaudriole. Ce moine de Callot à triple menton, suintant la gourmandise par tous les pores, la face rubiconde à la prendre pour une énorme praline dans du coton; ce saint personnage n'existe pas et n'a jamais existé dans l'Inde; vainement y chercherait-on la trace de ces religieux de la barrique et du gueuleton. Les brahmes gourou, grand ou petit, desservant, calendrier, horoscopier et pandaron, vivent très sobrement et ne boivent que l'eau de la source.

Par le fait de l'exportation probablement de l'abbaye de Thélème, Fulbert a pu voir, sous le soleil des Indes, un de ces chers apôtres qu'a si bien fustigés Rabelais. Dans un dîner à la campagne, chez un haut fonctionnaire, un gros homme vêtu d'une souquenille qui avait dû être blanche l'année précédente, mais à ce moment était maculée de sueur et de graisse. Ce gros personnage (R. P. B.....) se mit à table et prononça le *Benedicite* du ton d'un marchand de coco qui crie dans la rue; la prière finie, sa voix fut muette, mais ses mâchoires ne cessèrent de fonctionner, il jetait les mets dans son gosier par pellées, comme un boueur charge son tombereau; la besogne finie, le dernier petit verre avalé, il se mit à bêler quelque chose qu'il appelait les *Grâces.* Ce Physcon pieux était rien moins que gracieux dans ce rôle-là. Enfin, il y aura toujours des lévites pour cabrioler devant l'arche. Un pareil spectacle attriste la pensée, et on se demande si ce sont bien les fils de cet Ezéchiel épineux, vivant au milieu des églantiers, de ce Jérémie à face glabre, pleurant sur les crimes des hommes, et de cet Isaïe à la lèvre de feu. Hélas! que les apôtres et les saints crient dans le désert, que les prophètes reviennent se faire lapider, que les Juifs remettent le Christ en croix, nous n'entendrons que ce cri..... Vivons! L'apôtre, aujourd'hui, n'est le plus souvent qu'un fonctionnaire chargé de l'administration des âmes ont l'autorité fait échec plus ou moins raisonné à celle de l'Etat.

Il n'y a pas que le mentrams et les sastras des brahmes qui soient agréables aux dieux. Un aperçu des plaisirs du palais d'Indra nous montre qu'ils ne sont pas indifférents à la musique et à la danse. Dans l'Amravati, séjour céleste, des Kinnaras et des Apsaras charment les immortels par des danses ravissantes et qui s'exécutent sous les accords des plus suaves mélodies.

Les Kinnaras sont des génies, ancêtres très éloignés de Petit-Pas. Les Apsaras sont les aïeules non moins reculées de Taglioni. Le maëstro Chitraratha est, dans la nuit des temps, un *abavus* d'Offenbach. Suivant le Ramayana, l'origine de ces célèbres danseuses remonterait à l'âge de Krita. Il y aurait eu un barrattement de la mer de lait, la montagne Manda servit de barratte, et le serpent Vasouky de corde. Au sein des ondes mises en mouvement, on vit naître les plus belles femmes, et elles furent appelées Apsaras. Vénus Anadyomène, née de l'écume de la mer, n'a pas une origine différente. Ces Apsaras, riches de tous les dons de la beauté, formaient des phalanges aussi nombreuses que les essaims d'abeilles sur la montagne Mandana ; les dieux et les daytas ne pouvaient jamais résister à leurs charmes, ce qui explique les cascades des simples mortels et excuse leurs incorrections et irrégularités, chaque fois que ces demoiselles venaient papillonner sur la terre. Les sages

anachorètes n'ont pas même été exempts de faiblesse, témoin le vertueux Viçamitra qui, devant
les œillades de l'Apsara Ménaka, ne trouva point
cette force de résistance que déploya avec succès,
3,350 ans plus tard, l'égyptiaque saint Antoine.
Viçamitra, dans une forêt solitaire, n'ayant pour
témoins que le silence et l'ombre, tomba sous la
puissance de l'amour au premier regard de cette
Menaka, de qui toute la personne n'était que charmes et dont les vêtements, imbibés d'eau, rendaient
les formes encore plus provocantes. L'ermite, trou-
blé, dit à la nymphe : « D'où viens-tu ? Qui es-tu ?
Conduite par le bonheur dans cette forêt, viens,
beauté craintive, viens te reposer dans mon ermi-
tage. » La réponse de Menaka fut brève, mais touchante : « Je suis une Apsara, je me nomme Menaka, je suis venue ici en suivant mon penchant
pour toi. »

Le sage Viçamitra prit par la main cette femme
charmante qui avait prononcé de si aimables paroles, et lui fit les honneurs de son ermitags, et cela
pendant dix ans, qui s'écoulèrent comme un instant
au sein des plaisirs. Mais un beau matin, comme le
meilleur lard rancit, au dire de Paul Diacre, l'ascète s'aperçut d'un changement dans ses idées et
son tempérament, il se prit à regretter sa vertu et
à condamner sa faiblesse, il ne cessait de murmurer
et de répéter : « — Qu'est-ce que c'est donc que
les femmes? » L'Apsara, fatiguée de ces doléances,
quitta le bocage et vint « flirter » ailleurs, en Orient,

sous le nouveau nom de baptême : devidassie, al-
mée, bayadère.

A ce nom seul, le soleil empourpré, les parfums,
la beauté traversent l'imagination, le paradis de
Mahomet se campe devant vos yeux, le prophète
joue de la viole, à côté du tambicaren indien qui
frappe sur le talk, et un monde de nymphes *male
procinctæ*, avec ceintures dénouées, papillonnent
devant l'esprit...

Devidassies, esclaves ou servantes des dieux, est
le nom que les Hindous ont donné aux danseuses
attachées au service de la pagode. Il n'y a pas plus
de trois siècles que les Espagnols les ont appelées
bayadères ; en Egypte, elles se nomment almées.
Pétrone et Apulée les connaissaient et en parlent
dans leurs livres.

Le pagotin de Pondichéry et la pagode de Vilnour ont un corps de devidassies ; je ne sais pas si
ces premières danseuses, suivies de leurs espaliers,
attirent l'attention des trois personnes de la Trinité,
mais je confesse que moi, simple mortel, j'ai
éprouvé un désenchantement complet. Le rêve
éthéré, divin, couleur de rose, s'est fondu ; l'oiseau
bleu s'est envolé, me laissant entre les mains des
plumes de poules assez laides ; j'ai senti un froid
dans le dos, comme une bise qui éteindrait toutes
les lumières et vous laisserait soudain dans l'obscurité. En regardant ces devidassies, j'étais à me demander si les dieux en faisaient autant. Cela ne me
paraissait pas probable. Après cela, ils sont misé-

ricordieux et pas dégoûtés, et regardent tout ce qu'on leur montre. Quoi! disais-je, c'est toute la ménagerie de la pagode, c'est tout le stock du poulailler que ces quatre femelles noires, bouffies, tatouées, enguirlandées, cerclées d'or, de cuivre, d'argent, constellées de paillons, les seins emprisonnés, incarcérés dans le *raouquet* ou serre-gorge?

Ce costume aérien rêvé ne sera qu'une guenille en soie qui figure une mauresque, et quel penjamal un ignoble caleçon qui plaque sur les hanches, sur la croupe, et suit les inflexions d'une chair. grasse qui s'effondre en tremblottant et menace de faire craquer son rempart. Ce quatuor qui se trémoussait, n'avait rien des sylphides, et le dilettante qui jouait du talk était une espèce de Giraffier se livrant aux convulsions de la danse de Saint-Guy. Le joueur de *suranyo*, assis comme un singe, piaulait dans son instrument comme Aristée dans la *Belle Hélène*.

A un entr'acte, le tambicaren vint causer avec le paleagar, officier de police indigène, qui m'avait conduit à ce spectacle; ce maëstro parlait anglais, il me fut facile de causer avec lui, et mon appréciation sur la danse des bayadères fut : — *it is very bad and ugly* (c'est mauvais et laid)! Le *tambicaren* me fit aussitôt cette réponse : — *it is thrue, but sir, must be indulgent, the french brhamans killeded the devedassies!* C'est vrai, Monsieur, mais soyez indulgent, les brahmes français ont tué les devidassies. La caisse de la pagode est vide, nous n'avons plus d'argent pour payer et entretenir le corps des bayadères; celles que vous voyez sont des .femmes mondaines qui, pour vivre, ajoutent beaucoup de profane au sacré, et, moyennant salaire, vont danser partout où on les appelle; elles sont vieilles, laides et restent encore par superstition à la pagode, mais rarement y sont-elles employées. Allez au Bengale ou au Tanjaoore, et vous saurez ce que c'est que les véritables devidassies.

Le tambicaren avait raison.

Me voilà au Bengale; mon palais, si j'en avais un, pourrait avoir ses pieds dans le Gange, et sur la mer ses balcons d'or. La pagode, découpée à jour, se projette dans les mille clartés d'une nuit enchanteresse; mille feux irradient des sommets et ouvertures du temple de Siva. Il y a grande fête à la pagode et danses de bayadères. Latchemy, rayon de miel, Amalsamy, fille des dieux, Poiammi l'abeille, sont venues des nababies voisines, payées par un riche radjah.

Sur le parvis du temple, il y a foule grave, sérieuse, recueillie, toute yeux, toute oreilles; les parfums d'Orient se répandent et saturent l'atmosphère; allumettes aromatiques faites avec la poussière du sandal, de benjoin et d'ambre se consument; des lampes pareilles au chandelier à sept branches, jettent leurs vifs rayons sur les tapis où doivent s'exécuter les danses.

Latchemy (rayon de miel) doit avoir vingt ans, elle est d'un bronze florentin, quelque chose de fauve comme l'or, ses cheveux sont noirs et tressés avec une guirlande de fleurs qui ont l'arome du seringua double ; ses pieds sont ceux d'un enfant, souples, nerveux, agiles et forts comme les griffes d'aigle ; sa jambe, qui est presque nue, est d'un modelé de statue, la force est unie aux contours les plus délicats ; la tête est ovale ; le front assez étroit, est traversé de la ligne de Maham Rouge avec deux points blancs aux extrémités ; les yeux brillent d'un éclat perçant, métallique, c'est une scintillation d'agaceries qui, pour plaire aux dieux, ne déplaisent nullement aux mortels. La bouche est petite, la lèvre inférieure un peu épaisse ; quand cette grenade s'ouvre pour la volupté, on se prend à rêver ; quand ces lèvres se pincent pour le mépris, il n'y a pas de masque qui rende d'une manière plus expressive ce sentiment. Des bijoux en or, en argent, diamants, rubis et émeraudes sont semés sur toute la personne de la devidassie. Des cuppous, des camelles, bracelets, pendeloques, chaînes, une calotte ciselée d'or, remplaçant le peigne formant diadème, et retenue par des cordons à glands de soie et d'or. La narine gauche percée ainsi que la cloison nazale, donne passage à un anneau d'argent enrichi de pierres précieuses, qui tombe sur la lèvre supérieure ; des cercles d'or ornent les poignets ; des bracelets dits bayadères, sont attachés aux radius des bras. De grands anneaux d'argent, ou des espèces de gourmettes avec grelots, résonnent attachés sur les chevilles du pied ; chaque doigt est orné d'un anneau. Un pantalon en soie diaphane, tissu de fils d'ananas, lamé d'or, pailleté d'argent, descend de la ceinture à la naissance du tibia. Un raouquet ou brassière en paillon retient la gorge; une écharpe bleue, rouge, blanche ou pointillée d'or et d'argent, dont les bouts pendent en avant, achève de compléter cette piquante originalité de costume.

La danse commence par d'imperceptibles déplacements de pieds; peu à peu elle s'anime sous la mesure de la musique, et alors ce sont des trémoussements de hanches, des ondulations de torse, des balancements de bras, toute cette pantomime langoureusement voluptueuse qui forme le fond de la danse orientale. L'orchestre est composé d'un tambicaren, avec cymbales et castagnettes, du *vilna* ou luth, d'une *saranga*, espèce de guitare, enfin le *talk*, deux petits disques de métal qui se frappent en cadence et marquent la mesure. C'est cette musique que l'écrivain distingué Mood avait honte de préférer aux plus belles mélodies de l'art italien. Notre enthousiasme ne va pas jusque là, mais il nous semble que le ramage est parfaitement assorti aux oiseaux et à leur plumage.

Apsaras, devidassies, bayadères, almées sont, a-t-on dit, ces étranges silhouettes nées du *quod divinior* des poètes amoureux des formes, de la grâce, du sourire, du rythme et de la cadence. Ces belles visions sont filles de la richesse et du faste de la puissance sacerdotale et royale, et, comme elles vont s'amoindrissant, les apsaras finiront par n'être plus que des cabotines éhontées, et les rad-jahs des mamamouchis archaïques, tels qu'on les représente au théâtre de l'Ambigu-Comique.

XI

SERPENTS ET JONGLEURS ; UNE MORT TRAGIQUE.

Sous ce titre, n'allez pas imaginer, chers lecteurs, que du fond des syrtes brûlantes d'Asie où les vents d'une capricieuse destinée m'ont poussé, il me soit venu à l'esprit d'empiéter sur le domaine des savants du Jardin des Plantes. Loin de moi la téméraire prétention d'ajouter un post-scriptum au traité de Lacépède sur les ophidiens. Mon unique désir est de faire ressortir à vos yeux une des faces multiples des mœurs bizarres du peuple hindou, remonter à l'origine d'une de leurs superstitions et montrer en même temps les efforts à peu près stériles de la civilisation lente à détruire certaines croyances absurdes, souvent dangereuses, dont les racines remontent aux premières journées de la création.

Dans les annales de l'Orient, ce colossal pandémonium de tous les animaux malfaisants et redoutables, le serpent joue un très grand rôle ; c'est un fétiche national pour lequel l'Indien, dès la plus haute antiquité, professe une religion fervente ;

l'image de ce reptile est reproduite partout, on la trouve sculptée sur les façades de toutes les pagodes, sur le socle de nombreuses statues, sur les immenses chars consacrés aux fêtes des dieux. Quand le ciseau a scellé cette tradition sur le monument de pierre, le poinçon la perpétue en l'écrivant sur les feuilles d'olles, le livre glorifie cette puissance rampante et les Védas en exaltent les terribles attributs.

Voici la légende mille fois centenaire, extraite d'un de ces cantiques de l'interminable apothéose de la nature :

« Le serpent Annanta, étonnante lumière d'intelligence, est le *ralchassas* (génie), dont les mille têtes soutiennent le monde; l'éclat des couleurs vives et étincelantes de sa robe captive l'attention; le brillant de ses yeux a un pouvoir fascinateur; souple, agile, prompt, il joint à ses qualités rares un esprit pénétrant, avisé, qui lui a mérité un rang supérieur parmi les divinités du deuxième ordre. C'est sur son dos que vient s'asseoir Vichnou pour baratter la mer de lait afin d'en extraire l'ambroisie. Ce nectar qui octroyait l'immortalité, fut confié à la garde d'Indra, roi du ciel, dont la vigilance faillit être surprise par Annanta. L'habile et astucieux serpent, ayant séduit le garouda de Vichnou, en fit son complice et parvint à dérober l'urne précieuse ; il allait tremper ses lèvres dans le breuvage qui défie la mort, quand Indra, prévenu du larcin, fend l'espace sur l'aile du vent et arrache par violence son trésor au ravisseur. Annanta, vaincu dans la lutte, roula dans l'espace, tomba sur la terre; de rage il en mordit le limon et se fit une blessure inguérissable, d'où s'échappe un virus noirâtre qui est le venin mortel dont il se sert pour vaincre ses ennemis. Exilé par Vichnou dans les régions souterraines, Sciva, la sombre divinité de la destruction, émue de ses malheurs, le prit en pitié, en fit un de ses richys (pénitents) et lui confia la garde de ses sanctuaires. » ....

Cette fable, éclose du cerveau des Aèdes des rives du Gange, ne paraît-elle pas avoir transpiré jusqu'aux ombrages de l'Eden? Ne dirait-on pas que le livre sacré s'est fait l'écho de cette poésie étrange? Annanta semble l'aïeul de ce serpent plus subtil qui, par de fallacieuses promesses d'immortalité, brisa entre les dents du premier homme la coupe encore pleine de félicités éternelles. Il y a évidemment un lien mystérieux de parenté entre ces deux tentateurs ; le même mobile les fait agir chacun sous son ciel et fait naître la colère du Tout-Puissant qui évoque, du fond de l'abîme, la douleur et la mort comme châtiment d'une coupable ambition. Les Védas et les écritures ayant enregistré la même idée sous les formes d'une allégorie identique, l'esprit se sent piqué de curiosité, et l'imagination courant aux deux points extrêmes de l'Asie, interroge, fouille, scrute, pour savoir à qui appartient la primauté de cette pensée. Recherches vaines, conjectures illusoires ! L'Indus et l'Euphrate sont aussi muets que le Gange; un voile mystérieux couvre la source de ce premier rayon de lumière. A qui appartient l'honneur du berceau? Les plus sages n'oseraient se prononcer et laissent aux orientalistes du collège de France le soin de dire le dernier mot sur cette question de primogéniture.

La légende d'Annanta, monumentée dans les livres sacrés, transmise de génération en génération, conservée dans toute son essence et son originalité primordiale, est restée un dogme toujours vivant, à jamais ineffaçable, éternel dans l'esprit des sectateurs de Vichnou et de Sciva, inébranlables dans leurs croyances religieuses, fidèles à la tradition de leurs pères jusque dans ses folies. Les Hindous de caste sont restés esclaves de leur panthéisme et n'ont rien changé au catalogue de leur théodicée. Les Védas sont les tables d'airain de leur religion, les doctrines qu'ils renferment sont paraphées de Brahma *ne varietur!* elles ont été sanctionnées par la foi de leurs pères pendant une série de siècles; honte et malheur à celui qui, par l'ombre d'un doute, viendrait outrager la grandeur des dieux et insulter à la piété due aux mânes des ancêtres.

Les brahmes, aujourd'hui déguenillés, malpropres et misérables (à l'exception des gourous d'Agra, de Bénarès et autre lieux), étaient jadis des personnages d'une haute intelligence; à titre de confidents de Dieu, ils interprétaient le ciel et la terre, seuls maîtres de la science, ils conservèrent comme bien propre et inaliénable le domaine de la pensée ; le sens et la philosophie de leurs immenses écrits restèrent lettre morte pour les masses.

Un commentaire ingénieux déifia les fonctions de la matière ; les images grossières et les symboles plus ou moins parfaits devinrent le lot de la multitude, dont la compréhension rudimentaire fut satisfaite de cette part de pain intellectuel, qui la jeta dans une idolâtrie illimitée.

Le serpent divin, comme quelques puissances de cette théogonie, a eu ses avatars ; le respect de l'homme, de complicité avec une nature éblouissante, offrant un asile toujours vert, un temple inondé des rayons d'un soleil lumineux, devaient séduire infailliblement et attirer cette divinité. Annanta est descendu sur la terre et s'est incarné dans le corps du cobra-capel, un des plus beaux et des plus venimeux reptiles des côtes d'Asie. Par suite de cette singulière hypostase, les Indiens nomment ce serpent *nallé-pambou* (la bonne couleuvre).

Dieu vous garde, et moi aussi, de troubler (bien involontairement sans doute) le repos de cet animal prétendu si bon et si inofensif ; je vais bientôt vous édifier sur la manière dont il traite même ses protecteurs, qui, une fois blessés, n'ont jamais eu le temps, et pour cause, de lui demander réparation de ses offenses.

Le nallé-pambou des Malabars est un cobra généralement désigné sous le nom de la capelle ; cette qualification lui avait été donnée par les Portugais, qui remarquèrent aux deux côtés du cou une extension membraneuse qui affecte la forme d'un chaperon, lorsque ce reptile est irrité et prend une attitude offensive. La longueur de la capelle est de six à huit pieds, sa grosseur de deux ou trois pouces; ses écailles sont cendrées et pointillées de blanc; sur la face extérieure de la tête se dessine une figure grossière ressemblant à des lunettes; ce sont deux raies noires qui se replient en forme de crochets et imitent le pince-nez assez incorrect de M. et Mme Denis. La morsure de ce serpent est mortelle; au bout de quinze ou vingt minutes on expire dans d'atroces convulsions. Tel est le portrait de cette soi-disant bonne couleuvre, et cependant, malgré ces armes funestes, en dépit du danger qui est à craindre, elle est l'objet d'un culte particulier chez l'Indien qui la vénère et l'adore. *De cette sorte de prochain nous nous soucions peu, mais le peuple brahmin le traite en frère.*

J'ai eu la preuve de cette singulière fraternité qui a pour trop fréquente récompense la mort des fanatiques imprudents. Voici un exemple véridique de cette piété bizarre; les faits m'avaient été contés, j'ai refusé d'y croire tout d'abord, lorsqu'un jour j'allais les vérifier de compagnie avec les narrateurs:

A quatre milles de distance de Pondichéry, sur les bords d'une rivière appelée le Schunambar, se trouve un pagotin consacré à une divinité malfaisante Ayenarapin (mauvais génie), qui empêche le riz de germer et fait sécher les cocotiers. Il y a huit ou dix ans, les habitants d'une aldée voisine (village), réduits à la misère par la famine, consultèrent les devins; en retour de quelques oboles, les aruspices conseillèrent de faire des offrandes à Ayenarapin; fleurs et fruits jonchèrent les autels de l'inexorable destructeur, rien ne put dérider son front, le mal sévissait toujours; la désolation arrivait à son comble, lorsqu'un brahme vint désarmer la colère du dieu par un présent assez inattendu. Après force prières, force camphre brûlé, le prêtre de Brahma fit un lit de fleurs de lotus sur les jambes croisées de la statue de Ayenarapin et déposa religieusement deux jeunes capelles. Ce don fut agréable à la divinité, l'abondance vint remplacer la disette, les moissons refleurirent, la récolte des cocotiers se centupla; depuis ce jour, à jamais mémorable, la réputation du brahme n'a fait que grandir, son nom est écrit en lettres d'or dans le cœur de chaque habitant qui, en signe de reconnaissance, lui paie une large dîme qu'il partage avec les serpents sacrés. J'ai vu cet exorciste des anathèmes d'Ayenarapin, j'ai coudoyé ce grand prêtre avec sa tunique abricot et son air mystiquement ahuri, je l'ai vu donner la pâture à ces immondes fétiches, je l'ai entendu vanter leur vertu, faire un éloge renchéri de leur douceur, je crois même de leur reconnaissance. Ce personnage courageux je voulais dire téméraire, a un talent merveilleux pour faire venir à ses pieds ces deux capelles; il dépose au

milieu du parvis du pagotin une *panelle* en terre
entourée de fleurs et remplie de lait ; se couchant
ensuite à plat ventre sur le pavé, il psalmodie une
prière qui se termine par un cri aigu et semblable
à un coup de sifflet. A cet appel connu, les reptiles
dressent la tête, agitent dans leur gueule béante
leur dard, s'allongent en déroulant leurs anneaux et
arrivent droit au vase ; leur soif étanchée, ils passent
à côté du brahme, rampent jusqu'aux pieds de la
statue et se lovent de nouveau dans leur gîte de
fleurs. Cette scène authentique me rappela les rivages de la Troade, le sacrificateur de Neptune et
les serpents moins civilisés de Ténédos se refugiant,
après leur triple crime, sous le bouclier de Pallas :

At gemini lapsu, delubra ad summa dracones
Effugiunt ; sævæ que petunt tritonidis arcem
Sub pedibus que deæ, chypei que sub orbe teguntur.

Les homélies du desservant du pagotin étaient
terminées, nous allions repartir pour Pondichéry
fort contents de notre promenade, quand un Français de notre société fit une plaisanterie qui aurait
pu entraîner de fâcheuses conséquences. Ayant dé-
croché son fusil de l'épaule, il couche en joue les
deux capelles. Le brahme n'a pas plus tôt aperçu
ce mouvement que, muet de stupeur, il saute sur le
canon de l'arme, le redresse ; se roulant ensuite sur
la dalle, il se met à sangloter en criant avec l'accent du désespoir : *Ayo, maniyam, maniyam, y en*
pillégale colovindam, avâl y en pillégal. « Grâce,
monsieur, grâce, monsieur, ne tuez pas mes en-

fants, ce sont mes enfants. » Je vais appeler au secours si vous faites feu, et les Indiens de l'aldée
vous briseront le crâne contre les murs du pagotin.

Nous nous mîmes à rire; une roupie glissée dans
la main du brahme calma ses inquiétudes, et nous
laissâmes ce tendre père avec son abominable famille.

A quelque temps de là, le hasard me fit assister
à une représentation des danses de capelles, représentation doublement extraordinaire, si l'on tient
compte de l'incroyable habileté du psylle, de la
monstruosité de ces effrayants comparses et de l'in-
nombrable multitude de spectateurs.

Au commencement de janvier, me trouvant sur
la place du Gouvernement, je vis une cohue d'indigènes déboucher de toutes les avenues et allant
grossir un cercle assez compact qui s'était formé à
l'un des angles de ce vaste parallélogramme; le
populaire hindou, qui a des habitudes calmes, pai-
sibles, apathiques même, semblait, ce jour-là, en
proie à une pétulance joyeuse qui se manifestait
par une gamme d'exclamations variées, dont une,
entre autres, se formulait par cette clameur mille
fois répétée : *Ayo Rangassamy ! Ayo Rangassamy !*
Quel était donc la cause de cette joie insolite? Que
signifiait cette exclamation? C'est probablement ce
que je n'aurais pu vous dire sans la présence d'un
interprète qui donna le mot de l'énigme et les ex-
plications suivantes :

« *Ayo Rangassamy !* veut dire : Le jongleur

Rangassamy est arrivé, il va commencer ses exercices. Rangassamy n'est pas un homme ordinaire,
c'est un personnage illustre, aimé des dieux, chéri
des hommes ; il est né sous les voûtes de la pagode
de Schelambrom, les bœufs sacrés ont mugi à
l'heure de sa naissance, les vampires ont quitté les
crevasses des murs du temple pour le contempler
dans ses langes, la bayadère qui l'a mis au monde
l'a consacré à Annanta, les serpents obéissent à sa
voix, il a des accents qui les charment, les accords
de sa délicieuse musique font passer ces animaux
de la plus douce mélancolie au plus violent pa-
roxysme de la colère. Ce magicien célèbre a re-
cueilli plus d'argent que n'en possède le radjah de
Mysore, et cependant il ne prélève, sur les sommes
considérables qu'il rapporte à la pagode, que les
deniers nécessaires à sa nourriture et à celle de ses
reptiles. »

Cette peinture des talents de Rangassamy, quoique surchargée de couleurs orientales, alluma au
plus haut point ma curiosité. Tout en faisant le
chemin qui conduisait au spectacle, je me forgeais
une félicité qui ne me faisait pas pleurer de tendresse, mais qui ne laissait pas de me satisfaire ;
c'était une fête pour moi de voir, en Asie, ce qu'on
appelait un grand artiste ; j'allais juger la célébrité
de ce jongleur tant vanté, de ce psylle sans pareil ;
ma mémoire se retraçant les émouvantes scènes du
cirque, je mettais en parallèle le psylle et le domp-
teur des Champs-Elysées ; l'audace de Rangas-

samy à manier des reptiles pouvait-elle se compa-
rer à l'audace des Batty, des Crockett se promenant
en costume d'empereur romain sur un char traîné
par des lions ? Le sang-froid de cet Indien pouvait-
il rivaliser avec le calme impertubable de Charles
Biens, approchant ses lèvres d'un tigre et échan-
geant avec lui des caresses qui donnaient le frisson ?
Même sort les accompagne, la vie est en danger
dans l'une et l'autre situation ; l'autre n'est pas plus
sûre que le repaire. Reste à savoir s'il n'y aurait
pas une nuance dans le choix de son bestial adversaire et si on n'aimerait pas mieux entrer en lutte
avec un animal fier et courageux qui vous attaque
face à face, vous montrant ses armes et, opposant
au poignard et à la cotte de mailles ses crocs et ses
griffes.

Le duel reste sans doute inégal, la force n'est pas
la même de part et d'autre, mais il y a du moins
un triomphe pour l'athlète de tomber en se mesu-
rant avec un lion. L'homme aux prises avec un serpent venimeux est sous le coup d'un guet-apens
continuel ; c'est un combat de ruse, un assaut d'artifices ; il a besoin d'une attention toujours vigilante,
d'une défiance sans cesse en éveil, d'une sollicitude
toujours aux aguets ; sans cela, une seconde de distraction, un simple mouvement de tête en dehors
du rayon visuel de son perfide ennemi, et le psylle
expire sous la trahison d'un dard empoisonné. Voici
une distinction bien subtile, diront quelques-uns :
être rayé de la liste des vivants à la façon de Mar-

tin ou de Cléopâtre, mourir de la colique ou du mal de dents, n'est-ce pas toujours finir avec la vie? Au sujet de cette grave question, lecteurs et auteurs finiront peut-être par s'entendre; en attendant, pardonnez à Fulbert ces réflexions, cinq minutes de temps vont et viennent; mais le rideau humain s'écarte, et me voilà en face de Rangassamy.

C'était un homme de trente ans, d'une taille moyenne, les membres délicats, les traits de la figure d'une très grande régularité; les yeux du plus beau noir et d'une remarquable limpidité; la peau d'un bronze foncé; la chevelure très abondante et retombant jusqu'au milieu des épaules. Je ne saurais mieux le peindre qu'en le comparant au berger Philémon, de Mathurin Régnier :

> D'un brun meslé de sang son visage se peinct;
> Il a le jour aux yeux et la nuit en son teint;
> Son poil noir et retors en gros flocons ondoye
> Et crespelu ressemble une toison de soye.

Son costume est facile à décrire : il est complètement nu, à l'exception du langouty réglementaire, espèce de chiffon de toile, abrégé succinct de la feuille de vigne inventée par le comte de Rambuteau pour voiler la nudité de la statuaire et rassurer les alarmes de la pudeur qui, en Orient, est moins exigeante qu'à Paris. Les tibias et les poignets du psylle sont ornés d'étroits bracelets garnis de grelots qui résonnent quand il danse; son orchestre est des plus simples : il se compose d'un pambouati qui n'est autre chose que le bignou; c'est avec cet instrument aux notes aiguës et criardes, que ce nouvel Orphée charme et endort ses serpents.

Avant de se livrer à aucun exercice, Rangassamy récite un hymne en l'honneur de la divinité; après cet indispensable viatique, il procède à des tours de prestidigitation aussi intéressants que la magie blanche d'Hamilton ou de Robert Houdin. Je l'ai vu renouveler le prodige des serpents de Pharaon : un bambou qu'il tenait à la main a été changé en une couleuvre de muraille, la métamorphose inverse s'est opérée et, pour que le miracle soit complet, dix ou douze baguettes sont devenues autant de reptiles pourchassés par un plus gros. *Projicerunt singuli, virgas suas qua versæ sunt in dracones, sed devoravit Aaron virgas corum* (Exode. Chapitre VII).

Je vous fais grâce de toutes sortes de jongleries pleines d'adresse, pour arriver à la fameuse danse des capelles.

Au milieu de l'arène, on voit un panier en rotin de forme ronde, fermé par un couvercle qui est assujetti au moyen d'une corde qui se croise et se fixe par un nœud des plus solides; on devine que c'est la loge des redoutables danseurs; tous les regards sont fixés sur ce repaire, et, en ce moment, toutes les bayadères de l'Orient n'obtiendraient pas l'aumône d'un salam. Rangassamy prend son pambouati et joue un air très lent, tourne autour du panier en pirouettant sur lui-même et agitant ses grelots ; après cinq minutes de cette chorégraphie, il enlève prestidigieusement au bout d'une baguette le couvercle, et aussitôt apparaissent deux énormes têtes de capelles, déployées en éventail, qui se meuvent en ondulations chromatiques, marquant la mesure de la musique ; le bignou ayant achevé son air, un des serpents se love dans le panier, tandis que l'autre se glisse en dehors et vient s'arrêter à deux pas du jongleur.

Rangassamy, pour prouver à l'assistance qu'il n'use point de supercherie, que la capelle n'est pas désarmée et que ses dents ont conservé toute nocuité venimeuse, lui présente un poulet vivant ; le volatile n'est pas plus tôt mordu qu'une seconde après, saisi de convulsions, tout son corps tremble, ses yeux se ferment et, après un crépitement d'ailes, il tombe foudroyé. Cette épreuve faite, commence le combat entre le serpent et son maître : l'homme est à genoux montrant le poing au reptile ; celui-ci se dresse tout à coup contre la main qui le provoque, s'appuie sur sa queue, lève son corps, ouvre sa gueule, fait briller ses yeux et entendre ses sifflements ; le charmeur promène son bras tantôt à droite, tantôt à gauche, se livre à des feintes avec une agilité et une habileté si grandes que son adversaire, fondant sur lui, ne rencontre que le vide et à chaque instant mord la poussière. Ce duel, qui ne dure pas moins d'un quart d'heure, se termine par un coup de main qui excite les bravos enthousiastes de la foule et démontre la supériorité du psylle. Le cobra, immobile, la tête baissée, avoue sa défaite ; le charmeur, de son côté, joue la distraction et feint d'oublier son ennemi ; la capelle, qui s'est laissée prendre à ce jeu, fait un bond et s'élance comme une flèche sur le jongleur, qui l'évite par un saut de côté, et, par un mouvement aussi prompt que la pensée, il saisit entre deux doigts l'animal à la nuque et montre aux spectateurs un câble vivant qui se tord, enroule son bras et fait des efforts pour se débarrasser de l'étreinte de fer qui le comprime. Après cette scène, qui est la dernière, Rangassamy réintègre le serpent dans sa loge, joue un air de pambouati et met une sébile au milieu du cercle : caches, fanons, roupies, tombent comme grêle ; quand il ne pleut plus de ducatons, l'artiste plie bagage, charge une petite voiture attelée d'un bœuf sacré, et avec cet équipage, il continue de faire le tour de l'Inde.

Hélas ! un pèlerinage en si dangereuse compagnie ne devait pas être de longue durée ; le fil, qui tenait suspendue sur sa tête l'épée empoisonnée, devait bientôt se rompre ; la mort, insensible aux charmes et enchantements de tant de beauté, de jeunesse, de force, de courage, ne voulut pas faire grâce à celui qui, chaque jour, lui portait des défis aussi audacieux. Un soir qu'assis à l'ombre des cocotiers, le beau magicien goûtait les douceurs du sommeil, Yama (le dieu des funérailles) emporta son âme au fleuve de l'éternité.

Vers la fin de janvier, la justice fut instruite qu'un

Indien avait été trouvé mort sur la route de Madras; son corps était étendu sous un arbre; à côté
de lui se trouvaient une voiture, un petit bœuf et un
pambouati; quant aux capelles, une seule fut retrouvée dans le panier, l'autre avait disparu après
avoir tué son maître. Le docteur Huillet fit mettre
dans un bocal d'esprit-de-vin cette bête immonde
qui avait huit pieds de long. Les magistrats se trans-
portèrent sur le lieu de l'évènement, le docteur ins-
pecta le cadavre et déclara que la mort résultait
d'une morsure venimeuse qui se trouvait à l'une des
phalanges de la main droite.

Pendant l'examen médical, un pandaron (religieux), venu on ne sait d'où, se tenait à l'écart, les
yeux inondés de larmes et laissait tomber ces mots
avec l'accent du désespoir : « Pauvre Rangassamy!
Malheureux Rangassamy! »

J'ai su depuis que les brahmes de Schélambrom
avaient enlevé le corps du psylle pour le brûler et
avaient jeté dans l'étang sacré ses cendres; on dit
même qu'il a été décidé dans leur collège que, pendant soixante-dix fois soixante-dix lunes, ils psal-
modieraient une façon de *Triduum* pour le repos
de l'âme de Rangassamy.

XII

LE BAZAR, LA GRANDE FONTAINE, LES PÊCHEURS.

Après la pagode, voire même avant, le lieu le
plus fréquenté, le centre du mouvement continuel,
le foyer d'activité constante du peuple asiatique,
c'est le bazar.

En Orient, qui dit bazar, désigne le marché où
affluent tous les produits et marchandises, et partant, le rendez-vous de tous les besoins, appétits et
convoitises. Bazar est synonyme de cornes d'abondance à compartiments multiples, qui s'ouvrent aux
souhaits d'un chacun, dans la mesure de sa fortune
ou de son crédit.....

Pondichéry a son bazar; nous nous y rendrons en
passant par le nord de la ville; ce sera une occasion
nouvelle et toujours bien venue, de saluer, en passant, l'autorité dans la personne du cipahy en faction devant l'hôtel du Gouverneur. Une centaine
de pas sépare cet édifice d'un ponceau jeté sur le
canal; deux enjambées suffisent pour être de l'autre côté de l'eau : euphémisme un peu risqué, à
moins que ce jour-là une inondation très imprévue
n'ait changé les habitudes du canal, dont la sécheresse n'a rien à envier aux lèvres de Lazare et aux
roches basaltiques d'Aden.

Le ponceau traversé, on débouche sur la route de Madras, grande artère de la Ville Noire, largement percée, parfaitement macadamisée, et bordée d'arbres sur ses accotements; quelques minutes de marche conduisent devant la façade principale du bazar.

Qui a vu une estampe des galeries de l'ancien Palais-Royal, en retrouve le duplicata, en substituant la brique aux poutres et solives, et en remplaçant les toitures par des *ergamasses*.

Chaque arcade est une shop ou échoppe, occupée par un commetty ou chetty (marchand); il y passe sa vie au milieu d'objets hétéroclites appartenant à tous les règnes de la nature. Ne vous hâtez pas trop de saluer d'un air ironique ce Capharnaüm; tel de ces chenils de bric-à-brac cache derrière des amas confus de bibelots disloqués, démodés, bizarres et malpropres, des surprises royales. Dans ce misérable coffre de bois, cadenassé, verrouillé, rongé de rouille, maculé d'expectorations de bétel, sur lequel est assis le chetty *couche-tout-nu*, il y a un sous-entendu, un aparté, un double fond, un sac ou un coffret qui vaut plusieurs boutiques de lapidaires, et renferme assez de pierres précieuses pour parer la déesse Parvati ou Latchimy, un jour de grande fête. Disons bien vite que c'est la rare exception, et que tous ces réduits sont loin d'être des entrepôts déguisés des trésors de Golconde, à preuve le faïencier qui est à l'angle de la rue; on se demande si ce n'est pas un marchand de débris et tessons de porcelaines et cristaux? Pas une assiette ayant sa congénère, l'une est bleue, l'autre verte, celle-là rouge ou blanche; pas une sans tare, fêlure, éraillure ou avarie; les pots à eau sont des décapités ou des égueulés, les moins malades ont des estafilades qui partent de la tête aux pieds, les cristaux appartiennent à la même main d'improvisation; un verre de mousseline, cul-de-jatte, s'accroupit à côté d'un tube à champagne qui a la bouche ébréchée, enfin toute une verrerie grisâtre, blanchâtre, indigo, rose, étale ses contusions et meurtrissures : parfois une coupe, un brûle-parfums en filigrane d'argent ou cuivre, artistement travaillé, montre son ventre vert-de-gris à un mors de bride qui, depuis un demi-siècle, réclame le bénéfice d'un étamage qui ne serait certes pas de luxe. Cet angle de la boutique s'appelle les *curiosités.*

Des miettes de verroterie et de faïence coloriée sont la mise en évidence, le certificat, en quelque sorte, des goûts artistiques du marchand. Le véritable commerce de faïence consiste, en réalité, dans la vente des vases en terre commune, nommés *pannelles,* et qui servent à la cuisine, non seulement des pauvres, mais encore des riches; les ustensiles de cuivre ont été reconnus dangereux, les cuisiniers indiens ne sachant pas et ne voulant pas les fourbir et nettoyer.

A l'arcade suivante, dans la posture d'un singe sur son séant, le ferblantier martèle sur un étau planté dans les interstices du pavé; l'assortiment de sa fabrication se résume spécialement aux lanternes et aux fanaux : on en trouve de toutes les dimensions et de toutes les formes, depuis le rat-de-cave que portait le pieux Énée cherchant son père dans l'Averne, jusqu'à la lampe à opium et au « briquet Fumade » ; quelques cuillers et fourchettes placés en croix sur le chambranle de la devanture, semblent ces os de trépassés dont on décore les draps mortuaires ; à cette première industrie se joint celle de la réparation des pépins vaincus du temps ; des rifflards orange, rouges, blancs, grillés du soleil, moirés par la poussière, sont suspendus entre quelques cafetières, et tranchent sur ce vieux fer-blanc qui, avant d'être bouilloire ou cage à lumière, a été boîte à conserve alimentaire ou caisse d'emballage.

Le voisin du ferblantier est le négociant de blanc, son étalage n'a rien de commun avec celui du *Bon Marché* ; le Boucicaut, en langouty rouge, directeur de cette maison, n'a jamais sacrifié à la propreté, encore moins au luxe qui attire la clientèle. Sur des planches frustes qui servent de rayons, sont entassés, empilés, calicots, toiles, mousselines, batistes, indiennes et autres cotonnades.

Assis sur la natte, le patron fume son hooka, vis-à-vis de son *kancapoullé* qui est son comptable ; ce commis honnête et modéré, pour un salaire de dix francs par mois et un pagne de coton par année, tient les registres de comptabilité en partie double, sur papier et sur olles (feuilles de palmier préparées et sur lesquelles il écrit avec un poinçon aussi vite qu'avec une plume). Ce *Bon Marché* touche du coude un magasin aussi luxueux où l'on ne vend que des pagnes et pas d'autres articles ; le prix de ce vêtement varie de douze francs cinquante à trois ou quatre cents francs. suivant le tissu et les franges d'argent et d'or.

Un parfum qui fait regretter celui de l'iver et prédispose aux nausées, trahit le voisinage du bazar de la viande et du poisson. C'est un rectangle adossé à la rue de Madras et faisant face aux halles couvertes ; sur chacune des faces, se trouvent des arcades occupées par messieurs les bouchers, presque tous de caste musulmane ; leur étal, dès cinq heures du matin, est approvisionné de mouton, de buffle et rarement de bœuf passable ; les poisson-niers stationnent au milieu de la cour, près d'une pièce d'eau, et exposent en plein macadam toutes les variétés ichthyologiques, depuis la chevrette microscopique, jusqu'à d'énormes requins. En face sont les halles, vastes bâtiments symétriques, auxquels on arrive par une large entrée ménagée entre les galeries de la rue de Madras. La première de ces halles est réservée aux marchands de légu-mes, de fruits et de fleurs. Dans des paniers faits en rotin ou en feuilles de palmier, pétillent de tout l'éclat de leurs couleurs, les présents de Pomone : bananes vertes, jaunes, rouges ; goyaves, mangues, pommes-canelle, pistaches, noix d'acajou, pample-mousses, pastèques, citrouilles, piments variés et des montagnes de cocos disposés comme des pyramides de boulets dans un arsenal : enfin, pour quelques centimes, on peut revenir du bazar avec une gerbe magnifique de gardenias, de roses, de lauriers-roses, de jasmin, de tubéreuses et de lotus. Dans cet enfer, il semble que c'est le bouquet oublié de Proserpine. Aux richesses de Flore, se joignent celles de Cérès : riz en pulpe ou décortiqué, sézame, colza, arachides, indigo en pain, huile de pistache et de coco.

Sous l'autre halle, se tiennent les commerçants de cuivre et de fer : lampes de bronze à un ou plusieurs becs, dieux d'airain, animaux en laiton ; les urnes pour l'eau et l'huile brillent au soleil en compagnie d'un fouillis de ferraille, débris de vieilles constructions, ou entrailles de navire éventré par la tempête et échoué à la côte.

Dans le pourtour des halles, les confiseurs et pâtissiers ont leur laboratoire d'une simplicité primitive. Un banc couvert d'une natte, un réchaud en terre sur un trépied de même nature, une panelle, dans laquelle bout de l'huile ou de la mantèque : un gâteau de la forme des gauffres, cuit là-dedans jusqu'à la teinte dorée ; à ce moment l'artiste le retire, le saupoudre de sucre et le pose sur la natte, où pour moins d'un sou, les amateurs peuvent se régaler ; ces mêmes industriels vendent encore d'excellentes confitures de goyaves, bananes et des cédras cristallisés.

Disséminés çà et là sur la place du Bazar, sont les changeurs avec leurs sacs de roupies et ses sous-multiples : l'anna et la cache.

Dans l'espace compris entre les deux halles, se tiennent tous les revendeurs de volailles, de gibier, d'œufs, de beurre et de mantèque.

Notre état des lieux est terminé, et un tabellion du cru ne nous refuserait pas, croyons-nous, un bon point pour notre exactitude fidèle ; mais en cas de contestation, il y a des experts à Pondichéry. Continuons notre pérégrination :

Au centre de la place du Bazar, se dresse une tour carrée en briques ; la façade nord-est étoilée d'un vaste cadran qui marque les heures et probablement les quarts d'heure de reconnaissance envers l'Indien généreux qui a fait don de cette horloge. A la base de ce monument, se trouvent d'immenses réservoirs maçonnés contenant de l'eau servant à alimenter divers conduits qui jaillissent par des robinets placés à chaque face du monument.

Au-dessus des prises d'eau qui sont presque au niveau du sol, on a édifié une plate-forme exhaussée de terre de deux mètres, on y monte par un escalier qui mérite l'attention des amateurs d'antiquités. Les acroptères de la rampe représentent deux éléphants portant une divinité ; ces groupes, fort curieux, sont sculptés en relief dans d'énormes blocs de granit.

Ces pierres et les colonnes qui, dans la Ville Blanche, entourent la place Dupleix, ont été données par le Gouvernement anglais, qui les a prises dans les ruines d'une pagode située à Genghi. Aux angles de la plate-forme on voit un spécimen en grand du bœuf Nandy. Telle est la fontaine du Grand Bazar; l'eau est excellente, claire et limpide, et ne contribue pas peu à la conservation de la santé des habitants. Cette inappréciable faveur de boire de l'eau fraîche sous un climat torride ne tombe pas précisément du ciel; c'est l'œuvre d'une femme, d'une pécheresse, et nous savons que dans la religion de ce pays, Ève est à jamais chassée du paradis. Cependant, certains casuistes indigènes prétendent qu'il y aura un swarga spécial pour cette infortunée, où le père des créatures étendra sur elle quelques bénédictions, mais avec diminution de mugnificence. Ne riez pas trop de cette décision des bords du Gange, elle a eu son écho au concile de Trente; cette grave question nous entraînerait trop loin. Passons, et sachez que la Samaritaine qui a gratifié le pays de cette urne à jets éternels, n'est rien moins qu'une bayadère. Aïa la devidassie, comme son homonyme la fille de Sébéon, a trouvé une source, avec cette différence que les eaux de Pondichéry sont froides et que celles de Judée étaient chaudes. La bayadère, après avoir réjoui les dieux, les brahmes, les rois et les radjahs, de ses danses et de ses chants, avait réalisé de notables économies. Ces demoiselles, en Orient pas plus qu'en Occident, ne meurent pas toutes sur le rebord d'un fossé. Sans faire allusion aux temps modernes, je me souviens de l'histoire de l'hétaïre Aspasie : avec l'argent de Darius et autres, elle eut assez d'or pour élever une colonne surmontée de la statue d'Alcibiade, l'élu de son cœur et le vainqueur des Perses.

Aya, la servante de Vichnou, a eu une idée plus pratique ; ingrate envers la mémoire de ses élus, elle a donné une fontaine, elle a sondé les entrailles d'un rocher situé sur le plateau de Montrapaléon, distant de quelques milles de Pondichéry ; sa baguette d'or en a fait jaillir la source, et le voyageur altéré qui passe et étanche sa soif rend une action de grâce à l'auteur d'un pareil bienfait. De ces deux élans de générosité, quel est le plus grand ? Est-ce l'enthousiasme coulé en or, ou le bon sens cimenté dans une œuvre éternellement salutaire ? Je n'en sais rien ; chacun traduit son orgueil à sa façon ; il n'y a de réellement mauvais que l'égoïsme et l'avarice.

Soir et matin, les abords de la fontaine du Grand Bazar sont envahis d'une multitude de thanigarchies ou canéphores ; toutes ne sont pas d'une beauté et d'une élégance parfaites ; beaucoup de laiderons sous beaucoup de haillons. Cependant, dans ce groupe, se dessine par hasard le gracieux profil d'une Rebecca, à qui un Eliézer pourrait demander à boire. Ce qui attire le regard, c'est la grâce et l'aisance avec lesquelles les thanigarchies portent, immobile sur la tête, une large urne de cuivre ; avec ce lourd fardeau, elles s'avancent d'un pas assuré, sans fléchir les jambes, leur corps souple suit les mouvements de la marche et un équilibre parfait se conserve pendant le trajet. Les femmes de haute caste ne vont pas à la fontaine ; quelquefois on rencontre, traversant la place et se rendant à quelques cérémonies, des Indiennes d'un beau type ; celles-là sont gracieuses, mais d'une grâce *sui generis*. Ce pagne rayé à franges d'or, ces longs voiles de mousseline transparente, ces cheveux noirs tressés avec des fleurs, ces yeux brillants et agrandis à l'aide de l'antimoine, ce visage safrané, un certain idéal qui se promène sur des contours chastement indiqués, ces bracelets d'or qui chargent les poignets, ces colliers d'or, ces cercles d'argent avec grelots retentissant sur la cheville d'un pied mignon, tout cet ensemble forme un dessin séduisant ; on dirait Thamar allant au-devant de Juda.

Pour faire connaissance avec les macouas (pêcheurs), nous irons chez eux.

A deux milles de la Ville Blanche, sur le rivage sud-est de la mer, en pleine falaise, se grille au soleil l'aldée (village) de Virapatnam. La légende qui a rédigé l'acte de naissance de cette agglomération de chaumières semble sortie du puits de vérité, tant l'aspect des lieux confirme la fable.

Au temps où les dieux se promenaient sur la terre, il advint que Vichnou, qui ne dédaignait pas les avatars, se travestit en pêcheur. Etait-ce pour se donner les ineffables joies de la pêche à la ligne ? C'est probable. Toujours est-il que fatigué de son exercice, il s'arrêta sur la dune et se mit à secouer son panier. Devinez ce qui tomba : des ablettes ?

non, mais des huttes qui se plantèrent çà et là,
pêle-mêle sur la grève. Dans chacune de ces huttes, il y eut un mâle, une femelle et force petits
Indiens de cette caste qui a pour blason un champ
de cette divine poussière du dessous des pieds de
Brahma. Un pareil berceau ou campement, même
pour des échantillons de la mob hindoue, pouvait
égayer l'humeur du dieu ; mais il n'en fut pas de
même de ce raca en perdition jeté tout nu sur un
sable nu où rien ne germe, ne pousse et ne croît.

Grands et petits se plaignirent du piquant de
l'aventure et demandèrent à s'en aller. Vichnou,
assis sur son garouda et plein de la sérénité céleste,
opposa tout d'abord le sourire à ces clameurs, l'ironie à l'agonie ; enfin, pour faire taire ces désespé-
rés, il étend la main vers l'océan et, leur montrant
l'immensité, il dit : « Gens de peu d'entendement,
plus naïfs que nature, si cette terre est ingrate, les
eaux sont fécondes, elles font partie de votre domaine, demandez-leur assistance et secours, et une
ample moisson sera le prix de vos sueurs. »

L'oracle fut écouté, ce qui est bien, mais fut
compris, ce qui est mieux : la tribu entière, hommes, femmes, enfants, alla demander aux flots cette
abondance promise et risqua sa vie pour la gagner.
Virapatnam est resté, depuis, un nid de macouas
(pêcheurs); c'est leur royaume par droit divin et
par droit de conquête ; cette dune est leur empire
sur la terre et leur place au soleil.

Aucune caste étrangère n'a mis le pied sur ce

rivage et ne s'est mêlée à ces travailleurs de la mer.
Cette race conserve sa tradition dans son intégralité. Intrépides, téméraires, on prendrait les macouas
pour ces lycophantes moitié hommes, moitié dau-
phins, qui papillonnent autour du char d'Amphitrite ; ils se jouent de la tempête, bravent le cyclone,
ne murmurent jamais contre les marouts, et les sifflements de ces oiseaux fauves accourus de l'infini,
n'ont jamais interrompu leurs mélopées monotones
et nasillardes, accompagnement obligé de toutes
leurs fatigues en mer. Indépendamment des us et
coutumes inhérents à la religion hindoue, les macouas se sont formés en association ; les statuts les
mieux compris régissent ce phalanstère : organisation du service, désignation d'emploi, salaire de
chacun, prélèvement sur la vente du poisson, retenue sur le montant des voyages dans les détroits
ont été prévus. Une caisse de prévoyance fonctionne
sérieusement : infirmes, vieillards, veuves, orphe-
lins, ont des droits inscrits et déterminés dans le
règlement ; un macoua, doyen par l'âge et l'expérience, préside l'association, il en est le grand maître et le grand justicier, il récompense ou punit, il
surveille les patrons de barques et possesseurs de
catimarons, il s'intéresse du foyer de chacun ; si le
malheur arrive par la fenêtre, aussitôt le secours
fait son entrée par la porte. Disons, à la louange
de cette caste, qu'elle ne compte pas de misérables,
et j'entends ce mot sous sa double acception, l'in-
digent qui mendie, et le mendiant abouti au vol et

au crime ; il serait difficile de constater aucun fait de baratterie ou de piraterie dans les annales de leur histoire ; quelques larcins, des ballots de provisions ou de linge chargés sur leurs barques ayant disparu, mis à l'écart incorrectement par un macoua coupablement distrait, constituent les grains de poussière qui ternissent le cristal de sa conscience. Pour être macoua, on n'est pas parfait ; quel est le léviathan qui n'a pas quelques scories sur les écailles ?

Au demeurant, cette caste rend d'immenses services, elle nourrit la population qui vit de poisson sec ou salé ; et, sur ces côtes dangereuses à cause du ressac, il serait impossible d'aborder au rivage sans ces marins et leurs barques qui exigent une construction et une manœuvre spéciales pour vaincre le danger de ces formidables barres.

Je connais des traits d'héroïsme de macouas qui auraient fait soulever à Jean Bart son chapeau à plumes, et battre des mains à Surcouf. Je rapporterai un seul trait dont j'ai été témoin :

Dans la soirée du 10 novembre 1871, il ventait le diable sur la rade de Pondichéry ; ce grand hurleur d'aquilon était en démence, et soufflait en même temps des quatre coins de l'espace ; la mer, cette bête brute, mugissait affreusement, elle s'enflait à vue d'œil, les vagues dépassaient de 15 mètres l'étiage ordinaire, le tablier du Pier était envahi par des montagnes d'eau. Quel horrible fracas ! le temps était sombre, le baromètre baissait toujours, et l'administration du port, surprise par l'inattendu, se demandait à quel genre de tempête on allait avoir affaire. Ras de marée, disaient les uns; queue de cyclone, disaient les autres; mauvais temps, disait tout le monde.

Les barques et catimarons étaient rentrés se mettre à l'abri; il n'y avait sur rade qu'un steamer de la côte et quatre bateaux du commerce. A voir les arcs de cercles décrits par le balancement des mâts, on devinait les secousses formidables des flots. Le canon du port qui donne le signal du sauve-qui-peut, était muet; silence fatal, dont ne tinrent pas compte trois de ces navires en perdition et qui prirent le large en dépit de la consigne. Un seul, resté à l'ancre, attendit l'ordre du départ, c'était le *Belvidera*, magnifique voilier de Bristol, faisant escale à Pondichéry pour prendre un convoi d'émigrants en destination des Antilles. L'obéissance passive aux réglements de la vigie, cette aveugle obédience, même au milieu du danger, entraîna la perte de ce bateau. Lorsque le canon retentit, il était trop tard; les vagues, farouches, inexorables, avaient brisé les chaînes des ancres. Le *Belvidera*, sans point d'appui, ne pouvant appareiller avec la violence du vent, fut à la merci de la tempête qui l'entraîna dans les brisants; du parapet du port, on distinguait à la lueur des torches une masse noire allant à la dérive et roulant dans les convulsions et le tumulte des flots; quelques minutes encore, et le *Belvidera* échouait devant Virapatnam, l'avant enlisé dans le sable et l'arrière tourné contre les lames furieuses qui l'assaillaient de toutes parts.

L'épave, emprisonnée dans l'écueil à deux cents mètres du rivage, en plein ressac, pouvait être couchée sur le flanc, et par suite, l'équipage courait les plus grands dangers. De prompts secours étaient urgents, mais comment arriver à l'épave? Comment établir un lien de communication entre elle et la terre? Une barque, il ne fallait pas y songer, elle eût été mise en pièces, déchirée en lambeaux et émiettée dans cet abîme de tourbillons. Il fallait cependant donner la main aux naufragés, on ne pouvait les abandonner dans une pareille détresse. Il fut décidé d'établir un va-et-vient, système de sauvetage qui consiste en un câble de jonction entre l'épave et la rive, et sur lequel manœuvre un siège qui glisse, tiré par des filins. Le difficile est d'attacher le câble, ou plutôt de le porter. Qui va se risquer à tendre ce fil sauveur? L'équipage est prisonnier des vagues, les hommes sont encore sous le coup des terreurs du naufrage et n'ont plus la force de tenter un si périlleux effort.

Dans toute cette foule attirée par des mobiles si divers d'intérêt, de compassion, de curiosité, qui voudra se jeter dans ces spirales mugissantes, qui voudra lutter avec l'invincible, et se jeter dans les bras de la mort? Ce sacrifice, au-dessus des forces humaines, semblait ne pouvoir être accepté de personne; mais la Providence n'avait pas encore dit le dernier mot.

Un Indien, un macoua à l'œil pétillant d'éclairs se présente, et, avec ce calme qui est le fond du caractère de ces pêcheurs, il demande le filin. Il prend le cordage entre les dents et ne fait qu'un saut dans l'abîme. Quel spectacle! Un homme aux prises avec l'océan; une populace de flots qui se ruent, se poussent, se choquent et l'enveloppent dans leur engrenage féroce, lui barrent le passage et le vomissent meurtri, ensanglanté sur la dune.

Cette tentative effrayante n'a pas découragé l'intrépide macoua, qui revient au gouffre, plonge dans l'abîme, et alors que l'on pense qu'il n'est plus qu'un cadavre, on entend un cri sur le *Belvidera*, c'est le filin qui vient d'être saisi par un harpon et hissé avec le macoua sur le pont de l'épave.

L'équipage fut entièrement sauvé, et, au lever de l'aurore, de cette sinistre tragédie de la nuit, il ne restait plus que l'épave dans le brisant, et le héros de Virapatnam chauffant ses plaies au soleil. Tant de courage et d'héroïsme méritait une récompense; l'Administration française, toujours généreuse et libérale, prit le nom du macoua, et, avec force compliments, fit remettre à Sinin dit Sinnamoutou, une preuve de munificence : deux roupies (4 fr. 80). Cela se passait sous le tétrarchat d'Isidore Michodo, ordonnateur. Les naufragés agirent différemment, et Sinnamoutou, aussi bon ivrogne que courageux macoua, dans ses jours de liesse, crie : *Hep! hep! hourra!* pour la royale Angleterre.

XIII

PARIA ARGENTÉ AU PROCÉDÉ BERNARDIN DE SAINT-PIERRE ET PARIA SECOUÉ DES SANDALES DE BRAHMA.

Voici un beau livre, et qui mieux est un bon livre, me dit un vénérable gentleman, en me remettant un magnifique exemplaire de la *Chaumière indienne* traduite en anglais.

— *Old friend, i thank you !* fut ma réponse accompagnée d'un signe de tête qui trahissait cette trop visible pensée : « A d'autres, je sors d'en prendre ! » Un froncement de sourcils, un pincement de lèvres, changèrent aussitôt la face béate et paterne du vieil higlander; je compris qu'il se trouvait offensé de mon dédain pour le chef-d'œuvre d'un des grands génies de ma nation, je venais, par inadvertance, de froisser sa susceptibilité, il était de mon devoir de réparer ma faute. Hélas ! je fus encore plus maladroit, j'ajoutai Charybde à Scylla, l'impertinence à l'incivilité :

— Pardonnez-moi, lui dis-je, mon peu de courtoisie; je ne suis ni parent, ni allié, ni domestique de Chauvin, l'empailleur de tous les fétiches surannés et accrédités par systématique convention ; souffrez ce travers et permettez-moi d'aimer, moins que vous ne faites, certaines momies qui dorment dans la poussière d'un Muséum de littérature.

Il y a tels trépassés dont on dit beaucoup en ne disant rien ; le plus grand honneur à leur faire est de respecter leur sommeil, *beati mortui quia quiescant*.

Mon Anglais, devenu vert-pomme, prit son *sola topee* et sa canne, et me lança ce court adieu : — *Good day! i shall come back by and by!* Nous nous serrâmes la main, et je suis encore à attendre la visite de ce thuriféraire posthume de Bernardin de Saint-Pierre.

L'in-8° laissé sur ma table s'étalait tout frais, tout rose, tout doré, orné de gravures, de guirlandes, de culs-de-lampes, enfin sa mine engageante sollicitant les regards, j'ai cédé à la tentation, j'ai ouvert le livre ; je ne me frapperai point la poitrine de regrets, mais je ne verserai point de larmes de joie, convaincu que les heures pourraient être plus utilement remplies avec un chapitre de Volney, Chateaubriand et Humboldt. Cet avis n'est pourtant pas celui de tout le monde, si je m'en rapporte à la préface encadrée, au frontispice de la *Chaumière indienne*.

L'auteur de ce péristyle triomphal, écrivain de bonne caste, savant de profession, s'est laissé aller, à l'endroit de Bernardin de Saint-Pierre, à des accès de tendresse délirante ; ses ravissements dépassent ceux de l'apôtre de Pathmos.

Écoutons la voix recueillie de cette âme onc-

tueuse et sacro-sainte : « Que de fois je me suis
trouvé meilleur en le quittant; alors la vertu me
semblait naturelle et facile, une flamme divine me
consumait, j'étais comme ces disciples de Jésus-Christ
qui, en se rappelant l'impression de ses discours, se
disaient entre eux : Notre cœur brûlait en l'écou-
tant. »

Après une pareille illumination, il n'y a plus qu'à
se taire, à tirer l'échelle.

La louange ne saurait prendre de plus gigantesques échasses; de nos jours, ces exaltations ne sont
pas de mise : Galapias, le flatteur à gages, circon-
venu et alléché par de séduisantes promesses, gorgé
de pamplemousses, appelé à la succession de feue
madame Latour, ou de sa famille, assuré de partager en tiers le tombeau de Paul et Virginie, Galapias n'eût point osé afficher ce dilettantisme, il eût
préféré se livrer à des fouilles au fond des abîmes
de la mer, rapporter un morceau du vrai *Saint-Géran*, et commercer de ces pieuses reliques avec
toute la légion fidèle des malades atteints de sensi-
blerie chronique.

O ingratitude humaine! dira-t-on, faut-il que le
génie reçoive de pareils outrages, est-ce bien la récompense due à un homme qui a usé sa vie à contempler et à minuter ses contemplations ? Cris prévus, clameurs pressenties ! cependant, on aura beau
crier, la vérité proteste, et, qui veut être juste, reconnaîtra que la gloire de Bernardin de Saint-Pierre
est aujourd'hui à demi effacée; c'est à peine si, à

l'anniversaire de sa fête, les arrière-neveux des naufragés du *Saint-Géran* daignent se découvrir devant cette grande ombre.

Quelques immortels fossiles du prytanée de l'Institut et leurs aïeules se délectent encore en comité secret de l'élégiaque histoire de *Paul et Virginie*; ces vieilles sensitives permettent la lecture de ce « casse-cœur » à leurs petites-filles qui rêvent, soupirent et maugréent entre deux larmes contre la tante à succession, la bonne Mme Latour et l'excellent Lebourdonnais qui, après une jolie tirade sur le mépris des richesses, assure cependant qu'un peu de beurre sur la tartine de Virginie, ne troublerait en rien les harmonies de la nature.

Bernardin de Saint-Pierre, sous l'influence de ses rêveries poétiques, nous donne le spectacle de la nature à travers un prisme qui lasse par le défaut de variété, les yeux éblouis se ferment devant cette succession de tableaux où l'enchantement le dispute à l'apothéose; l'esprit s'endort en présence de cette éternelle admiration, où chaque plante, chaque rameau vert, chaque fleur sert de thème aux lieux communs d'une morale puérile : les paysages, usés à la pierre-ponce, travaillés avec un soin minutieux, léchés merveilleusement, sont pleins de ténuité, de mollesse, et restent à l'état de pures idéalisations. Le but du peintre ne serait donc pas atteint, si toutefois son unique désir eût été de poursuivre l'étude du beau dans le domaine de la réalité, et sans empiètement sur celui de la fiction.

Bernardin a sa couleur locale à lui et qui n'a rien de commun avec les contrées et les mœurs des habitants qu'il a voulu décrire. Les personnages trahissent leur race, tels nés sous les tropiques ne portent pas la livrée de leur pays, c'est aux archives de Versailles que se trouve leur extrait de naissance ; ces presque sauvages, philosophant à la manière de Jean-Jacques, sont sensibles comme les bergers de Longus et jouent du pipeau champêtre avec moins de naturel que M⁽ᵉ⁾ Deshoullières.

Le touriste qui aurait fantaisie de recommencer le pèlerinage du savant docteur de la Société royale de Londres avec l'espoir de retrouver la « Chaumière indienne » et son hôte, le vertueux Paria, soumettrait sa crédulité à de rudes épreuves, et se préparerait d'amères déceptions. Où existe-t-elle cette cabane sortie du cerveau du poète ? Dans quelle partie de l'Asie trouvera-t-il cette grotte enchantée ? Il peut user son chemin du nord au midi, en vain cherchera-t-il ce nid habilement sculpté sous un figuier de Banian, cet arbre aimé de Brahma, qui conjure la foudre, et dont l'épaisse chevelure se joue des typhons ; la médiocrité, en ses plus beaux jours d'élégance, a visité cette chaumière : il y a des meubles non pas en abondance, mais ils sont en bon ordre, et ont un aspect de souriante harmonie, la natte respire une suave odeur des herbes des champs, le lit est jonché de fleurs, les ustensiles de ménage ne sont pas en porcelaine de Chine, mais leur simplicité rappelle l'âge d'or ; il y a dans cet

ajoupa pour deux sous de paradis ; une riche imagination a créé tout cela, elle aurait pu faire davantage, et j'imagine que le respect pour le concert des
oiseaux a seul empêché de placer dans cette hutte
un stradivarius ou un clavecin.

L'hôte est digne de ce tabernacle, c'est un Sama-
ritain de distinction, rempli de courtoisie et de grâce,
il connaît les règles de l'hospitalité sur le bout du
doigt et les pratique avec recueillement ; il offre au
voyageur surpris par l'orage des collations à l'instar de Brillat-Savarin : bananes, mangues, pommes
de crème, gâteaux de riz, punch, limonade, cidre ;
voilà la carte du tuffin ; ajoutez encore une conversation édifiante pour charmer le temps du repas ;
l'amphitryon parle d'or, ses lèvres distillent du
baume ; sentences, proverbes, images ornent ses
discours. Quand on écoute Son Eminence le bon
paria, on a des velléités de métempsycose, on se
prend à penser qu'il n'est autre que M. de Fénelon
vêtu d'un chômin, en villégiature aux Indes et médi-
tant son *Télémaque*.

Et maintenant, descendons de l'azur des rêves,
posons le pied sur le sol asiatique, prenons la photographie des êtres et des choses tels qu'ils sont ;
reproduisons le crabe avec sa coquille, le paria
avec sa paillotte.

Un cube de deux mètres d'une boue grisâtre desséchée au soleil, creusée comme une cave, ayant
sur une de ses faces latérales une baie basse et
étroite qui sert à la fois de soupirail à la lumière et

de porte d'entrée ; recouvrez cet amas borgne de terre d'un faîtage en branches de bambous palissadées avec des feuilles de palmier, ce sera l'habitation que, de toute éternité, vous rencontrez en Asie.

Ce trou aux rats est-il la demeure fatale du paria ? Est-ce la niche de ce prétendu chien honni et repoussé ? Le destin, sous forme de convention sociale, a-t-il inexorablement bouclé cet homme aux anneaux de fer de cette fosse ? Est-il tenu d'y naître, d'y vivre, d'y mourir ? Est-ce pour lui le nid, l'œuf, la maison, l'univers ? A cela nous répondrons oui et non ; par cela même que le paria est Indien, il est fidèle à la routine ; esclave des vieilles traditions, il obéit à la coutume et à l'usage, ce qui explique son attachement pour le terrier que Jean à Jeannot a transmis ; il juge tout simple d'achever la vie là où il l'a commencée. Ce serait une erreur de croire qu'un lien de droit civil ou religieux l'enchaîne à la paillote, l'oblige, ainsi que sa famille, à grouiller ou croupir pêle-mêle sur cette natte indescriptible comme les mystères qu'elle recouvre. Il n'y a pas, dans toute la société indienne, d'homme plus libre que le paria ; le vice et la misère l'ont seuls classé dans le résidu de la population. Si ce misérable *per fas aut nefas* acquiert la richesse, si la fortune vient à lui sourire, la paillotte n'existe que pour mémoire, et tout comme un nabab, il aura son palais, ses voitures et ses saïsses ; les dignitaires des hautes classes en seront peut-être envieux et jaloux, mais nul ne l'insultera ; il est passé au moins de deux siècles le temps où, pour avoir mis des babouches, le paria eût été lapidé. Aujourd'hui, je connais une compagnie de vénérables pandarons qui, pour une honnête récompense, l'appelleraient frère, confrère, archi-frère.

Le paria, dans l'extrême indigence, sale et famélique, condamné aux métiers les plus abjects, ne touche la main de personne.

Dans le monde des gentils, la charité est une vertu à demi effacée qui se montre sous le plus mauvais jour, le cœur n'est nullement complice de la main qui donne ; elle est complètement ignorée cette charité qui ausculte la souffrance, s'agenouille devant des misères intimes, panse des plaies muettes et profondes, répand de douces larmes avec ceux qui pleurent et adoucit délicatement de cruelles amertumes. Le païen ne s'est jamais senti le besoin de s'ouvrir cette veine de joie, faire le bien pour le bien ; il lui manque ce rayon sacré parti de l'humilité de la crèche et qui s'est élevé à la gloire de Thabor.

Quoi qu'en ait dit La Fontaine, le brahme est charitable uniquement par pompe et ostentation, il fait l'aumône en grand seigneur, sur la place publique, au son du tam-tam, avec illumination *à giorno*, il a un cortège de prêtres et de parents chargés de raconter les charités qu'il fait et celles qu'il ne fait pas ; il jette le riz et le païça ; mais un mot du cœur, une bonne pensée n'accompagne jamais l'offrande ; il lance la sportule à l'affamé et se détourne, ses principes de morale ne vont pas plus loin, sa religion ne lui en commande pas davantage ; il mesure de haut le prochain qui n'est pas riche et toise le prochain besoigneux. Cet accès d'orgueil doit-il surprendre ? Beaucoup moins qu'on ne pourrait le penser. Sans suspecter les sentiments de charité, de compassion et de grandeur d'âme des chanoines de Saint-Denis, je doute qu'ils fassent un accueil fraternellement empressé à un mendiant mal accoutré, avec des bottes revenant de la Morgue, une chemise isabelle, des coudes percés, une figure hâve, des lèvres violâtres d'où sort une voix éraillée exprimant la détresse et la fièvre. Assurément, les apôtres de Jésus-Christ feraient l'aumône à ce deshérité, mais à coup sûr, leurs consolations seraient courtes, et ils se feraient un plaisir d'oublier de placer son couvert à leur table. Or, les brahmes ne sont pas plus pharisiens que les chanoines, mais ils le sont autant et traitent le paria, non pas avec brutalité, mais avec une indifférence qui surpasse le dédain, disons le mot, avec mépris. Ont-ils tous les torts ? Vous allez en juger, *ab uno disce omnes*. Un type pris entre les parias, et des plus civilisés, suffira pour édifier sur le degré de moralité et de vertu que ces décastés sont susceptibles d'atteindre. Ce paria pur sang est inscrit sur les registres de l'état civil sous le nom de Souprayen. Seize ans après sa naissance, on le trouve devant les fonts baptismaux, lavé de la tache originelle et s'appelant François ; aujourd'hui il répond à une qualification qui le peint d'un seul trait ; dans le groupe des amis de son maître, chacun le salue du nom de *Pirate.*

Ce serviteur a trente ans, il n'est ni beau, ni laid, ni petit, ni grand, ses yeux sont mal fendus, son regard est fixe comme celui du basilic, pas le moindre jeu dans l'ensemble de cette physionomie ; les sentiments les plus opposés glissent inaperçus sur cette face de bronze, le châtiment ou la récompense se brisent aux angles de l'insensibilité ; un seul fluide électrise cette inertie, le son de l'argent la réveille, son émotion se trahit par une impatience de la main, un claquement des doigts et une dilatation très marquée des prunelles. Je pourrais me dispenser de vous donner des détails sur sa manière de se vêtir, mais le côté original et fantaisiste de ses divers costumes mérite d'être signalé. Dès l'aurore, le pirate est dans un négligé très succinct, qu'il explique par la chaleur du climat, la plus grande économie d'étoffe préside aux devoirs que la pudeur lui impose, mais il serait injuste de la mesurer à l'étendue de surface recouverte ; une feuille de vigne et une ficelle cachent ce qu'elles peuvent. A l'heure du déjeuner, le dobachi apparaît avec des bottines en cuir rouge, un penjama en soie, une veste en flanelle garance et coiffé d'un turban à filigrane d'or. Ce luxe donne beaucoup à réfléchir à l'intendant des fonds, qui suspecte de trop fortes secousses à l'anse du panier. A huit heures du soir, le pirate ne conserve de l'Indien que sa figure, et encore est-elle saupoudrée de farine de riz. On le voit en pantalon noir, gilet chamois, paletot de velours, chapeau en feutre Garibaldi, un cigare à la bouche et un stick à la main. Je ne répondrai pas qu'il n'use les vieux gants de son patron ; quant à ses chemises, le doute n'est pas permis. J'ai assisté, à ce sujet, à une scène entre *Carter et son lion*, suivant la métaphore d'un des familiers du logis. Le pirate, surpris en flagrant délit de rapt de linge, sut éviter les procédés de répression énergique de Carter par un trait d'audace qui eût réjoui Démosthène et désorienté l'imperturbable Frontin : « Je conviens, dit cet effronté paria, m'être approprié quelques chemises, mais j'étais loin d'attendre un reproche de Monsieur, ayant la pensée sérieuse qu'un gentleman ne porte jamais du linge en mauvais état, et que dès lors ces guenilles deviennent le lot de son esclave. » Notez que ce mauvais état consistait en l'absence de deux ou trois boutons. Le lion avait vaincu, Caster resta abasourdi ; et j'ai su depuis qu'il boutonne sa redingote jusqu'au menton, ne portant plus que des faux-cols.

Ce léger aperçu de caractère laisse entrevoir un moral pour le moins aussi triste et aussi affligeant que le physique. La conscience du pirate a toujours été en faillite et n'aspire à aucune réhabilitation, il a toutes les ruses du singe combinées avec celles du renard, il est licheur, fourbe, menteur, fainéant et très disposé à confondre le tien et le mien ; comme Panurge, son intelligence a le génie du mal ; il a mille recettes pour se procurer de l'argent et dix mille pour le dépenser. Il exploite sur une vaste échelle une foule d'industries, entre autres celle que nous appellerons la *diminution de tête*, il prétend une obligation tacite pour le maître de lui donner un *bacchis* à chaque changement d'état de sa personne ou d'un des siens ; or, le pirate se marie à chaque premier quartier de la lune, et quand l'astre argenté est à son déclin, il a la douleur de perdre un père chéri, un frère bien-aimé, une mère adorée, une tante parfumée de toutes les vertus. Quant aux baptêmes de sa lignée, il ne conserve aucune mesure, la mère Gigogne serait stérile si on perdait son temps à compter les fruits nouveaux ; sa paillotte est un vrai nid de perdrix avec trente ou quarante œufs couvés Ce genre d'*income-tax* peut augmenter le bien-être de ce subtil et facétieux spéculateur, mais je doute qu'il enrichisse jamais sa victime. Mais alors, à quoi est bon le pirate ? On se le demande. Son service est nul : il ne nettoie pas les souliers par respect pour les mânes de son aïeul, qui était grand dobachi ; il ne balaie pas les appartements par déférence pour d'autres parents qui ont de la fortune et sont bien vus dans le monde ; il ne fait pas le lit, parce que cet exercice n'entre pas dans ses attributions et qu'il serait méprisé de ses autres confrères. Ses qualités, jusqu'à présent, sont purement négatives, et son maître doit être un idiot qu'il fait bien de duper. J'ai été longtemps de cet avis ; mais j'ai dû rapporter mon jugement ; en voici la cause :

Le pirate est polyglotte, il lit les Védas, il chante la messe en latin, il parle tous les idiomes de l'Inde : tamoul, bengali, indoustany, sanscrit, nagri, telinga ; il sait l'anglais comme Robertson, bredouille l'allemand, il est versé dans la langue de Voltaire, et s'exprime très correctement. Ce bon apôtre a reçu du Saint-Esprit le don des langues.

On peut, avec ce paria, voyager sur tous les points du globe, on n'est jamais embarrassé ; il secoue sa paresse dans les circonstances solennelles, et il suffit de lui donner un ordre pour qu'il soit exécuté avec promptitude et intelligence ; il sait faire les beignets soufflés, et, en faisant miroiter une roupie à ses yeux, il trouverait des truffes sur le radeau de la *Méduse*. Quand il veut, il est un serviteur précieux ; il reste sous-entendu qu'il ne faut pas examiner à la loupe les comptes de l'argent qu'on lui donne, on n'arriverait jamais à les apurer. C'est même dangereux, il vous écrase sous la tour de Babel, il confond toutes les langues et vous met aux prises avec l'incompréhensible.

Tel est le paria avec ses vices et tel que la civilisation l'a formé. Trouvez-vous qu'il ressemble à ce paria qui philosophait sous le figuier de Banian, à ce vertueux solitaire qui refusa les présents de son ami le docteur anglais et, pour tout souvenir, se contenta de troquer sa pipe contre la sienne?

La conclusion du livre la *Chaumière indienne* renferme une pensée délicate, et dont les femmes doivent savoir gré à Bernardin de Saint-Pierre :

« On n'est heureux qu'avec une bonne femme ».
Saadi avait prononcé la même maxime : « Si tu as
une femme belle, tu es à l'abri des coups du sort. »
Le poète persan savait que cette épithète implique
la réunion des qualités morales et physiques et qu'il
n'y a pas de vrai beauté sans la bonté. (Le beau
est toujours camarade du bon).

J'ai gardé le silence sur les épouses du paria ; il
est malsain de jeter les yeux sur ces ménages interlopes qui ressemblent à ceux des pigeons ; les femelles, à l'aide de fournisseurs étrangers, contribuent à la nourriture des mâles. Mmes les parchis
se nomment Cydalise et Pécora, battent le pavé
avec des fleurs qui leur pendent dans le cou, et des
airs... des airs... de : *Avez-vous vu dans Barcelone?*

XIV

THE MEN AND WOMEN OF EAST.

Les types les plus importants de la société hindoue ont été esquissés ; nous avons vu le *brahme* à
la pagode, le *maharadjah* dans son palais, le *com-
melly* au *bazar*, le *paneal* ou *riot* aux champs, le
macoua à la mer, le *paria* dans sa hutte, la *bayadère*
au temple, la *brahmine* et la *musulmane* au foyer,
et la *thanigarchic* à la fontaine.

Ces empreintes particulières, ces critiques détachées, et ces observations éparses sur chaque individualité, nous conduisent naturellement à l'examen du caractère et de la condition de l'homme et de la femme en Asie, et tout spécialement dans les établissements français de l'Inde.

Indifférence, stérilité d'esprit et de cœur, semblent constituer l'état moral actuel de cette race qui s'achemine vers la décadence; les physionomies sont tristes, apathiques, indolentes jusqu'à la mollesse; les esprits machinalement liés au joug des superstitions, se courbent sous l'influence d'une inexorable routine. Pas ou peu d'effets se dessinent en vue de l'avenir; pas de projets, pas de perspective, pas d'espérances : hier, aujourd'hui et demain se ressemblent. Les générations vivent et meurent dans le présent comme les générations des feuilles qui poussent et tombent. La nature n'a pourtant pas été ingrate envers l'habitant de l'Inde : il est doué d'une intelligence très vive, sa patience et sa prudence vont jusqu'à la pusillanimité; étonnant par ses aptitudes d'assimilation, il a ce don merveilleux, cet instinct du langage qui lui permet d'avoir une oreille ouverte sur tous les échos de la civilisation, mais le fatalisme lui ferme cette ouverture sur le progrès du monde intellectuel, il s'endort avec cette incurable paresse mise en axiome, « Mieux vaut, dit l'indigène, être assis que debout, couché qu'assis et mort que couché ». Sous l'empire d'une telle philosophie, le cœur et l'intelligence sont condamnés à un assoupissement frère de la mort.

Sur le penchant de cette ruine, les préjugés de caste sont restés des prérogatives sacrées et respectées par cette fourmilière humaine. Cette fiction qui établit les distinctions de naissance accréditées par les siècles, est le frein salutaire qui fait échec à une confusion où la force dirait toujours le dernier mot. Chaque individu retenu dans son centre par ce lien de croyance, regarderait comme un empiétement sur les droits acquis la tentative de se soustraire aux règles qu'elle impose. La civilisation avec le progrès et une sage dispersion de lumière extirperont les vieilles racines du passé, mais cette œuvre ne peut être que celle du temps, et il serait difficile d'en prédire l'heure. Dans la colonie française de l'Inde, les us et coutumes des Indiens se conservent dans leur intégralité, mais les rapports entre les individus, quelle que soit la caste, semblent devenus plus faciles; ce dédain prétendu du privilégié envers le déshérité, s'est transformé en une certaine recherche de dignité faisant tout juste sentir la supériorité de condition; il faut ajouter que la misère et le malaise communs contribuent au rapprochement; le souffle égalitaire de la nécessité efface sous toutes les zones les préjugés de race et de caste. A Pondichéry, Chandernagor ou Karikal, les pauvres ne se comptent plus, mais on cite les Indiens ayant de la fortune, et, si on en recherche l'origine, on la retrouve dans les colonies anglaises, à Bombay, Calcutta, Maurice, Singapoore ou en Chine. Le commerce des possessions françai-

ses est à peu près nul, et l'industrie agricole est en
souffrance. L'administration, peu soucieuse de résoudre des problèmes d'économie politique qui,
sans donner la richesse, pourraient assurer la vitalité et le bien-être, se contente de promesses abusi-
ves et de faux semblants d'intérêt. Cette ironie, par
trop répétée, a froissé l'Indien, ce sujet si soumis;
il s'est pris à croire à la possibilité d'un régime plus
satisfaisant; la tête de Gorgone, dont se masquait
l'autorité, a perdu de son prestige, sa grosse voix
a retenti sans émouvoir la multitude : ce commer-
çant, cet industriel, ce laboureur s'est réveillé; armé
du suffrage universel, il est entré dans l'arène, et
on connaît le résultat. L'autorité laïque et sacerdotale qui croyaient au triomphe assuré, ont eu de
pénibles mécomptes à enregistrer ; les Indiens,
pleins de confiance dans la parole de gens éclairés
au nombre desquels se trouvaient des indigènes intelligents, ont protesté avec énergie et, lors de la
dernière lutte électorale, on pouvait lire des affiches
conçues dans ce sens : « *Sursum corda !* haut le cœur !
Assez de cette aveugle obédience aux mandements
de deux apôtres dont le plus mitré n'est pas celui
qu'on pense, malgré les calculs qu'il met à ses age-
nouillements et le sucre à ses paroles devant son
accolyte le tonsuré. Assez de cette caste représentant la métropole, moitié chair, moitié poisson, mi-
partie civile, mi-partie militaire, le tout imprégné
des odeurs de sacristie. Depuis trois quarts de siècle, cette suzeraineté presse de tout son poids sur

nos destinées, le *sic volo, sic jubeo, sit pro ratione voluntas* a été assez longtemps la formule administrative sans réplique. Lazare a délié ses liens et prend la parole pour raconter les misères de la tombe et en appeler de ce pouvoir qui le condamne à un complet effacement, et l'oblige à cette tyrannie qui réclame le salut pour le chapeau de Gessler, fait de Thersite un Achille, du lièvre un lion, de Tartufe un Bayard. » Conséquences : Godin député, Hébrard sénateur.

L'Indien, par l'expérience acquise au frottement de la civilisation européenne, a grandi ; l'ignorance, ce premier lien de l'esclavage se dissipe ; la lumière se fait, et il comprend qu'il n'a pas été créé pour vivre sous les lisières d'une autorité qui rêve la prolongation indéfinie des choses défuntes, et le gouvernement de ses sujets par embaumement. Il est écœuré d'un bigotisme dont il ne comprend pas les formules, mais dont il ressent les effets spéculatifs ; le gros bon sens lui fait toucher du doigt le besoin de s'affranchir d'une tutelle d'onctuosité qui abuse étrangement de son pouvoir sur lui. Que demande cette honnête population de l'Inde ? la liberté de conscience et la liberté d'action dans la mesure du juste et du droit. Que réclame cette colonie ? un administrateur pris parmi les administrateurs sortant des grandes écoles de l'État, où l'esprit a pu acquérir des connaissances sérieuses, avoir des idées larges et qui sache marcher avec le temps dans la voie du progrès. Si une force militaire ou maritime est nécessaire, rien ne s'oppose à l'adjonction de ce supplément d'autorité.

Cette colonie a besoin d'être régénérée, son organisation défectueuse doit être changée ou simplement modifiée. On assure que le sénateur de l'Inde se préoccupe vivement de cette situation, et fait de grands efforts dans l'intérêt de ce malheureux comptoir; il comprend avec raison que les enfants « trop longtemps négligés » de l'Inde, sont aussi les enfants de la France, et que par leur fidélité et leur dévouement, ils prêtent leur concours à sa prospérité et à sa grandeur, et par suite sont dignes d'une vive sollicitude.

Cette étude des Hindous demanderait des développements plus étendus, mais le cadre qui nous limite nous oblige à une simple ébauche, à de courts aperçus; aux heures de loisir et de liberté, nous compléterons ce travail.

A tout Seigneur, tout honneur; ce fils de Sem a reçu le témoignage de notre intérêt. Parlons de la femme! *O salutaris hostia, ora pro nobis!*

Cette oraison ne se trouve ni dans les Védas, ni dans le Coran, elle a été tamisée dans la philosophie chrétienne qui, après avoir béatifié, glorifié et sanctifié la femme, l'a assise dans le ciel, où, suivant ce latin : *hostie salutaire*, elle prie pour l'homme; si ce n'était pas une impiété, je demanderais quel bénéfice résulte de ses prières? L'homme a-t-il renoncé à sa suprématie sur la femme? De toute éternité la race humaine se scindant elle-

même, le sexe féminin a été placé sous la domination de l'autre ; en Occident, la chaîne se nomme
obéissance ; en Orient, esclavage ; en Europe, la
femme est condamnée à une éternelle enfance :
elle quitte une tutelle pour passer dans une autre,
sans compter la tutelle..... anonyme du directeur
de conscience, qui lui enseigne l'aplatissement et
lui en prouve la nécessité, comme conséquence du
péché originel. Il est vrai que ce tuteur par surréro-
gation, garde le silence sur la promesse à elle faite
d'écraser la tête du serpent, omission volontaire qui
s'explique par une jalousie de métier. En attendant
que la liberté, la fraternité et l'égalité soient l'é-
vangile de l'univers, Fulbert, qui partage les doctrines de l'oncle Barbassou Pacha, se sent pour
l'exilée de l'Éden, quelle que soit sa race, des sentiments d'une ineffable tendresse. Il croit à cet
axiome versifié de Lady Montague : *Woemans the
same tenderling créature, in courtly town or savage
WILD!* (« Dans le palais des rois ou au désert
sauvage, la femme conserve toujours le même
charme. »)

Cette profession de foi faite, promenons-nous du
Bosphore à l'Hymalaya, sans oublier la Perse, Cachemire et Lahore, et étudions ce comparse de
l'homme. Il est triste à penser et plus triste à con-
fesser que, dans ce coin de l'Asie, qui a entendu le
premier cri des doctrines d'émancipation, on retrouve les mœurs presqu'à leur point de départ, le
christianisme n'ayant pu s'acclimater dans son ber-

ceau. Quoi de plus turc que la Palestine ! En Orient, la femme n'est pas un être, ou si elle en est un, son espèce est à part ; l'abbé Dubois, ce profond observateur des us et coutumes de l'Inde, définit la femme : « Un objet, une chose *mancipi*, un vase chargé de la conservation de l'espèce humaine, et soumis aux caprices de l'homme. »

Il est curieux de lire le catéchisme de soumission, de respect et de vénération dont elle est tenue vis-à-vis de celui qui l'a élevée à l'honneur de partager son lit ou sa natte. L'humilité de cette créature marche à plat ventre. La cause est facile à trouver.

Les peuples asiatiques n'ont jamais connu l'amour idéal ; ils ont cherché à accumuler les jouissances physiques et à en prolonger la durée par le changement ; le papillon de l'âme n'a jamais ouvert ses ailes et Pysché n'est pas encore née à l'amour. Il manque l'étincelle divine à ces belles barbares noyées dans les superstitions, leur âme et leur esprit restent dans les ténèbres, on les repousse comme compagnes et on les admet comme ilotes.

La femme, exclusivement élevée pour satisfaire les passions de l'homme, tombe dans le domaine de la spéculation, elle devient marchandise, le bazar a un approvisionnement, et pour quelques sequins, un musulman peut monter un poulailler, ou en boucher les vides. Réduite à une aussi humiliante condition, la femme n'ayant jamais eu ce que nous appelons le sens moral, n'a pas conscience de sa dégradation. Il est bon de dire que l'homme, pour expliquer l'esclavage de la femme et justifier sa toute-puissance, l'accable de récriminations ; elle est *radix omnium malorum,* la racine de tous les maux. Une légende hindoue raconte qu'un dieu, sous la forme d'un brahme, courut le monde conduisant un âne chargé de deux paniers ; l'un contenait toutes les vertus, et l'autre tous les vices, y compris les sept péchés capitaux qui montraient la tête et étalaient toutes leurs séductions ; la femme autorisée par le brahme à faire un choix dans l'un ou l'autre des paniers, s'empressa de tourner le dos aux vertus et s'appropria tous les vices, conséquence claire et limpide de son entraînement pour le mal qu'elle commet naturellement et d'instinct, tout comme les abeilles font de la géométrie.

En Egypte, la traite des femmes a beaucoup diminué, les réformes introduites par le vice-roi, jointes à l'appauvrissement des hautes classes, ont considérablement restreint les demandes d'esclaves blanches. La Georgie et la Circassie étaient les greniers d'abondance de ce genre de denrées ; ces provinces rivalisaient avec le Turkestan et la Perse, et c'est encore Boukara et Kiva qui sont les boulevards les plus fréquentés de ce genre d'industrie. Les femmes turques jalousent beaucoup les Persanes, et l'envie trouve son placement dans ce reproche aux beautés d'Ispahan : « Filles du diable à la peau diaphane et exsangue. » Cette injure est-elle bien fondée ? l'humeur des Persannes est-elle maussade, acariâtre ? J'en doute, je leur suppose plus de fierté qu'aux Circassiennes, et ce sentiment retrouverait des traces dans leur histoire. Quinte-Curce nous laisserait penser que la femme a dû occuper dans la société des Perses un rang honorable. « Alexandre-le-Grand, dit cet historien, refusa de se présenter, après Arbelles, devant la mère de Darius, avant d'avoir reçu ses ordres. » Hérodote, qui avait visité l'Asie, parle avec enthousiasme des femmes qu'il avait rencontrées. Un grand nombre de voyageurs, publicistes, ont donné des descriptions sur le zenanah, harem ou sérail, mais la plus intéressante est assurément celle qui se trouve dans une lettre de Lady Montague à sa sœur.

Cet écrit est daté d'Andrinople, en 1817 :

« My dear Sister,

» J'ai vu le sérail, et je vais vous donner une description de la beauté orientale. Ce sera le portrait de Fatma. J'ai été frappée d'une admiration telle, en sa présence, qu'il m'a été impossible d'articuler une parole. Quelle étonnante harmonie dans les traits ! Quel charmant éclat dans l'ensemble ! Quelle perfection du corps ! Quel teint éblouissant et qui n'a rien d'emprunté à l'art ! Quel inaltérable enchantement du sourire ! Quels grands yeux noirs, avec le doux languir des yeux bleus ! Quels mouvemens du corps découvrant un charme nouveau !

» Fatma était vêtue d'un caftan broché d'or avec

fleurs d'argent ; sous ce costume, elle avait une grâce adorable, une simple gaze voilait sa gorge d'une admirable beauté ; son pantalon en soie était d'une couleur pâle, son corsage vert et argent, ses babouches en satin blanc artistement brodées, des bracelets d'or ornaient ses bras magnifiques, une large ceinture de pierres précieuses entoure sa taille, son turban est d'une riche étoffe brodée d'argent ; ses cheveux fins, souples et d'un noir d'onyx, sont disposés en tresses variées et rattachées sur le côté avec un bijou étincelant. »

On se sent renversé, ébloui et frappé de mutisme, tout comme Lady Montague, devant une telle peinture ; vrai, on est pris de la velléité de fouiller les poches du Grand-Sultan et de lui *faire* son mouchoir, ce talisman qui assure la conquête. Hélas ! la plus fine batiste ne servirait qu'à essuyer nos pleurs, le paradis de Mahomet est fermé aux giaours, aux infidèles. Après cela, dites que le chrétien n'a pas sa part d'épines !

Cette Fatma, il me semble l'avoir déjà vue dans le type si ravissant de la juive Rébecca, du roman de *Ivanhoë*, ce chevalier très croisé et très vertueux, que Walter Scott nous peint non comme insensible, mais assez froid pour résister aux charmes de la fille séduisante d'Isaac d'Yorck.

Les Musulmanes de l'Hindoustan sont condamnées, comme celles des autres contrées d'Orient, à une réclusion absolue, elles ne voient personne, à l'exception du mari, des proches parents et des esclaves. Les femmes hindoues de haute caste ne sont pas privées de la liberté, mais, par habitude plutôt que par jalousie du mari, elles restent au *dorbard*. Cette claustration volontaire, jointe à la coutume de se marier presque enfant, étiolent les femmes et leur font une vieillesse prématurée; à vingt-cinq ans, tous les charmes de la jeunesse ont disparu, et la femme est classée et remisée au nombre des choses finies, et parfois les maris les rapportent au magasin du Coin-de-Rue, qui reprend les objets qui ont cessé de plaire.

Qui n'a entendu parler du royaume de Cachemire, cette vallée qui fait éclore les roses les plus brillantes de la terre, où les temples, les grottes et les fontaines sont d'une transparence qui vous attirent comme des regards amoureux. Les femmes y sont sans pareilles; c'est ce que dit Moore dans son poème de *Lalla Rookh*; elles ont le teint éblouissant. Quelques critiques, moins enthousiastes que cet illustre poète, assurent que vainement chercherait-on la belle Naouma; toutes les beautés sont un peu brunes et ont des rivales à foison dans le midi de la France et en Espagne.

Radjah Sing, l'empereur Mogol, était célèbre par son zénanah; sa collection de femmes, nombreuse et variée, fit l'admiration de sir William Beintenck, vice-roi de Calcutta. Dans une revue de ses troupes, le marhadjah déploya un bataillon de soixante-dix amazones éblouissantes, vêtues d'un costume de soie jaune du meilleur effet. Le commandant de cette magnifique phalange était la plus ravissante des créatures, elle fit manœuvrer sa troupe avec une grâce et une aisance remarquables ; l'impression fut telle sur le cœur des officiers anglais que plusieurs tentèrent l'impossible pour humaniser ces redoutables écuyères, qui poussaient la coquetterie jusqu'à mettre une rose entre leurs lèvres, pour montrer que l'éclat de leur teint ne le cédait en rien à celui de la fleur.

Ces tableaux séduisants ne changent en rien la condition de la femme, elle est toujours sous la chaîne ; que le métal soit en or ou enrichi de pierres précieuses, ou dissimulé sous les fleurs, les anneaux d'un honteux esclavage ne la retiennent pas moins captive.

Cet état de choses, qui se perpétue depuis des siècles, heurte les croyances du monde civilisé ; mais il se continuera, en Orient, jusqu'à ce que, vous dirait Fénelon, la beauté et la vertu se soient donné la main.

N'empêche que les femmes en plein soleil des libertés d'Occident, gémiront toujours, et quand même, le cantique d'oppression formulé par cet attendrissant axiome :

> Pauvres femmes que nous sommes !
> *Jeunes*, on nous comprime ;
> *Femmes*, on nous opprime ;
> *Vieilles*, on nous supprime.

A quoi Figaro regardant Rosine, répond :

> Figaro, mon ami,
> Tu n'es qu'une bête,
> Et ton maître, le voici :

Cherchez quel est le maitre ou l'esclave ?

29 Mai 1877.

FULBERT.

———

La première édition de ce travail a paru, à Saïgon, en 1887, in-8° raisin, imprimerie Rey et Curiol.

INDE ET INDO-CHINE

EN INDO-CHINE

I

DE PARIS, VILLE-LUMIÈRE, A ALEXANDRIE, PORTE DE L'ORIENT.

De Paris en Indo-Chine le voyage doit se faire, non pas tout d'un trait, mais par étapes, avec halte dans toutes les stations qui, sur un parcours de

6,000 lieues, sont susceptibles d'éveiller la curiosité, récréer l'esprit et faire passer le temps sans le sentir.

Paris au temps de Labiénus s'appelait Lutèce. ville de boue : vingt siècles tamisés dans le sablier du temps, son dernier parrain, un génie, un immortel, endormi pompeusement au Panthéon, l'a ondoyé sous le nom de Ville-Lumière.

Cette lumière est même si vive qu'elle éblouit et qu'elle empêche de bien voir, laissant dans l'ombre les villes déchues de leur passé glorieux et qui ne peuvent songer à rivaliser avec leur CAPITALE, ni Dijon, ni Lyon, ni Marseille, les grandes étapes vers l'Orient.

Ex oriente fit lux. L'Orient sera toujours la terre prédestinée sur laquelle Phébus jette ses premiers rayons ; il laisse à Paris sa lumière, il est, et reste le fils aîné de l'astre roi !

Paris, flam.   ·· de la civilisation ; encore un vocable qui s   ·turellement le Parisien et en fait le candélat .. intellectuel de l'humanité, le primogénitus de la race d'Adam, l'ouvrier de prédilection appelé par Dieu à restaurer la raison sociale, le droit et la justice dans l'univers.

Paris-flambeau, soit ; mais d'un modèle tout autre que le chandelier d'or du prophète de la sagesse ; il n'éclaire pas toujours d'une lumière fixe ; ses irradiations sont capricieuses et diverses.

Il y a du Protée dans cette flamme ironique ; tantôt elle s'allume avec des reflets d'incendie, de cratère en éruption ; tantôt, pâlotte et louche, elle avorte en feux follets dans les ténèbres.

Dans cette vaste capitale, chacun se croit ou se prétend éclairé ; de là, sans doute, le baptême Ville-Lumière ; je n'en suis pas surpris, il ne manque aucune des langues de feu pour incendier des imaginations chargées comme une mine.

Si la lumière de Paris ne fait qu'obscurcir les autres grandes villes du bon pays de France, en revanche elle ne peut éteindre le soleil lui-même dont la porte brillante s'ouvre véritablement à Naples, entre l'Occident et l'Orient — *E vidi Napoli, e poi mori !*

Quel spectacle ! quelle féerie ! Rien n'est merveilleux comme ce faste de la nature et cette harmonie de beautés souveraines ; le saisissement est indicible ; c'est du soleil qui ruisselle en pluie d'or sur le plus séduisant des bijoux de la grande bleue.

Le golfe est tiède comme une alcôve, ayant pour draperies des collines enguirlandées de pampres et pointillées çà et là de roches avec des reflets de gemmes étincelantes.

Tous ces sommets éblouissants qui partent du Pausilippe au Vésuve dessinent cette baie sans pareille au fond de laquelle se repose Naples, comme une nymphe marine au sortir du bain ; tout parle à l'esprit, et l'illusion des souvenirs va jusqu'à chercher des yeux sur ce rivage le sanctuaire qui reçut le cadavre adoré de cette fille de l'Olympe, de cette innamorata désespérée qui, dans un déluge de larmes, vint demander à la grande tombe l'apaisement de son cœur. La déesse n'est plus là, mais le fantôme de Parthénope apparaît dans l'invisible avec sa poétique volupté et on est ému à la pensée de ces Grecs attendris qui recueillirent cette sœur perdue et l'immortalisèrent en donnant son nom à la cité naissante.

Une fois franchie la porte ouverte sur l'Orient, on est sur les bords du Nil, le fleuve Dieu ! On marche sur la terre d'Adonis et on respire la senteur des myrtes qui ombrageaient son autel ; le temple a disparu, les femmes des mystères antiques n'offrent plus de gâteaux de miel et de népinthès. Adonis reste à jamais couché dans les herbes teintes de son sang ; le mythe s'est effacé, mais dans le cœur des mortels la blessure de l'amour, toujours vivace et ardente, n'est point fermée. Qui a trempé ses lèvres dans les eaux sacrées a perdu le pouvoir d'oublier ; le souvenir tendrement ému s'échappe encore de la fleur de lotus pour aller dans le pays des rêves où flotte l'image aimée.

L'Egypte est un prolongement de l'Asie ; le soleil a le même éclat et les nuits tièdes y ont les merveilleuses transparences du bleu éther.

Et ce premier portique de l'Orient vous donne un avant-goût des mœurs des pays du soleil.

Une flotille d'embarcations montées par des bateliers Egyptiens, Arabes, Ethiopiens viennent se ranger pêle-mêle comme des poussins autour de la grosse poule noire ; les patrons de ces canges et leurs acolytes se précipitent à bord et dans un tumulte de cris, d'injures, de rixes se disputent pour conduire à terre les passagers. Dans ce brouhaha assourdissant, le parti le plus sage est de suivre l'écumeur de vos bagages et de s'embarquer avec lui.

Alexandrie, avec ses vieux murs grisâtres, éraillés et effrités par le soleil, est loin de répondre à l'attente d'une imagination toute empanachée des souvenirs du grand Alexandre et des Ptolémées. L'Occident s'est fondu avec l'Orient ; la ville a perdu son caractère ; composée d'Arabes et d'Européens, elle reste le port le plus important de l'Egypte, l'entrepôt le plus considérable entre l'Europe et l'Asie. La spéculation, mêlée d'un peu de contrebande, y a établi ses comptoirs : les Turcs, les Levantins, les Grecs, les Italiens, les Anglais, les Français ont ouvert boutique, et avec eux se sont intronisés leurs mœurs, us et coutumes. Les rues, les places, les promenades, les maisons, les hôtels ne diffèrent en rien de ceux qu'on trouve à Marseille ou à Naples ; certains quartiers sont vraiment d'un luxe et d'une élégance qui trahissent les grosses fortunes faites sur cette terre de promission. La place Méhemet-Ali (*alias* des Consuls) rappelle, dans de plus grandes dimensions, la place Royale de Paris ; la statue équestre, en bronze vénitien, de Méhemet-Ali avec son costume arabe, le caftan, le turban et le cimeterre, se dresse majestueusement au centre de boulingrins émaillés de

verdure et plantés d'arbustes empruntés à la flore
d'Orient. Ces splendides châteaux d'eau en forme
de vasques soutenues par des cariatides en marbre
blanc répandent des cascades d'une délicieuse fraîcheur.. Les canons anglais, lors du dernier siège,
avaient un peu rudoyé ce quartier ; mais les dégâts
sont réparés et la place Méhemet-Ali a repris toute
son animation accoutumée ; c'est un va-et-vient
continuel d'une foule bigarrée ; Arabes, Grecs,
Albanais, Nubiens et Fellahs s'agitent dans un
tumulte étrange de tons et de couleurs.

Dans les quartiers arabes, l'aspect est tout différent ; les ruelles sont étroites et sombres, la boue
et la poussière s'accumulent à volonté ; le netto-
yage est inconnu ; dans des recoins obscurs s'étendent, sur une mauvaise natte, des fellahs qui dorment à l'ombre et qui n'ont d'autre protestation
contre la misère que le silence et une résignation
toute faite du fatalisme religieux. Depuis la conquête d'Amrou, ces pauvres hères, ces déguenillés
sont toujours le sang et la chair exploités par leurs
maîtres.

Les bazars, visités dans le jour, sont tristes et
mornes ; tous ces étalages de bric-à-brac oriental ;
bimbeloterie, dattes, confitures, essences, encens
et pastilles du sérail sont d'un médiocre intérêt. Le
soir venu, le bazar se transforme en rendez-vous de
tous les tapageurs et batailleurs qui se multiplient
dans ces carrefours mal hantés et mal fréquentés.
On a hâte de sortir de ce fumier sur lequel se rata-

tinent les petits-fils de Job continuant sa détresse ;
la philanthropie éprouve le besoin de respirer le
grand air. Le kédive Méhemet-Ali l'avait sans doute
compris quand, en 1819, il fit creuser le canal
Mahmoudié qui rattache Alexandrie au Nil et au
Caire.

Les deux rives de ce canal, par un choquant contraste, présentent une nouvelle image de l'égoïsme
de la classe dirigeante au mépris des deshérités ; à
gauche les champs élyséens, à droite la désolation,
côté d'Isis, côté de Typhon.

La rive gauche, promenade charmante, plantée
de sycomores, de lauriers-roses, d'acacias, est bordée d'habitations somptueuses, de villas du style
maure, de jardins embaumés, de moucharabins et
de harems appartenant à de riches pachas.

La rive droite est un coin du désert ; çà et là sur-
gissent, du sable rouge, quelques misérables huttes
de fellahs, cubes de pisé noirâtre recouverts de feuilles de sorgho ; dans ces trous de fauves grouillent
des femmes en guenilles, des enfants nus, sales, des
chiens maigres : tout l'attirail des loques de la
misère.

Sur les eaux glauques du canal, on voit, à certains jours de fête, des barques égyptiennes taillées
sur le modèle de la bari des Pharaons ; à la proue
est sculptée la tête de bélier d'Hator avec des cornes dorées ; à l'avant, une estrade, entourée de barreaux peints en rouge, est réservée à un orchestre
de musiciens, émigrés d'Italie ou de Bohême ; à

l'arrière, le naos, salon décoré de tentures de soie pourpre et or ; des divans de même étoffe sont rangés autour d'une table en bois de cèdre chargée de gâteaux, de sorbets et de pipes turques. Pour peupler et animer cet ajoupa flottant de jeunes hommes, Grecs ou Égyptiens, avec un visage calme et doux, emprunté en quelque sorte à la sérénité de leurs anciens dieux, causent avec un groupe de femmes d'une merveilleuse beauté, le type oriental dans sa perfection, les yeux grands et noirs d'un éclat d'onyx, le teint mat et les cheveux enroulés de perles : de la nuit tissée avec des étoiles, foyers ardents de féeriques illusions.

Oh ! les séduisantes filles du soleil ! En les voyant descendre voluptueusement le cours du Nil, on aurait dit une apparition des anciens âges, on rêvait de Thèbes, de l'héroïne de Memnonias, de cette Thaoser qui ensorcela le Pharaon du temps de Moïse et mourut de désespoir en murmurant le nom de l'Hébreu dont elle était affolée.

Si on remonte à l'époque d'Alexandre le Grand, on trouve de rares vestiges de la ville qui, au dire de Démétrius de Phalère, sortit de son cerveau comme Minerve de celui de Jupiter.

La digue qui reliait le port à la ville, connue sous le nom de l'Heptastade, a été détruite par la mer, la dent du temps, et celle plus rongeuse des hommes, *edacior homo* ; le quartier royal du Bruschium est tombé en ruines, de nouvelles constructions ont remplacé les anciens palais ; le soma, sépulture du grand Macédonien, a été ravagé par un fou en délire de la dynastie des Lagides.

Sur une éminence, faisant face à la mer, se dresse la colonne élevée en l'honneur de Pompée désigné par Rome comme protecteur de la royauté d'Egypte. Ce monolithe en porphyre, loin de la ville, isolé sur une butte aride, nue, déserte, semble respirer le deuil de l'odieux attentat commis par Ptolémée sur le vaincu de Pharsale.

La tristesse de ce monument est en quelque sorte aggravée par le voisinage d'un cimetière arabe où les musulmans, couchés dans la poussière des tombes de famille, mangent, fument et dorment.

Dans cette dynastie des Ptolémées, ironiquement dénommés Soter, Philomètor, Philopator, Philadelphe, Évergète, etc, et qui ont administré l'Egypte, il y a un nom qui vous saisit au collet, rend songeur et affriande le souvenir. L'imagination, prenant son vol vers le passé, reconstruit la dramatique aventure d'un des maîtres du monde se souciant de l'empire, faisant litière de sa gloire pour se mettre à la poursuite de cette célèbre charmeuse, sœur des Ptolémées et reine d'Egypte.

Cléopâtre, idéal de la séduction féminine de l'antiquité, corps admirable, souple, ondoyant ; type de la beauté grecque, mais plus arrondie, avec des mouvements plus gracieux, des tons plus chauds ; cette sirène, cette torpille, toute étincelante d'amour et de volupté, a-t-elle assez ensorcelé ce Romain ! l'a-t-elle assez magnétisé d'enivrantes caresses, de

regards hypnotisants! et de l'habile stratège, du chef
de la flotte, il ne resta plus qu'un esclave, fasciné
par une femme qui lui fit oublier la patrie et la gloire.

Après les souvenirs de Cléopâtre, Alexandrie
legue à tort au kalife Omar la fumée de ses trois
cent mille volumes : ils furent brûlés au temps de
Jules César, et ceux qui échappèrent aux flammes
furent envoyés àConstantinople. Cléopâtre dépensa
des sommes considérables pour reconstituer cette
bibliothèque et y attacher les savants de son époque; malheureusement, l'œuvre de destruction s'est
continuée et il ne reste pas trace de ce trésor des
lettres et des sciences. Cependant, on retrouve
encore quelques éditions du Coran écrit, par de
patients grammates arabes, sur des omoplates de
mouton ; en dehors de cette originalité, on chercherait vainement un ouvrage de valeur. En revanche,
les cabinets de lecture sont amplement fournis de
journaux de modes et des romans anglais ou français, *très actuels!*

Autre actualité : Le chemin de fer reliant Alexandrie au Caire, le train du matin vous conduit, le
soir même, dans la capitale arabe de l'Egypte.

II

L'ORIENT OUVERT : LE CAIRE, LA VILLE ARABE, LES FEMMES DU SÉRAIL, LES MOSQUÉES.

Le Caire, El Kahirah, ville de la victoire, est bâti
sur la rive droite du Nil, adossé au mont Mokat-

tan ; sa figure géométrique décrit un carré oblong de quatre kilomètres de longueur sur deux de largeur. L'emplacement choisi avec une heureuse inspiration offre une perspective de toute beauté, la vue s'étend sur le fleuve qui lui sert de ceinture, les palmiers verts des ruines de Memphis, l'île de Rodah et le désert où s'élèvent les pyramides de Gyseh..

Au X° siècle de l'ère chrétienne a été posée la première pierre du nouveau Caire par un général arabe du nom de Djouhaar, chef des troupes fatimistes.

Amrou, premier conquérant arabe de l'Egypte, avait fait de grands travaux ; sans parler de sa mosquée, restée à jamais célèbre, il creusa un canal de jonction entre la Méditerranée et la mer Rouge, œuvre en partie retrouvée et explorée par le général Bonaparte pendant la campagne d'Egypte ; le kalife avait doté cette riche vallée du Nil d'une sage et intelligente administration.

Les khédives de notre siècle : Méhemet-Ali, Saïd pacha, Ismaïl pacha ont eu la maladie de la pierre, mais le goût leur a fait défaut. L'influence d'Occident semble avoir obstrué l'intelligence de ces derniers maîtres de l'Egypte ; ils ont construit des palais, des casernes, transformé des places; mais ces édifices, la plupart inachevés, sont d'un modèle disgracieux, lourd et écrasé. Il n'a germé dans la pensée d'aucun d'utiliser les précieux matériaux qu'ils avaient sous la main, et, cependant, avec ces débris maures et du temps des Pharaons, quel magnifique palais arabe n'eût pas été construit ?

On constate, avec regret, que ce peuple qui est épris de la fantaisie, de l'imprévu, de la gracieuseté et de l'élégance pèche par inconstance et défaut d'esprit de suite ; l'Arabe, peu préoccupé de l'avenir, cueille la pensée du moment, il ne détruit rien, il ne renouvelle rien, la tradition ne parle pas à son insouciance.

La population du Caire est environ de 400.000 habitants ; depuis l'occupation anglaise beaucoup d'industriels et de commerçants Européens ont abandonné l'Egypte ; l'administration du khédive Tewfit, entravée par l'ingérence britannique, est veule et terne. Le vice-roi, choisi pour restaurer les finances compromises par son père, se montre aussi parcimonieux qu'Ismaïl était prodigue. Les Egyptiens qui avaient moissonné honneurs et richesses sous le règne précédent, exhalent des regrets, se plaignent de l'oppression étrangère et verraient avec un soupir de soulagement les juifs de Londres prendre toutes les routes du départ, voire même celle du Sinaï.

Ce qui frappe tout d'abord, en visitant la grande cité arabe, c'est l'étrange fouillis de constructions bizarres et toutes peintes de couleurs voyantes, on se croirait devant le vestiaire d'Arlequin. Dans les rues et places, où se trouvent ces ruches multicolores, se dégage un bourdonnement continuel d'êtres à la peau généralement fort tannée.

Les édifices sont multipliés, les mosquées, surtout, que l'on chiffre par centaines, ce qui n'empêche pas les églises de cultes différents de faire bon voisinage et de vivre en bonne intelligence sous une administration qui pratique la plus large tolérance.

Dans le quartier restauré par l'ancien khédive et qui porte le nom d'Ismaïlich, se trouve la place d'Esbékich, entourée d'hôtels européens, ayant un parc dessiné sur le modèle du bois de Boulogne, de belles avenues plantées d'arbres, de vastes pelouses, des massifs de fleurs, un immense bassin en marbre, des kiosques, des buvettes et un café chantant !

Le cachet oriental a totalement disparu sous des transformations empruntées au goût parisien ; il est heureux qu'Ismaïl n'ait pas eu la puissance de Josué, c'en était fait du soleil, mais l'astre immuable fait toujours sentir la prodigalité de sa source en répandant la vie, la sève et la chaleur sur cette nouvelle création.

Une maison d'autrefois a pourtant trouvé grâce devant la pelle et la pioche du démolisseur : c'est la demeure tragique où fut assassiné, en 1800, Kléber, le vainqueur d'Héliopolis, à qui Bonaparte avait confié le gouvernement de l'Egypte.

A travers un lacis de ruelles et de carrefours, se trouve le Mousky : cette rue de Rivoli du Caire est un passage couvert dont la voûte est lézardée et quelquefois trouée ; il est bordé, à droite et à gauche, de maisons très hautes, avec balcons peinturlurés et de moucharabieh accablés de vieillesse.

On donne ce nom de moucharabieh à des auvents grillagés, en saillie sur les murs extérieurs et formés de petits ronds de bois tournés et rapportés les uns sur les autres ; cette façon de jalousies donne accès à l'air et à la lumière et permettent de voir sans être vu ; en un mot, c'est un perfectionnement du tattée en bois peint, confectionné en Chine. La moucharabieh est à demeure fixe tandis que le store s'élève ou s'abaisse à volonté.

Le Mousky est un kaléidoscope vivant donnant un échantillon de toutes les races d'Orient ; devant vous défilent les types variés : le Turc, avec la stambouline et le fez écarlate avec un flot noir ou gros bleu ; l'Arabe, avec son turban à torsades grises ou crème, une robe blanche et une serpillière noire, en guise de manteau, sur les épaules ; le Fellah, en chemise de coton bleu, élimée, effrangée et souvent déchirée ; le Bédouin du Sinaï porte un vêtement indescriptible, une macédoine d'oripeaux, un caban composé de minuscules chiffons de toutes nuances cousus ensemble ; le nègre d'Éthiopie, taillé en athlète, dans une nudité à peu près crue, ou habillé de haillons, couleur tendre, qui lui donnent la physionomie d'un clown de baraque de foire ; enfin, des Albanais, aux riches costumes brodés d'argent, les moustaches en croc, les pistolets à la ceinture et le sabre battant aux mollets.

La femme Arabe est enveloppée d'une façon de manteau en étoffe noire, appelé le habarah ; ce vêtement part de la tête et va jusqu'aux talons. Le visage est voilé à partir du milieu du nez d'une bande de soie qui va s'amincissant jusqu'à la ceinture. Ce loup de bal masqué est garni de sequins ou d'autres pièces de monnaie, une agrafe en métal, ornée de filigranes d'or, rattache ce barbichet au habarah : le front et les yeux sont découverts, ces derniers, agrandis par le k'hol, sont fort beaux et très brillants. Impossible de s'extasier sur des charmes invisibles, la beauté la plus parfaite enfermée dans un ballon d'étoffe qui se dandine est un mystère dont on n'entrevoit que les pieds dans des bottines azur ou scarabée.

Le rendez-vous du high-life européen et indigène est à Schoubra, délicieuse promenade, plantée de chaque côté de sycomores formant une voûte de feuillage. Ces avenues rappellent Longchamps, c'est une exhibition de voitures en tous genres, au pas, au trot et au galop ; dans le milieu de la chaussée galopent de superbes chevaux persans montés, la plupart, de cavaliers grecs d'une agréable physionomie et d'une élégante tournure ; des pachas ventrus se prélassent avec onction sur des ânes de haute taille richement harnachés, selle en velours cramoisi, bride en maroquin rouge et cocarde de rubans au frontail. Souvent, un steeple-chase des plus amusants est exécuté par des dromadaires et chameaux, allongeant un long cou et de longues pattes sous la houssine de jeunes chameliers qui excitent ces steppers avec des cris de cacatoès irrité. A une certaine heure de la journée, se pro-

mènent, en riche toilette, dans des landaus découverts, les dames du sérail ; ces odalisques ont le
visage voilé d'une gaze transparente qui permet de
voir les passants, qui ne jouissent pas de la même
réciprocité.

Sont-elles jolies ou laides ces almées ! Il faut
croire qu'elles sont belles, quand on va au marché
pour approvisionner sa volière, on ne choisit pas
dans le tas et on ne prend pas les échantillons les
moins séduisants. Des indiscrets, il y en a partout !
ayant trompé la surveillance des gardiens du sanctuaire redoutable, ou encore ayant à prix d'or gagné
la connivence de quelque eunuque ivrogne, affirment que l'écueil de la beauté orientale est l'excès
d'embonpoint ; s'il en était ainsi, il serait fâcheux
que le luxe engendre la mollesse et que l'illusion
replie ses ailes en présence d'une réalité maflue.
Les Egyptiens auraient un faible pour le genre de
beauté plantureuse ; j'en sais qui préfèrent les sylphides.

Le Schoubra nouveau style serait bien pâle, bien
mesquin à côté de l'ancien Schoubra dont il reste
quelques vestiges, entre autres les bains de Méhemet-Ali, alimentés par des gueules de crocodiles en
bronze et la fameuse colonne byzantine qui a encore
toute sa merveilleuse élégance.

Cette promenade avait laissé de poétiques souvenirs à Gérard de Nerval et à Théophile Gautier : « On
chercherait, en vain, le lac de vif argent sur lequel
se promenait le khédive, assis sur un coussin gonflé

d'air, dont les cordons dorés étaient tirés par des odalisques, vêtues d'un pagne en gaze noire ; les magnifiques figuiers de Banian dont les branches prennent racine dans la terre et dont le feuillage pourrait servir de chevelure à un bois. » Tous ces arbres, venus de l'Inde, aimés de Brahma, ont été arrachés ou sont tombés sous la hache.

La mosquée se compose d'une cour intérieure plus ou moins plantée d'arbres, mais où coule une fontaine destinée aux ablutions des fidèles ; on la désigne sous le nom de meidah. Le mahométan, avant d'entrer dans le temple, est obligé de se laver les pieds, les mains et la tête. Le sanctuaire « makoria » est couvert de tapis dont le luxe varie suivant la richesse de son administration ; mais pauvre ou riche, un musulman ne doit jamais prier les genoux sur le sol ; une simple natte peut suffire. Sur les murs intérieurs sont inscrits des versets du Coran ; un nombre considérable de lampes, en cristal de diverses couleurs, illuminent jour et nuit le sanctuaire. Dans le milieu de la mosquée est placé le mimbár, chaire où l'iman explique le livre sacré. Enfin, la niche du kebla, pierre sacrée, tournée du côté de La Mecque ; cet autel, incrusté de nacre et de jaspe, est soutenu par des colonnettes sculptées dans un marbre blanc et noir.

Le minaret n'est autre chose que le clocher d'une église arabe.

La plus ancienne mosquée, celle d'Amrou à Fostat, construite avec des matériaux enlevés aux anciens monuments égyptiens, notamment les cinquante colonnes de porphyre prises à Thèbes, tombe dans le plus complet délabrement.

· Sur la place Roumelleh se trouve la mosquée du sultan Hassan réputée la plus remarquable par sa coupole, ses corniches et ses minarets ; mais ce vaste monument subit le sort commun des autres victimes du temps et de l'indifférence coupable d'un pays qui semble avoir perdu le sentiment du beau.

Enfin, la mosquée el Azhar, qui est à la fois un lieu de prière et d'enseignement, est un édifice admirablement entretenu et pour lequel l'administration fait de grandes dépenses ; c'est l'Université par excellence, à laquelle sont attachés les professeurs les plus savants et les plus distingués de l'Orient : tous les grands imans et ulémas sortent de ce collège.

A quelque distance de la citadelle, après avoir franchi une colline de sable, se dresse, comme une apparition magique, une floraison de coupoles et de minarets ; ce sont les tombeaux des kalifes. Cette nécropole tend à s'en aller en poussière, encore des ruines, murs effondrés, coupoles fendues, minarets en surplomb, portes déjetées, fendues, brisées ; aucun respect pour ces œuvres si rares d'architecture et d'ornementation. Ce poème de pierres en plusieurs chants, plein de verve et de fantaisie est déchiré, maculé et rongé par la pourriture.

Dans la mosquée de kayt bey, les Arabes s'agenouillent avec componction devant deux cubes de granit, l'un gris, l'autre rose. Un récit oriental veut que le prophète, marchant sur ces pierres, y aurait laissé l'empreinte de ses pieds ; si on juge du contenu par le contenant, Mahomet devait avoir un pied double ou triple de celui de Charlemagne ; à Damas, il aurait aussi laissé pareil souvenir de son passage, mais l'empreinte seule d'un pied sur la pierre.

Pour expliquer ce phénomène, le conteur fait intervenir l'ange Gabriel, Mentor ailé du prophète, qui l'empêcha de faire un pas de plus dans la capitale de la Syrie, défense ainsi formulée : « Sache, divin prophète, qu'Allah te donne le choix entre le paradis de cette terre et celui de l'éternité; si tu persistes à entrer dans les bosquets de Damas, il faut renoncer aux jardins des houris célestes. »

Tout autre qu'un voyant aurait hésité à laisser la proie pour l'ombre, mais de tout temps, ces esprits visités du souffle d'en haut ont procédé de la même manière. Mahomet réédite l'aventure de Rama dans l'île de Lanka, et Jacob, dit Israël, ne se fit-il pas une échelle spéciale pour mettre le pied ! ce qui prouverait que le monde des rêves a ses pentes tout comme celui des réalités.

En revenant du tombeau des kalifes, on passe devant la citadelle, monument construit par Saladin ; cette œuvre, lourde, massive, dénote que le sultan avait été impressionné par l'époque féodale. On ne fait pas en vain, pendant plusieurs années,

la guerre avec tous les princes de la chrétienté ;
Richard et Philippe-Auguste ne pouvaient inspirer
au kalife Maure d'autre goût que celui des don-
jons. Cette citadelle conserve le souvenir tragique
de la trahison de Méhémet-Ali en 1811, faisant
égorger, dans l'enceinte, les janissaires mamelucks ;
on voit le rempart, haut de trente pieds, qui fut
franchi par le cheval d'un mameluck qui, seul par
cet acte d'audacieux courage a, dit on, survécu au
massacre.

III

A TRAVERS LES RUINES D'UN MONDE DISPARU.

La ville d'Alexandre le Grand a été l'occasion
d'un aperçu de son histoire et d'effeuiller, en passant, les alternatives de la grandeur et décadence
des Ptolémées.

La cité d'Amrou nous a donné la mesure d'une
nation conquérante, obéissant aux caprices d'une
élégante fantaisie artistique, mais imprimant partout son caractère d'indolence et d'inaction. L'Arabe,
fils du désert, se contente de peu ; de l'ombre, de
l'eau, une mosquée suffisent à ses besoins. On se
rappelle le kalife commandant d'une nombreuse
armée vêtu d'un burnous en poils de chameaux,
faisant campagne à cheval, un bissac accroché à la

selle ; dans une poche, un livre, le Coran ; dans l'autre, sa nourriture, une poignée de dattes.

Les ruines de l'ancienne Egypte, soumises à un simple examen de curiosité, mettront fin au pèlerinage sur la terre des Pharaons.

Au V⁰ siècle avant l'ère chrétienne, Hérodote écrivait : « L'histoire du Nil, c'est l'histoire de l'Egypte. » Cette formule est restée invariable ; sans ce fleuve, pas de doute que cette contrée ne soit une suite du désert, *patria leonum*, la patrie des fauves.

Le Nil, hopi-mhou, le dieu des eaux, le père nourricier, le père très saint de l'Egypte, fut déifié ; il eut ses temples, son collège de prêtres, ses statues enguirlandées de glaïeuls et ses fêtes plénières. Il coule du midi au nord sur un parcours de plusieurs centaines de lieues ; son urne, objet de longues et pénibles recherches, n'est point précisée d'une manière certaine ; quelques explorateurs la placent dans les montagnes de la Lune, en Ethiopie. La première entrée du fleuve est au-dessus d'Hassouan, à la cataracte de Syène, dans le voisinage de l'île de Philoe, célèbre par la beauté de son paysage, les ruines de son temple et ses carrières de granit rose.

La vallée du Nil est un couloir resserré, à droite par la mer Rouge et l'Arabie, à gauche par le désert libyque ; aux deux tiers de la course du fleuve, les terres fertiles vont s'élargissant et forment le delta, autrement dit cette plaine triangulaire diversement traversée par les branches du Nil.

L'Egypte a été topographiquement divisée en trois régions :

La haute Egypte............ Thébaïde-Saïd.
La moyenne Egypte........ Heptanomide.
La basse Egypte .... Le Fayoum.

Le Fayoum est un éperon de la chaîne libyque à laquelle sont adossées les pyramides.

Depuis l'origine des siècles, les inondations du Nil, en fertilisant le sol, ont été la source de la prodigieuse richesse du pays ; chaque année régulièrement, au solstice d'été, fin juin, les eaux s'élèvent graduellement et arrivent chargées de détritus de végétaux, d'animaux et autres matières fécondantes, ramassées dans l'intérieur de l'Afrique. La crue s'arrête au solstice d'automne après avoir couvert de ce limon fertilisant toute la contrée, soit des millions d'hectares.

La basse Egypte est une alluvion successive du Nil, une dépouille de l'Abyssinie, charriée à trois cent lieues de distance. La fertilité du sol est donc le résultat des phases croissantes et décroissantes du fleuve et des eaux intelligemment aménagées par des canaux multiples d'irrigation. Le gouvernement des Pharaons après avoir établi un système de canalisation savamment étudié ne négligea point de prévenir un mal qui résultait également d'une crue insuffisante ou excessive. Il fit creuser un immense bassin de soixante lieues carrées de surface qui, en temps de sécheresse, alimentait les canaux et dans l'excès d'abondance servait de réci-

pient : c'est le lac creusé dans le Fayoum par Mœris.

La race égyptienne venue par la route du Sen-
naar n'a aucun des éléments du type cafre ou nègre ;
elle est asiatique et procède d'une émigration des
habitants des bords du Tigre et de l'Euphrate, qui,
autrefois, entretenaient de fréquentes relations avec
les riverains de la mer Rouge. L'organisation sociale
du peuple égyptien fut dès le principe une image
altérée de celle des hindous, c'est-à-dire une théo-
cratie absolue, un despotisme complet. L'enfance
des nations, comme celle des hommes, est soumise
à un mentor ; l'Egypte eut pour éducateurs les prêtres, gens instruits et possédant cette double arme,
la connaissance des mystères de la religion et les
secrets de la science.

Au sujet de l'asservissement théocratique, Champollion fait la remarque qu'il y a chance de despotisme dans tous les gouvernements : dans la monar-
chie, despotisme militaire ; dans l'aristocratie, despotisme nobiliaire ; dans la république, despotisme
populaire ; dans l'ochlocratie, despotisme de la plè-
be ; partout chance d'oppression. Quoiqu'il en soit de
cette obéissance passive de la race maure, elle ne
ralentit pas la marche de la civilisation, et l'Egypte
remua toutes les pesantes pensées de l'esprit
humain pour en édifier la sagesse et une connaissance étendue des sciences et des arts.

Dans la société égyptienne, on distinguait trois
classes : le prêtre, le soldat, le laboureur ; par suite

de rivalités entre les deux privilégiés, le pouvoir passa à l'autorité royale ; toutefois, de larges avantages furent concédés aux prêtres ; ils conservèrent l'administration des choses sacrées, l'enseignement du peuple et les magistratures civiles ; exempts d'impôts, ils regorgeaient de richesses par suite des libéralités des Pharaons dont ils étaient les indispensables auxiliaires.

Le royaume était divisé en nomes, ou provinces, qui chacune avait son administrateur, son juge et son grammate, collecteur des impôts. A des époques déterminées, probablement après les récoltes, les officiers de tous les nomes se rendaient au palais du Labyrinthe, édifice situé près du lac Mœris et composé de douze monuments qui ne contenaient pas moins de trois cents chambres ; c'est là que se tenaient les assemblées générales et que se traitaient toutes les importantes questions administratives.

Dans la classe sacerdotale étaient choisis les juges, divisés en deux catégories ; les uns rendaient la justice dans les nomes, les autres, résidant à Memphis, Thèbes, Héliopolis, constituaient des cours souveraines. Le président portait au cou une chaîne d'or à laquelle était attachée l'image de la déesse Saté, « la vérité ».

Le Pharaon, avec un pouvoir souverain, ne pouvait, en aucun cas, se soustraire à la loi ni l'éluder. Trente dynasties se sont succédé et, à de très rares exceptions, cette suite de rois inspire respect et admiration ; pendant quatre mille ans, on les voit occupés, chacun dans la mesure de son génie, de la prospérité et de la grandeur de sa nation. Le peuple, dont les privilèges étaient négatifs, jouissait d'un droit d'une importance capitale; il devenait juge après la mort du roi, de ses actions durant sa sa vie, et il pouvait lui accorder ou lui refuser les honneurs de la sépulture. La crainte d'une humiliation posthume était de nature à maintenir le Pharaon dans les voies de l'honneur et de la justice. Etre déclaré indigne entraînait un châtiment dont les conséquences étaient graves : être rayé de l'assimilation avec les dieux, n'avoir plus sa place sur le piédestal du temple, avoir ses images brisées sur les bas-reliefs de l'hypogée, être mis hors du tombeau, déchéance terrible, gémonies lamentables, alors que l'existence de ce mort deshonoré avait été employée tout entière à édifier, au prix de trésors considérables dépensés, un mausolée inviolable.

La religion égyptienne était le monothéisme pur se manifestant, à l'extérieur, par un polythéisme symbolique ; un seul dieu dont toutes les qualités et attributs étaient personnifiés en autant de divinités vassales de sa toute-puissance. Comme toutes les religions de l'antiquité, elle avait le dogme, la hiérarchie et le culte. Au sommet de cette théogonie se place Ammon-Ra, l'être suprême primordial de double essence mâle et femelle. Les autres divinités ne sont que des abstractions du grand être, des formes du double principe créateur. Le point

de départ de la mythologie est une triade formée
des trois parties d'Ammon-Ra :

Osiris, Isis, Horus.

Thanis et Abydos ont vu naître la légende sacrée,
c'est à Abydos, ville sainte, nécropole d'Osiris, que
vint s'implanter le magisme sabéen, le culte des
astres. Osiris, le soleil, seigneur d'Abydos, éclaira
les doctrines de l'immortalité, base de la vie intellectuelle et artistique des Egyptiens.

Plutarque raconte l'assassinat d'Osiris par son
frère Typhon, la lumière victime des ténèbres, le
mal triomphant du bien, le cercueil roulé par le Nil
jusqu'à Byblos, Isis, la lune, allant à la recherche
de son époux et recueillant la dépouille d'Osiris ;
Horus, fils d'Isis et d'Osiris s'empare de Typhon,
livre le coupable à sa mère qui pardonne ; enfin,
résurrection d'Osiris. Le mythe de la famille osirienne était pour les Egyptiens le symbole de ses
destinées : vivre, mourir et renaître comme le dieu
national.

La croyance n'allait pas jusqu'à admettre une
âme immortelle, elle se bornait à la pensée d'une
émanation du corps appelé à vivre dans un lieu
meilleur que la vallée du Nil. Cette foi dans une
vie qui se prolongeait matériellement dans des
conditions plus satisfaisantes inspira le sentiment
de préserver le cadavre par les procédés de l'embaumement et la mise à couvert dans d'indestruc-
tibles tombeaux.

Hérodote a transmis les usages des Egyptiens dans

les funérailles. Après les manifestations du deuil, le corps était livré à des prêtres de classe inférieure nommés taricheutes et cholchytes pour être embaumé : L'opération commençait par l'extraction du cerveau ; au moyen d'un crochet, passant par les cavités nasales, la boîte crânienne vidée était injectée de bitume liquide ; les yeux étaient enlevés et remplacés par des yeux en émail ; la chevelure, tressée ou nattée était conservée dans toute sa longueur. Au moyen d'un instrument, on pratiquait au flanc une ouverture pour extraire los intestins, on lavait les parois de l'abdomen et de l'estomac avec du vin de palme et des aromates et on les remplissait avec de la myrrhe et de la sciure de bois odoriférant. Le corps, ainsi préparé, était plongé pendant soixante-dix jours dans un bain de natron qui dévorait chair et muscles et ne laissait que la peau et les os. On entourait de bandelettes tous les membres séparément, puis on enveloppait le cadavre en son entier dans le sens de la longueur et, avec des linges artistiquement disposés sous les bandelettes, on rétablissait les formes détruites par le natron. Les ongles des pieds et des mains étaient dorés, la momie du Pharaon l'était complètement.

On a retrouvé des bijoux précieux d'or, d'argent, d'émail, placés sous les bandelettes de la momie ainsi que des manuscrits sur papyrus, plante des rives du Nil qui, préparée, a tenu lieu de papier jusqu'au Xe siècle de l'ère chrétienne.

Les grands personnages étaient déposés dans de

riches sarcophages en granit ou basalte ; celui de Ramsès Meïamoun, en granit rose, a été transporté à Paris au musée égyptien du Louvre. L'embaumement n'était pas seulement pratiqué pour les hommes et les femmes, il l'était aussi pour les animaux ; pour le corps de personnes moins haut placées que les Pharaons ou membres de sa famille, on employait un triple cercueil de bois, de fer et de granit ; celui en bois de cèdre, ordinairement peint ou doré, portait des inscriptions ou légendes écrites avec des caractères particuliers, variant suivant la qualité du défunt. L'écriture était de trois sortes : hiéroglyphique, hiératique et démotique ; la première était employée pour tous les monuments, hypogées, bas-reliefs, colonnes, colosses, pyramides, pylônes, stèles ; la deuxième, abrégé dé la première, était spéciale aux prêtres et s'employait pour tout ce qui avait rapport au culte et cérémonies ; la troisième était l'écriture simplifiée et à l'usage du peuple. On doit la clef de toutes ces écritures à un Français, Champollion, Figeac.

La triade osirienne formait les divinités de premier ordre ; après elle, venaient *dii minores*, les dieux classés hiérarchiquement, suivant leur degré de puissance ; les animaux, comme dans la théogonie hindoue, figuraient dans les symboles sacrés.

Les dieux égyptiens étaient représentés diversement sous la forme humaine avec les attributs spéciaux à la divinité, tels que le pschent, le sceptre, le pedum, la croix ansée ou avec le corps humain et la tête de l'animal lui-même avec les attributs particuliers du dieu représenté.

Phré (helios) fils du soleil, était représenté avec une tête d'épervier surmontée du disque rouge avec le serpent urœus.

Thoth (ou hermès trismégiste) avait une tête d'épervier et répandant de l'eau, principe d'humidité fécondante.

Phta (haiphestos) vulcain qui présidait aux œuvres intellectuelles avait la tête d'un crocodile ou une tête de scarabée ailé dressé sur les pattes de derrière.

Les déesses étaient également symbolisées :

Tafné avait une tête de lionne.

Isis, une tête de vache, le disque de la lune entre les cornes.

Hator (Vénus) une tête de vache, le disque rouge, deux plumes recourbées entre les cornes.

Les animaux symboliques représentaient les dieux mêmes avec la tête humaine.

Les sphinx étaient mâles et femelles : tête d'homme au corps de bélier, tête de femme au corps de lionne.

Le taureau, avec un disque sur la tête, représentait le dieu Apis, etc., etc., etc...

La philosophie de cette époque considérait Ammon-Ra, le créateur suprême, comme androgyne ayant les deux principes mâle et femelle. Au moment de la création, Ammon-Ra sourit et ordonna que la nature fût et à l'instant, de sa voix, sortit un être femelle parfaitement beau ; c'était Néeth, ou la nature, que le père des êtres rendit féconde.

Cette théorie, empruntée aux Védas par les Chaldéens, fut adoptée par les Grecs, les Romains et les Juifs ; Minerve, la sagesse, sort du cerveau de Jupiter ; dans la Genèse, Jéhovah ordonne que la lumière soit et la lumière fut.

Cet ensemble de croyances, sous des formes allégoriques, forma une religion qui toucha profondément le cœur et l'esprit de cette nation ; elle fut en même temps un lien entre toutes les classes et une attache politique et nationale ramenant à l'unité droits, devoirs et intérêts de tous. Le culte, avec cette magnificence inouïe, ce déploiement fastueux de richesses, fut essentiellement favorable au progrès de l'intelligence dans les sciences et les arts.

Deux cités célèbres ont laissé d'impérissables souvenirs, Memphis et Thèbes, séjour alternatif des Pharaons ; elles ont acquis par leur munificence un éclat et une splendeur sans pareils.

Memphis, sur la rive gauche du Nil, en face le Caire, avec ses palais, son port, ses temples, ses colosses et ses accessoires funéraires, les Pyramides, resta longtemps la capitale de l'Egypte par suite de son emplacement sur la ligne séparative entre la basse et la haute Egypte, elle subit le choc de nombreuses invasions : les Ethiopiens, la mauvaise race de Kouch, les Perses, la mauvaise race de Scheto. Sous Cambyse, les Grecs, les Romains et les Arabes la saccagèrent de fond en comble. Les ruines de Memphis ressemblent aujourd'hui à un sépulcre violé sur lequel le vent du désert a amoncelé la poussière ; les pyramides sont encore debout, édifices immenses, de proportions colossales, masses inébranlables sur lesquelles l'éternité semble devoir glisser comme une perle de rosée sur le marbre.

D'après calculs des savants, la grande pyramide de Cheops a cent quarante-sept mètres de hauteur et chaque face à sa base deux cent vingt-sept mètres ; cent mille ouvriers travaillèrent à cette construction pendant vingt-cinq ans ; les blocs entassés, mais bout à bout, feraient, dit Maspéro, le tour des frontières de France. On compte encore plus de quatre-vingts de ces gigantesques monuments, en avant des trois grandes pyramides de Gisch se trouve le sphinx, celui que les Arabes appellent le père de l'épouvante : incarnation de Phré, le soleil, avec sa tête d'homme, son corps de lion, ce monstrueux symbole de l'esprit qui conçoit et de la force qui exécute, était taillé dans le roc vif ; à travers les scories du monstre on serait disposé à croire que sa construction trahit des couches de briques cimentées, affectant la forme hiératique des sphinx. Ce gardien des tombeaux, avec sa tête ravinée, son nez camard, crevassé, déchiré, semble un roi vieux, usé, couvert de blessures, mais qui conserve toute sa majesté dans la ruine et la misère. Au-dessous du sphinx, il y a un temple en porphyre bleu, blanc et rose ; on voit encore des emplacements destinés à recevoir des sarcophages. Le 8 mai, Yung écrivait ses initiales sur une des pierres de la voûte.

Thèbes aux cent portes, *dios polis magna*, capitale immortelle de la dynastie thébaine, consacrée à Ammon-Ra, assise sur les deux rives du Nil dans le Saïd, eut moins à souffrir de la barbarie des envahisseurs ; les ruines de ses palais, de ses temples s'élèvent au-dessus du sol conservant l'empreinte imposante du passé. Au XVIe siècle avant Jésus-Christ, Ramsés fils de Ménephtah, appelé par les Grecs Sésostris, fut un des plus illustres Pharaons de l'Egypte ; il étendit ses conquêtes des rives du Nil jusqu'à l'Indus, devint maître en Europe des Cyclades et de là gagna la Thrace. Chargé d'immenses butins, il revint dans ses Etats et entreprit des œuvres grandioses payées avec l'or des nations vaincues ; chaque ville eut son temple consacré à la divinité protectrice du lieu, dans la plaine de Thèbes des constructions colossales et prodigieuses furent élevées avec des quartiers de montagnes, les palais de Louqsor et de Karnac, avec ses obélisques, dont l'un a été rapporté à Paris et planté sur la place de la Concorde. Enfin, le Rhamsseum, édifice de proportions gigantesques, apparaît dans sa formidable beauté, il n'y a pas dans le monde entier une salle comparable à la grande salle hypostile de ce palais ; sur la rive gauche, le Memnonium, temple bâti par Aménophis en l'honneur de son père Memnon où se trouvent les deux colosses monolithes de soixante pieds et dont l'un, qui est au nord, est la statue harmonieuse de Memnon.

Tous ces débris précieux ont fait l'objet de fouilles de la part des savants, notamment de Mariette bey, un Français qui fonda, à l'entrée du port du Caire, à Boulaq, un musée d'antiquités égyptiennes ; grâce à cet esprit d'une intelligence supérieure et passionnée pour son œuvre de collection, la marche des siècles retrouvés se déroule dans des salles funéraires ; ils reviennent, suivant l'expression de M. de Vogué, accablant de vieillesse et de grandeur racontant les théodicées et les conquêtes de l'Asie.

IV

PORT-SAID ET SUEZ.

Les salams adressés au Nil, la carte p. p. c. laissée aux momies de Thoutmosis et du grand Rhamsès ; les regrets exprimés à tous les bons hommes de soixante pieds de haut, à toutes les idoles de pierre et de basalte, jaunies et brûlées du soleil ; enfin, les humbles révérences faites aux animaux sacrés peints par eux-mêmes, à l'instar de ceux de Grandville, on rentre à Alexandrie s'embarquer pour Port-Saïd et Suez.

D'Alexandrie à Port-Saïd, la distance n'est pas longue, douze heures suffisent pour cette traversée, à condition que le navire ne rencontre point la tempête. Le *Djemnah*, sur lequel j'avais pris passage, a eu cette malechance ; le lac bleu m'a appris qu'il avait ses accès de colère, dans le détroit de Péluse Éole oublie quelquefois de fermer sa caverne et le vent africain en profite pour tirer une bordée. La mer en courroux, quoi qu'en dise Jean Bart, est un spectacle tragique auquel on assiste, sans doute, par force ; mais par goût, j'en doute absolument. Je partage les préférences d'Horace, *ventos quam juvat immites audire cubantem,* couché à l'abri, il ne déplait pas d'entendre mugir le vent ; mais sur une mince épaisseur de bois, de fer et de fumée, il n'en est pas de même ; le trousse galant de Ruyter ne prête pas à rire du tout.

L'ouragan fait crier les mâts, les vagues irritées assaillent le bateau qui livre bataille à une horde effrénée de souffles qui grondent, sifflent et hurlent comme des bêtes féroces, multipliant les terreurs et les dangers ; la lame furieuse s'engouffre sous l'avant, fait osciller frénétiquement le navire qui s'écroule avec un fracas de décombres. Des paquets de mer, vraies montagnes d'eau, passent par-dessus le pont, l'inondent et emportent souvent un passager ou un matelot occupé à une manœuvre périlleuse. La machine à vapeur s'époumonne et râle ; l'hélice, noyée dans la résistance, fait de vains efforts et on file quelques nœuds par heure. Moments critiques qui se comptent par le temps de la souffrance ; notre angoisse a duré trente heures. Ce qu'on éprouve est un abattement indéfinissable, le visage est pâle et le cœur serré dans une poignante étreinte ; il semble que tout va finir, que la mort vous guette, on serait prêt d'aller à elle, et cependant la vie, le souvenir des êtres et des choses aimés vous rattache à une espérance pleine d'incertitudes...

En vue du phare de Damiette, le vent s'est apaisé, le flot aplani, et bientôt, avec un soupir de soulagement, on a jeté l'ancre dans le bassin de Port-Saïd.

Cette ville, qui a vingt-cinq ans d'existence, est bâtie sur une plaine sablonneuse entre la mer et le lac Menzaleh ; à l'époque du percement de l'isthme de Suez, c'était un vaste baraquement en planches où s'abritaient ouvriers, employés et agents chargés de l'entreprise ; aujourd'hui, on y compte un certain nombre de maisons européennes, des hôtels, des rues et même un rond-point, à quelque distance du phare, qui est planté de fleurs avec un jet d'eau. Cette première assise du progrès ménage aux voyageurs un souper, un gîte, je ne parlerai pas... du reste... *Proh pudor !*... c'est l'horreur dans l'horrible..., il ne faut pas s'illusionner. Port-Saïd, grand chantier du monde, centre important de trafics, est un coupe-gorge du désert où ont échoué tous les coquins cosmopolites aboutis à l'indigence. Les coureurs et coureuses d'aventures ; horizontales délabrées, dégrafées, faisandées, expulsées des trottoirs métropolitains, toutes les *Grille d'Égout* en panne sont embusqués dans ce carrefour, sur le grand chemin d'Europe en Asie, tous à l'affût des passagers attirés par les jeux de l'amour et du hasard.

Par suite d'arrivages constants de navires, les cafés chantants, les « musicos » comme on les appelle, travaillent nuit et jour, le besoin de quitter le bord, de voir la terre vous invite à faire une promenade, même sur une dune où le sable monte aux genoux, et naturellement la curiosité entraîne du côté du bruit et de l'animation. Les amateurs de la roulette vont se faire dévaliser par des croupiers plus voleurs que Cacus, plus assassins que le Chourineur ; ceux qui préfèrent le concert vont au Bataclan égyptiaque ; ce caboulot, administré par un alphonsopoulos trismégiste, est un vaste hangar lambrissé ; sur ses faces parallèles d'un vert tendre s'étalent des peintures à la détrempe de la plus haute fantaisie. Les muses de la danse et de la musique, le teint animé, des roses dans le chignon, la gorge démusclée jusqu'à la ceinture, sont représentées dans des attitudes qui rappellent le *nec plus ultra* de la danse du ventre : vis à vis ces déesses aux grâces légères et comme pendant, un seigneur Pan, en chapeau à plumes Louis XV, à face rubiconde, joue de la flûte, à cheval sur un crocodile et des chèvre-pieds enguirlandés de grappes de raisins se trémoussent en rossant du coude et du front un tambour de basque.

Sur une estrade sont assis ou debout les musiciens et la prima donna sous la direction d'un maëstro, cornac de Bohême, qui, après chaque ritournelle, envoie une gipsy faire la quête ; tout en recevant l'offrande des consommateurs, la marchande de sourires accepte sans façon un rafraîchissement et traite quelquefois d'un marché qui n'a rien de commun avec les intérêts du canal de Suez. Il faut se défier de ce concert à l'usage des gens du lieu et de passage ; on y fait prestement le mouchoir, et si la nuit est sombre et qu'on s'écarte, on risque le surin ; la victime aurait tort d'appeler la police au secours, ce serait tomber d'un écueil dans un plus grand, de Claquesous en Thénardier.

Le canon annonce le départ, tout le monde est rentré à bord, le pilote au gouvernail, la machine siffle, on est en route, pour franchir le canal ; cent quatre-vingts kilomètres de Port-Saïd à Suez, traversée de jour et de nuit grâce à la lumière électrique. Le canal, œuvre renouvelée des Pharaons, ne dit pas grand chose à la vue ; cet arroyo, pratiqué dans le sable et qui sert de trait d'union entre la Méditerranée et la mer Rouge, est d'une tristesse navrante. Cette rigole, large de cent mètres et profonde de vingt ou vingt-cinq mètres, par l'affouillement des berges et la chute du sable serait vite comblée sans un dragage qui ne chôme jamais. Ce canal n'est pas moins la grande conception du siècle, une victoire sur les distances, un frère aquatique du télégraphe qui porte des vaisseaux.

L'idée de percer l'isthme de Suez et d'ouvrir à la navigation un passage direct de la Méditerranée au golfe Arabique remonte à une haute antiquité : au temps de Rhamsès, 1580 avant Jésus-Christ, il existait un canal entre le Nil et les lacs

amers qui faisaient partie autrefois de la mer Rouge ; plus tard, Fékas, fils de Psammetichus, creusa
un canal allant de Bubactis, près Zagazig, jusqu'aux
lacs amers.

Au VII° siècle de l'ère chrétienne, le grand conquérant arabe, Amrou, construisit un canal entre
le Nil et la mer Rouge ; cette œuvre du prince des
croyants disparut faute d'entretien. Au commencement de notre siècle, la première idée de reprendre
le travail des Pharaons appartient au général Bonaparte qui, après une exploration qui dura quatre
jours, revint au Caire et confia à l'ingénieur Lepère
le soin de faire des études d'un canal reliant Alexandrie à Suez : les événements politiques s'opposèrent à l'exécution de ce projet.

Les plans et études préparatoires de Lepère,
consultés et examinés par M. de Lesseps, lui
inspirèrent la pensée d'entreprendre cette grande
œuvre ; Saïd pacha signa, le 15 novembre 1854, le
firman de concession autorisant M. de Lesseps à
former une Société sous le nom de Compagnie universelle du canal maritime de Suez. Les travaux
commencèrent en 1859. Vingt mille ouvriers, dont
douze mille fournis par le khédive, furent employés ;
en 1869, les eaux de la Méditerranée se mariaient
à celles de la mer Rouge. Pendant cette gigantesque entreprise, les Anglais opposèrent une résistance morale des plus vives, mais l'intérêt parlant
plus haut que la mauvaise humeur, toute la flotte
anglaise, allant dans le grand Pacifique, traverse
le canal de Suez.

De Port-Saïd, tête de ligne du canal, à Suez, son extrémité, de nombreuses stations ou gares sont échelonnées de distance en distance : le lac Menzaleh, Thimsah, Ismaïlia, le Sérapum et Choulouf voisin de l'antique Arsinoé. Les vents du désert chassant les sables dans le canal l'envasent et condamnent l'administration à de grands sacrifices pour le fonctionnement des dragues : il est à désirer que cette richissime compagnie, fatiguée du supplice des Danaïdes, mette à exécution un projet digne des anciens rois d'Egypte, en construisant avec de larges blocs de granit un monumental revêtement sur les berges. L'utile serait mêlé à l'agréable ; en outre, que d'échouages seraient évités bien que la vitesse *maxima* du navire ne dépasse pas six milles à l'heure !..

Que voit-on pendant le parcours de ces trente-neuf lieues dans le désert? le sable, encore le sable... et pour trancher sur cette brûlante solitude, un Arabe conduisant une bande de chameaux protestant de la concurrence avec le canal ; mais c'est l'effet du progrès : ceci, qui est le canal a tué cela qui était le chameau, et peut-être ceci qui est le ballon tuera cela qui est la vapeur.

En sortant du canal, on débouche dans le golfe de Suez ; les navires stoppent dans le port, assez étendu pour contenir une flotte considérable.

Suez, l'ancienne Arsinoé des Egyptiens, est bâtie sur les dunes qui, au nord-est, bordent la mer. Les vestiges de cette cité, autrefois fameuse, n'existent plus qu'à l'état de légendes ; depuis des siècles, cet entrepôt florissant du commerce asiatique était tombé en désuétude : quelques centaines d'Arabes campés sur le rivage, vivant de la pêche, protestaient seuls contre le néant des solitudes de ce désert. Le percement de l'isthme de Suez, l'établissement de voies ferrées allant au Caire ont opéré la résurrection de Suez, la population s'est accrue dans d'importantes proportions, la statistique compte dix ou douze mille habitants indigènes et européens.

Cet angle du golfe Arabique, qui confine aux monts Attaka d'un côté et aux sables de l'Arabie de l'autre, a été le théâtre de grands événements historiques relatés dans la Bible et mentionnés sur les papyrus des grammates égyptiens.

A quelques kilomètres au-dessus de Suez se trouve la ville d'Hadjéroth, voisine d'un ensablement qui, au temps de Moïse, était un bas-fond guéable à marée basse ; c'est à cet endroit que les Hébreux, sous la conduite de ce grand prêtre, traversèrent à pied sec la mer Rouge. Le Pharaon et son armée à leur poursuite furent engloutis... Cette tragique aventure se produisit assurément par permission de l'Éternel, mais on ne saurait nier que l'ignorance ou l'oubli du phénomène de la marée n'y soit étranger absolument. Moïse, qui méditait et préparait l'exode du peuple d'Israël, connaissait ce passage ; il avait étudié les heures du flux et du reflux ; il n'en fut pas de même de Ménéphtah qui, probablement emporté par une fougueuse intrépidité, marchait de l'avant sans se préoccuper de la marée montante. Si on croit les Ecritures sacrées, les transfuges arrivés au pied du Sinaï se réjouirent peut-être de la noyade des ennemis, mais ils pleurèrent amèrement les oignons d'Egypte ; la manne, les alouettes, les entretiens de Moïse avec Adonaï ; enfin, la promesse de Chanaan n'empêchait point les murmures des Hébreux, ils trouvaient faibles et insuffisantes de telles consolations en se souvenant de la riche et féconde vallée du Nil.

Il ne faut pas s'étonner de cette irritation qui s'obstina pendant quarante ans ; les couloirs arides du Sinaï, une nature sombre et sauvage n'avaient rien d'attrayant ; la pénitence était dure et ces malheureux se soulevaient contre leur chef. « Si l'Eternel, disaient-ils, voulait le triomphe de son peuple, il emploierait son tonnerre et ses éclairs pour foudroyer les Syriens qui nous barrent l'entrée de la terre promise. » Israël, l'élu du Seigneur, n'était pas toujours un sujet de contentement pour lui, alors son excès de tendresse se manifestait par un excès de châtiment. Dès la première heure le peuple Juif laisse percer son avarice et sa cupidité, ces errants ont l'humeur inquiète, soucieuse ; obligés de changer fréquemment les piquets de leurs tentes, ils ont la prévoyance de la fourmi et se mettent en garde contre les éventualités du lendemain : de là ce souffle de mépris qui les accompagne dans toute la traversée des générations.

Qui sont-ils ? d'où viennent-ils ces Hébreux ?

Ce qu'ils sont, une tribu nomade des bords du golfe Persique, une bande de malheureux dans un pays désolé où la faim les met toujours en quête d'une intallation moins misérable. Abraham, chassé par une autre tribu, celle des Elamites, franchit l'Euphrate avec sa famille, ses serviteurs et ses troupeaux ; la Syrie est inondée de ces vagabonds qu'elle désigne sous le nom d'Ilrim ibrihim, gens d'au delà du fleuve, telle est la racine du nom des Hébreux. Ils se divisèrent en deux fractions : l'une habita le pays de Chanaan et l'autre pénétra en Egypte. Abraham noua des rapports avec le Pharaon, assez facilement, grâce à sa femme Sarah, la belle Juive, qu'il fit passer pour sa sœur (Genèse, chap. XII, v. 16). « Lequel (Pharaon) fit du bien à Abraham à cause d'elle, de sorte qu'il eut des brebis, des bœufs, des ânes, des ânesses et des chameaux. »

Comblés de biens, ces rastaquouères de l'Ancien Testament s'établirent dans la terre de Gessen, près du lac Menzaleh.

Les Pharaons, hycsos de la XVII° dynastie, qui régnèrent pendant deux cent-cinquante ans, étaient d'origine hébraïque. Flavius Josèphe, l'historien, les considère comme ses ancêtres et les appelle les rois pasteurs ; or, le mot hycsos signifiait mauvaise race de captifs ; les annales, conservées à Thèbes, en parlent en termes très durs, ils sont accusés d'avidité et de sordide avarice, bandes de pillards qui ont opprimé le pays par des tribuls onéreux et qui n'avaient qu'un désir, l'anéantissement des Egyptiens.

C'est sous le Pharaon Apophis que se passent les histoires de Yousouf ben Yacoub *and* Rahel, de Joseph, fils de Jacob et de Rachel, vendu par ses frères à des marchands Ismaëlites, esclave de Pétéphré, dit Putiphar, condamné aux fers comme ravisseur, plus tard devint interprète des songes; enfin, intendant du roi qui ne voit que par ses yeux et ne parle que par sa bouche. Il faut rendre justice à chacun, fût-il gentil, chrétien ou juif. Yousouf était intelligent, habile financier, intéressé et intéressant, beau de visage et de belle taille ; ce physique charmant, mais peu en rapport avec les glaces de son tempérament, lui attira tout d'abord la jalousie de ses frères et, pire encore, la colère très justifiée de Madame Pétéphré.

On lit dans la Genèse, chapitre XXXIX°, v. 12 : « Elle (Mme Putiphar) le prit par sa robe et lui dit : Viens dormir avec moi ; mais il lui laissa sa robe entre les mains, s'enfuit et sortit du logis. » C'est à Tanis, capitale des Pharaons hycsos que se produit l'aventure. Il ne faut pas se presser de jeter la pierre à Madame Pétéphré et exalter outre mesure la continence ridicule de Yousof.

Qu'était Monsieur Pétéphré ? l'intendant, le majordome de Pharaon ; mais n'oublions pas qu'il était aussi eunuque, ce qui pouvait ne pas nuire à ses qualités intellectuelles, mais, par contre, ne suppléait en rien à l'absence de qualités physiques ayant leur prix. Être mariée à un eunuque ou n'être pas mariée du tout, c'est la même chose ; un mari en carton est un vrai simulacre, un grotesque fantoche ; des épousailles de ce genre sont une imposture odieuse. Madame Pétéphré n'avait fait aucune promesse de fidélité à Monsieur Pétéphré, trop intelligent pour ne pas comprendre qu'il avait des raisons motivées pour pousser l'indulgence jusqu'aux dernières limites. Madame Pétéphré, sous la protection d'Osiris, était jeune, jolie et ardente. C'est indéniable, dans tous les pays la chair est faible ; mais en Orient, elle est soumise au feu grégeois.

Vrai, il fallait être un Auvergnat de l'Ancien Testament, être trois fois Joseph pour laisser un manteau qui est devenu légendaire et enveloppe le fils de Jacob dans la niaiserie la plus indélébile. Enfin, si j'avais une boule noire à donner, ce ne serait pas à Madame Putiphar qui, par infortune, est condamnée à la triste et insoutenable situation de se trouver auprès des plaisirs et jamais dans les plaisirs ; ce n'est pas drôle de languir dans les bras d'un malheureux et au lieu de répondre à ses soupirs ne répondre qu'à ses regrets. Si en place de Joseph, la dame Pétéphré avait eu affaire avec Juda, certes elle ne l'eût pas envoyé coucher en prison tout comme le vertueux Joseph, qui ne l'avait pas volé...

Joseph, plus froid qu'Hippolyte, était aussi usurier que Gobsec ; l'histoire des sept vaches maigres et des sept vaches grasses en est la preuve évidente. Pendant plusieurs années, il achète des grains à bas prix et emplit les greniers de tous les nomes : l'insuffisance de la crue du Nil ayant été cause des mauvaises récoltes, Joseph, qui avait le monopole des provisions, les vendit très cher au peuple. Toutes ressources épuisées, il exigea des affamés l'abandon, au roi, de leurs terres et de leurs troupeaux ; le Pharaon devint propriétaire d'immenses domaines qui lui avaient coûté quelques sacs de blé. Cependant, il fallait cultiver ces terres, les anciens possesseurs en restèrent chargés, moyennant une redevance du cinquième des récoltes perçu pour le compte du souverain. Yousouf, comblé d'honneurs, de gloire, de richesses et de jours, mourut à cent vingt ans, laissant deux fils, Manassé et Ephraïm. Ils sont tous au sein de l'Eternel, dans le bonheur des élus.

Suez conserve encore le souvenir de la visite du grand Salomon, fils de David ; on montre un débris de mur qui serait une ruine du palais où il reçut magnifiquement la reine de Saba.

Je ne dois pas oublier la fontaine de Moïse qui est à 14 kilomètres de Suez : c'est une source d'eau douce qui rivalise avec le Mancanérès, et paraît avoir de l'eau quand on en verse. Un bouquet de palmiers qui verdit dans cette oasis révèle cependant quelques infiltrations d'humidité qui, captées dans un cloaque, peuvent désaltérer quelques ânes et un chameau ayant une soif modérée.

Ce pays, en dépit de son beau soleil et des histoires étonnantes du peuple d'Israël, est triste,

farouche ; c'est l'immense malice du désert à perte
de vue ; les couloirs du Sinaï sont lugubres, la foudre y est presque en permanence.

V

LA CLÉ DES INDES, OBOCK ET ADEN.

La mer Rouge est encaissée entre les côtes d'Arabie et les côtes d'Afrique ; abomination et désolation ! pas un brin d'herbe : des roches rougeâtres,
mordues du soleil, déchirées par la foudre et érail-
léos par les flots ; la navigation est difficile, l'écueil
est à chaque pas ; des rochers apparents et sous
l'eau sont semés dans cet entonnoir de 1500 milles
de longueur. Les fonds sont variables : ici, cent
brasses, là, un mètre d'eau. Il faut bien connaître
la carte pour éviter les accidents ; en dépit du savoir
et de la prudence, les naufrages sont fréquents. *Le
Renard,* aviso de la marine française, surpris par
la tempête, a péri corps et biens ; la mer a fait la
nuit sur ce crime ; pas l'ombre d'une épave n'est
venue témoigner de cette lamentable tragédie. Le
navire a sombré ; où ?... comment ??... la grande
tombe en garde encore le secret.

Les îlots sont nombreux dans la mer Rouge ; un
magnifique phare, à feux tournants, éclaire les pas-
ses dangereuses de Dédalus. A dix-huit kilomètres
de la côte d'Afrique et à dix kilomètres de celle

d'Asie, se trouve l'île de Périm, possession anglaise aussi triste qu'importante ; les Anglais surveillent ce passage qui est la clé des Indes, clé formidable, plus puissante que cette autre de l'Atlantique, Gibraltar. Chaque trimestre on remplace la garnison de Périm, ce qui n'empêche pas le spleen d'y avoir ses quartiers en permanence : le nombre de suicides des officiers et soldats est chaque année effrayant. Le manteau de la vie devient trop lourd dans cette caverne de cyclopes, perdue au milieu de la mer, où l'ennui ruisselle et le jour et la nuit.

Bien avant d'arriver à Bab-el-Mandeb, deux immenses rochers, deux géants de granit, dressent leurs têtes au-dessus des flots et montent la faction des siècles, les pieds dans les profondeurs de la mer ; le navire qui les évite les appelle Oreste et Pylade ; le navire qui les heurte change de vocable : les deux frères deviennent Etéocle et Polynice.

La France possède sur le territoire africain une bande de sable de cent kilomètres, le long de la mer Rouge, de Ras Doumeirah à Ras Ali : c'est Obock, acheté par les Français en 1860 au sultan de Baïtha. Obock est un en cas d'approvisionnement de charbon ; des difficultés survenant entre les deux nations, les bateaux français trouveraient du combustible dans cet entrepôt. L'affaire de l'atman Atchinof s'est passée à Sagallo, pas très loin d'Obock, administré, depuis 1884, par un jeune et intelligent résident, M. de Lagarde, qui, avant d'occuper ce poste, était attaché au bureau des affaires politiques de Cochinchine.

Afrique ou Arabie, les parages de la mer Rouge
offrent un paysage aride, desséché, triste et navrant ;
ce qui réconcilie avec cette nature désolée, c'est le
voisinage de La Mecque pour les musulmans ; mais
les religieux du café préfèrent Moka qui est tout
près sur la côte arabe.

Si Bab-el-Mandeh est le pylône de l'enfer, Aden
en est le sauvage et farouche palais : deux Euménides, l'Aridité et la Désolation, sont accroupies
depuis le chaos devant ces immenses contre-forts
de basalte surchauffés du soleil.

L'antiquité en a fait un lieu terrible de châtiment,
elle cloue Prométhée sur ce formidable rocher ;
Diodore de Sicile le prétend, Pausanias ne le contredit pas. Cette version peut se soutenir par l'aspect de cette nature sinistre, décrite par Eschyle
qui avait remonté le Nil, visité Byblos, composé la
tragédie des Éthiopides et était en relation avec les
prêtres de Thèbes qui lui avaient décerné le titre
de pimander. Dans tous les cas, si cela n'était pas,
cela aurait pu être : l'horrible des sommets du
Caucase ne saurait dépasser l'horrible de la montagne d'Arabie ; sans nuire à l'action dramatique, le
titan pouvait être enchaîné aussi lugubrement à
Aden que sur les monts Tartares.

Aden présente à l'œil une suite de profils tour-
mentés, d'arêtes vives qui se tordent dans la nue ;
toutes ces ondulations se creusent en pentes abrup-
tes et descendent à pic jusqu'à la mer, enserrée
dans ce vaste entonnoir de granit. En haut, l'inac-

cessible, l'inhabitable, une ossature gigantesque
de roches ravinées, fendillées, crevassées par un
soleil implacable et les éclats du tonnerre ; en bas,
les profonds abîmes d'un océan prisonnier, *reclusus
carcere duro,* qui murmure, mordant ses entraves,
ou se révolte en vomissant l'écume de ses fureurs.
Ces lieux sévères répondent absolument au tragique Eschylien ; tous les accessoires de cette cave
pénale s'y trouvent : le rocher, la foudre, l'océan,
le chien ailé de Jupiter, autrement dit l'aigle. Si on
n'entend plus les coups de marteau d'Héphaïstos et
les protestations énergiques de Prométhée, si on
ne voit plus les coups de bec du vautour mangeur
de foie, si les Océanides sont rentrées dans leurs
grottes profondes, il faut glorifier Hercule dont la
main généreuse mit fin à d'inexprimables tortures
en perçant d'une flèche mortelle l'insatiable oiseau
de proie.

Le vautour est-il bien mort ? de méchantes langues prétendraient qu'il a été remplacé par les
Anglais ; depuis 1840, Aden leur appartient et ils
gardent avec une extrême vigilance cette porte de
la mer des Indes. Que d'efforts, que de patience,
que de génie ont été dépensés pour rendre ce rocher
inexpugnable ! des fortifications ont été construites
sur toutes les cîmes et forment un colossal redan ;
des routes serpentent le long des montagnes ; des
casernes sont assises sur des esplanades nivelées ;
dans certaines anfractuosités se dessinent des châ-
lets en planches, entourés de quelques mottes de

terre apportées à dos de nègres et qui simulent un
jardin, tout comme le pot de fleur sur la croisée de
Jenny l'ouvrière ; pas d'eau douce, mais des appareils de condensation distillent l'eau salée ; pas de
source pour aviver cette terre maudite : une poussière rougeâtre couvre comme un linceuil sanglant
tout ce paysage, heurté par des convulsions volca-
niques.

Sur la dune étroite qui longe le port est situé
l'embryon de village européen que l'on désigne
sous le nom de « steamers point » ou false point.
Sur ce sable brûlant sont plantées çà et là des constructions lourdes, massives, avec vérandahs et galeries. Ces logis abritent les rares fonctionnaires des
agences maritimes de France et d'Angleterre, né-
gociants de nationalités diverses qui spéculent sur
les cafés de provenance de Moka, Ceylan et Colombo. Enfin, deux aubergistes interlopes dont les
gargotes prospèrent médiocrement et qui utilisent
leurs loisirs à faire de la photographie; dans le voisinage de ces artistes restaurateurs, des Parsis,
disciples de Zoroastre, coiffés de la tiare en bambous tressés, tiennent des boutiques de bric-à-brac,
éclairées nuit et jour de la lampe sacrée.

Des banians colportent les curiosités du pays :
des coquillages, des œufs d'autruche, des tapis,
soi-disant de Bagdad, et de la vannerie en feuilles
de cocotier ; des juifs hindous, ornés de la papillote,
en tire-bouchon, qui frise le long des joues, portent à l'épaule une serpillière remplie de plumes

d'autruche, grises, noires et blanches et dans la main un sac de roupies pour les échanger contre des guinées ou des soverings. Toute la race autoch-thone qui habite cette contrée porte le nom de Somalis. Ils sont originaires de la côte d'Afrique, ont la peau bronze clair des Abyssins, les cheveux crêpus, les membres grêles, tels qu'ils sont représentés sur les bas-reliefs des temples d'Edfou ou d'Esneh. Acajou ou ébène, les Somalis sont des troglodytes ramenés à une légère correction; leur costume se réduit au succingulum, le crypagne de toile attaché autour des reins par une ficelle ; cette feuille de vigne, en calicot de nuance douteuse, cache tout ce qu'elle peut, ce qui ne veut pas dire beaucoup. Les cocodès du high-life Somalis se tei-gnent les cheveux en roux, teinture élémentaire qui consiste à les tremper dans un lait de chaux qui rougit le système pileux.

Les steamers des grandes compagnies de navi-gation, faisant escale à Aden, prennent une équipe d'Ethiopiens pour chauffer la machine à vapeur ; en acceptant cette dure corvée, ces travailleurs ren-dent un important service. Une expérience des plus tristes a démontré à plusieurs reprises que l'Euro-péen ne résiste pas dans la soute du charbon ni devant le brasier de la chaudière. La compagnie des Messageries Maritimes ayant, à regret, voulu faire droit aux réclamations des *bravi* de Marseille se plaignant que des noirs, utilisés à bon marché, enlevaient leur gagne-pain, engagea pour un voyage en Chine des chauffeurs européens ; hélas ! ils furent cruellement punis : la moitié de l'escouade tomba malade dans le golfe Arabique et l'autre moitié succomba pendant la traversée de l'Océan Indien. Conséquence : retard du navire, perte de temps, perte d'hommes et perte d'occasion de se taire et de ne pas demander l'impossible. Les Nubiens font deux voyages : l'aller et le retour, de Marseille à Yokohama, prennent un repos de deux mois à Aden et continuent ensuite la navigation.

Les Somalis appartiennent à la religion musulmane, ils observent fidèlement les préceptes du Coran et sont fiers d'être, comme ils disent, « moslim ».

Quand le paquebot stoppe en rade d'Aden, les gavroches indigènes donnent aux passagers une représentation de leurs talents comme canotiers, nageurs et plongeurs ; ces ouistitis, marron ou brun foncé, montent deux par deux des pirogues creusées dans un tronc d'arbre d'un mètre de longueur et trente centimètres de largeur qu'ils manœuvrent avec une pagaie à une seule palette, un peu moins grande qu'un stick. De ce pyroscaphe minuscule, ils aboient comme une meute en criant : « A la mer ! à la mer ! A la mer !... » Cette interjection répétée a une signification : c'est une invite aux passagers de jeter une pièce d'argent à la mer et ils la verront reparaître du gouffre, aux dents d'un de ces petits plongeurs descendus au fond de l'eau aussi vite que la pièce de monnaie. Le tour artistement exécuté, ces jeunes phoques recommencent leurs ululations avec un méli-mélo d'expressions empruntées à toutes les langues : « A la mer ! à la mer ! ho ! ho ! yes ! yes ! ya ! ya ! ho ! ho ! capitana ! capitan ! capitaine !... » Ces momaques amphibies sont d'une agilité et d'une adresse peu communes ; aidés d'un simple cordage, ils grimpent jusque sur la tente du bateau et, pour une piécette, se précipitent de trente mètres de hauteur dans l'océan. D'autres se font un jeu de passer sous la quille du navire et de rapporter un coquillage ou une poignée de sable.

Ce genre de distraction épuisé, qui veut éviter les nuages de poussière et de fumée qui emplissent le bord pendant le chargement du charbon a la ressource de gravir la montagne, à pied ou en corricolo, et d'aller au vieil Aden en faisant une station aux citernes.

Les citernes, construites sur une des cîmes de la montagne, sont de larges et profonds réservoirs en pierres de taille cimentées. Leur origine est un sujet de contestation parmi les savants : elles auraient été bâties par les Perses, disent les Anglais, par les Romains, répondent les Français ; enfin, par la reine de Saba, affirment les Arabes. Quelle que soit leur origine, elle n'ajoute rien à leur inutilité ; les citernes ayant pour but de recueillir l'eau des pluies, il faudrait tout d'abord qu'il pleuve ; or, Aden n'a jamais reçu une ondée susceptible d'humecter la langue desséchée de Lazare. Cependant, pour être absolument dans le vrai, quelques flaques d'eau verdâtre croupissent dans la plus petite des citernes : il m'a été dit que le gardien de ces puits monuments puisait quelquefois dans cette mare pour arroser un baobab qui semble être frère de celui de Tartarin.

En sortant de là, une pente assez rapide vous conduit au vieil Aden, gorge assez triste, où s'élèvent des huttes arabes, quelques casernes en planches pour les troupes anglaises recrutées parmi les Indiens ; quatre ou cinq maisons en pierres sont affectées aux officiers de la garnison et des constables de la police. A côté du bazar, assez mal approvisionné, une grande étendue de sable sert d'emplacement pour les dromadaires, les ânes et quelques moutons ; de quoi se nourrissent-ils ? on se le demande : ils lèchent les rochers et broutent, dit-on, quelques brins d'herbe arrachés dans quelque oasis voisine ; ce régime peu substantiel ne nuit en rien à la qualité de ces animaux, dont la chair est excellente et peut rivaliser avec celle des moutons nourris de thym et de serpolet dans les montagnes de Millevaches.

VI

L'OCÉAN INDIEN.

L'Océan, le père des fleuves, a ses sourires et ses froncements de sourcils ; il a ses heures de bonne et mauvaise humeur, ses quintes de placidité et de colère. Toute cette immensité qui part d'Aden pour aboutir au détroit de Behring constitue le domaine de l'Océan Pacifique ; il ne faudrait pas s'en rapporter absolument à cette dénomination rassurante et bénévole ; ce grand pacifique est agrémenté de carrefours dangereux, de repaires sinistres : au changement de mousson, le canal Mozambique, le golfe du Bengale, les détroits de la Chine et du Japon sont le rendez-vous de fauves formidables donnant la chasse aux navires qui, pris comme des moucherons dans la toile d'araignée, sont déchirés et mis en pièces par les typhons et les cyclones.

Cependant, quand sous le « *quos ego* » de Neptune, tous ces monstres restent à la chaîne, quelles séductions n'exerce pas le grand Océan ! quelles grâces enchanteresses dans ses ondulations moirées, alors qu'il jette au soleil les perles de sa robe entr'ouverte ! que de douces rêveries au milieu de cette solitude sans limites, trône de l'invisible, image de l'éternité. Le soir, la voûte céleste, d'un azur diaphane, est constellée d'étoiles comme la robe d'un magicien de l'infini, et la lune dans tout l'éclat de ses rayons d'argent éclaire la route et préserve des écueils. Astre aux douces clartés, elle est bien la sœur d'Apollon, Phœbé la blonde, si différente d'Hécate qui promène sa face pâle sur les montagnes neigeuses d'Ossian ou sur les remparts farouches d'Elseneur.

Le spectacle grandiose du ciel et de la mer est-il

vraiment suffisant pour faire échec à l'ennui, ce fils
de la monotone uniformité ? Je ne le crois pas : la
contemplation des merveilles insondables conduit
à une ivresse perfide, l'esprit étouffe sous la pression de l'incommensurable ; l'ascète et le voyant
peuvent seuls se complaire dans les extases prolon-
gées, mais de simples mortels se sentent de la terre
et éprouvent le besoin de distractions plus humaines.

A bord des paquebots bien installés, les plaisirs
ne manquent pas et varient au gré d'un chacun ; la
bibliothèque est une ressource, on peut choisir à
volonté des livres d'histoire, des récits de voyages
et même des romans d'actualité. Le jeu est un puissant auxiliaire : on se distrait avec les échecs, les
dominos, les cartes et les palets. Le corps et l'esprit, en bonne santé, trouvent ample satisfaction
dans cette hôtellerie flottante. L'hygiène est des
mieux comprises : de cinq à sept heures du matin,
on peut prendre son bain ; aussitôt après, une tasse
de thé, de café au lait ou de chocolat vous attend
au salon ; à neuf heures et demie, un premier coup
de cloche avise de quitter la tenue négligée et de
faire un brin de toilette ; à dix heures, le déjeuner
sonne. Tout le monde se rend à table ; chacun
prend la place assignée par le commissaire du
bord, consulte le menu et choisit les mets qui
lui plaisent ; la cuisine est très soignée, le vin passable et le service correctement fait par des gar-
çons en habit noir et cravate blanche. Pendant tout

le repas, des Chinois, irréprochablement vêtus, manœuvrent le panka qui rafraîchit l'atmosphère ; le café pris, on monte sur le pont : les uns se promènent, fument un cigare ; d'autres s'allongent sur un fauteuil en rotin, font la sieste, lisent ou causent avec un voisin ou une voisine ; d'autres vont au piano, jouent et chantent.

A une heure de l'après-midi, un nouveau coup de cloche annonce le « teffin », espèce de lunch à l'usage des appétits qui ne sauraient attendre l'heure du dîner ; j'ai vu rarement un Hollandais, un Anglais et un Auvergnat renoncer à ce privilège stomachique. A cinq heures et demie, recoup de cloche pour mettre la dernière main à la toilette du soir. A six heures, dîner copieux et raffiné.

On voit que la table chôme peu et que la majeure partie de la journée se passe à boire et à manger ; enfin, le dernier acte se termine par le thé, sonné à neuf heures.

A dix heures, toutes les lumières doivent être éteintes à bord, selon les règlements ; mais règlements et constitutions ne sont pas inviolables, et les joueurs de whist les enfreignent souvent. Le pont est éclairé toute la nuit par une lampe accrochée au grand mât ; ce rayon de lumière, tombant des nues et masqué par la tente, ne diminue en rien la pénombre et serait inutile s'il n'était une lueur d'avertissement pour les navires qui croisent le paquebot sur la mer. A l'extinction des feux, les passagers descendent dans leur cabine et vont se coucher : j'en ai connu qui dormaient sur le pont, n'ayant jamais pu s'habituer à la cabine et surtout au tiroir de commode qui est censé représenter une couchette. Ainsi se déroule uniformément la vie de chaque jour jusqu'à l'arrivée à destination.

Par suite d'une nombreuse société et la présence de la troupe italienne, nous avons eu des divertissements plus variés ; les artistes ont donné plusieurs représentations ravissantes ; c'était merveille, en plein océan, d'entendre les opéras des grands maîtres, tels que : *Norma*, la *Juive*, le *Trouvère*, la *Muette de Portici* ; après le concert, un bal des plus animés qui se prolongeait jusqu'à l'heure où les matelots viennent laver le pont. La dernière bougie est éteinte, la fête est finie, un pâle reflet de l'aurore se dessine à l'horizon, les matelots, armés de pompes et de fauberts, arrosent, frottent, essuient le pont et les panneaux et remettent en place fauteuils, chaises et bancs.

Pendant cette opération, le docteur et un officier du bord se promènent et je saisis leur conversation : « De quoi est mort ce jeune homme, docteur ? » — « D'anémie et de phthisie, frêle constitution ; je n'étais pas d'avis de l'embarquer, le capitaine m'a forcé la main. C'est un Espagnol qui retournait à Manille et que sa famille avait envoyé à Madère. Dressez l'acte de décès, remettez les pièces, mes notes et certificat au commandant, et ce soir, à onze heures, on procédera aux funérailles. »

Lamentables funérailles, cérémonie désolante

entre toutes. On enveloppe le corps dans un drap, et un boulet de 40 kilos est mis aux pieds pour faciliter l'immersion ; sur une planche, disposée à cet effet, le cadavre glisse dans les abîmes de l'Océan ; on entend un bruit sourd, la trouée faite dans la vague, elle se referme et le navire marche toujours.

Il est triste de mourir loin des siens, loin de son pays ; mais mourir en mer pour être jeté dans ses mystérieuses profondeurs, n'est-ce pas une cruelle fatalité ! Cette tombe inaccessible et oubliée, ni famille, ni parents, ni amis ne la verront jamais; ils ne pourront y prier et pleurer ! Quand on meurt à terre, quelle que soit la région, on peut creuser une fosse, y mettre une pierre commémorative ; mais dans les flots de l'Océan le corps roule,... et puis... rien... rien qu'un souvenir de regret et de compassion!...

La visite de la mort pouvant impressionner certains esprits, on la cache avec un soin particulièrement discret ; il est rare qu'un événement de cette nature transpire avant l'arrivée du bateau dans un port où la commission de santé réclame la patente du bord et constate le décès.

Les habitudes de la vie quotidienne ont suivi leur cours ; les plaisirs de la veille ayant mis en goût la société, de nouvelles distractions ont été imaginées. Un grand cercle s'est formé sur le pont et les jeux innocents ont commencé, tels que railpaper et charrades.

« Mais terre! terre ! là ! droit devant ! crie un

matelot. » En effet, au loin, une Atlandide, le front ceint de feuillage, émerge de l'Océan ; nous étions dans les parages des Maldives, îles de corail, la plupart désertes ; l'eau semble endormie dans leurs criques et ourle d'une frange d'argent leurs récifs.

Le plus important de ces très nombreux îlots se nomme Male et sert de résidence à un sultan qui administre tous ces Attalans. Sa hautesse, véritable auxcrinier de l'Océan, aurait trouvé le bonheur dans ses États ; la constitution, dont il est l'auteur, refuse le droit d'entrée à l'or et à l'argent sans son autorisation : la seule monnaie ayant cours est le coquillage dont la mer est l'inépuisable coffre-fort. Le luxe est remplacé par une modestie sommaire qui consiste à supprimer les vêtements superflus ; hommes et femmes ont le même magasin de confections : les feuilles de bananier servent aux dryades et aux égypans. Un cœur en bois de kandou, chêne-liège plus léger, est suspendu à une ficelle nouée autour des reins des jeunes filles impubères et dissimule leurs charmes ; les femmes adultes portent des tutus en écorce d'arbre ; les femmes caduques s'affublent d'un tablier en peau de rats palmistes.

La nourriture de ces insulaires est la même que celle des singes : cocos, dattes, bananes et poisson. Le sultan entretient son harem, ou mieux son poulailler, en plein air : poules et poulettes picorent dans le sable ou sur le rivage de la mer ; le soir, elles rentrent dormir sous la hutte. Ces retranchés de la civilisation, ces ignorants des raffinements du bien-être se trouvent bien dans leurs îlots et n'en changeraient à aucun prix ; ils vivent et meurent sans secousse ni préoccupation ; ils obéissent aux lois de la nature et se détachent de l'arbre de la vie comme les feuilles qui, du vert, passent au jaune, et, desséchées, tombent sur le sol.

Sa hautesse, le sultan, est quelquefois exposé à des surprises : un de ses États, florissants la veille, a disparu le lendemain ; cette fuite ne trouble que médiocrement sa sérénité ; son étonnement tempéré par la fréquence de l'accident provoque des regrets qui se formulent par cette réflexion : « Tiens, encore un tour du prestidigitateur ; ce Neptune vient d'escamoter dans sa chausse-trape l'îlot 3,552. »

Il est inutile de mentionner l'absence de rapport commercial, ou autre, du bateau avec les populations maldives. L'*Hoogly* continue sa marche sans autre souci que de sonder les bas-fonds et calculer la vitesse des courants pour éviter un désastre en coudoyant ces écueils. Ces îles entrevues précisent la distance qui sépare de la grande terre : six cents milles sont à parcourir avant d'entrer dans les eaux de Ceylan ; encore deux jours de navigation sans contre-temps et nous devons faire escale à Colombo. Les passagers à destination des grandes Indes quittent la grande ligne et prennent le steamer qui conduit à Madras et Calcutta.

Dans les couloirs de babord et de tribord, les racontars sont en pleine floraison. On narre qu'une senorita de Barcelone, ayant fait impression au cœur d'un Child Harold d'Albion, renoncerait à se rendre aux Philippines et épouserait le gentleman, collecteur dans la province de Madras. Ces incendies ne sont pas rares à bord ; les foyers de flammes des yeux espagnols mettent rapidement le feu dans l'âme de ces blonds fils de l'Angleterre. La senorita est vraiment un type de beauté, *tra os montès* ; yeux très expressifs, bouche vermeille, dents de nacre, cheveux ailes de corbeau et beaucoup de grâces enfantines ont suffi pour échauffer l'enthousiaste Cupidon. La jeune fille est ravie, au septième ciel ; on ne saurait trouver le même rayonnement sur le visage de la duègne qui l'accompagne. Cette manola, aussi usée que sa mantille et plus jaune que les grains d'ivoire de son rosaire, se lamente, grince des dents, bougonne, invoque tous les saints et toutes les Notre-Dame del Pilar et de Valladolid pour empêcher ce grand malheur, cette impiété, ce sacrilège. Eh quoi ! *per dios e le roy !* par Dieu et le roi ! Mariquita, apostolique, catholique, romaine, épouser un protestant, un calviniste, un fils de la vache à colas ! Ah ! *Santa Maria !* perdre son âme, la condamner au feu éternel ; quand ce parpaillot se plongerait tout entier dans le bénitier, je n'y consentirais jamais... Ah ! *povera Mariquita !* le démon s'est faufilé sous ta basquine, il t'a ensorcelée ; maudit soit ce damné ! maudite moi-même qui ai mal gardé le lait sur le feu ! *Santa Maria ! Santa Maria ! miserere nobis...*

Pauvre duègne hallucinée, cerveau en délire ! Hélas ! condamnée, comme toute sa dynastie, à jouer toujours et à jamais la comédie de la précaution inutile pendant que Rosine chante le duo d'amore avec Almavina.

L'évêque portugais, consulté en cette grande matière, console la manola, assure qu'avec le ciel, il y a des accommodements et que c'est, sans doute, par permission d'en haut que ces nœuds se sont formés. Mariquita ramènera l'infidèle dans le giron de la Sainte-Eglise, et au lieu d'un ange au paradis il y en aura deux. Rien n'arrive sans la volonté du Tout-Puissant, il faut savoir s'y résigner. Il m'a semblé que la résignation n'avait rien de bien dur ; le gentleman anglais est fort bien, occupe une brillante situation et rendra sa femme heureuse ; il la laissera pratiquer ses dévotions tout à son aise. Mais la monola s'obstine à n'y pas croire et crie : « Damnation ! »

L'hélice tourne, nous ne sommes pas loin d'arriver. On aperçoit dans le lointain le phare de Pointe de Galles ; autrefois, on s'arrêtait à cette station ; mais, aujourd'hui, on contourne l'île et on met le cap sur Colombo. Dans quelques heures nous serons sur la rade : le transbordement se prépare, les malles sorties de la cale sont montées sur le pont, les voyageurs qui descendent à Colombo disposent leurs colis et font leurs adieux aux amis et compagnons de traversée.

VII

LE JARDIN DE DÉLICES, CEYLAN ET SINGAPOUR.

La tradition et les vieillissimes Ecritures disent : Dieu ayant créé le ciel et la terre choisit un jardin de délices qu'il nomma Eden et dont il fit l'apanage de l'homme ; les grammates, en confidence avec l'Eternel, dépositaires de ses secrets, affirment, sans hésitation, que l'île de Ceylan ou le Paradis terrestre, c'est tout un. J'ai des raisons pour y croire et j'en ai aussi pour mettre quelques réserves à mes croyances. L'affirmative s'appuie d'abord sur un roc à deux mille mètres au-dessus du niveau de la mer où se trouve visiblement l'empreinte du pied d'Adam, le premier père ; j'ai de mes yeux vu cet indice qui me rend fort perplexe : la dimension de ce pied dépasse une coudée et demie, ce qui supposerait un humain de vingt pieds de haut. Quel colosse cet Adam ! et comme sa race a dégénéré ! avoir eu un tel générateur et s'amenuiser en avorton ! triste ! triste !... Qui sait ? les impénétrables desseins du Créateur étaient-ils de ne faire qu'un seul et unique homme à son image, ce qui expliquerait un Adam si fortement charpenté et la déliquescence de ses rejetons.

Stop !! dit le pilote, et le steamer s'arrête en rade de Colombo, estuaire autrefois d'un accès difficile et dangereux, mais rendu praticable par une jetée babylonienne, œuvre gigantesque de l'Angleterre qui a dompté les flots et assuré la libre communication avec une terre prodigieusement féconde.

Ceylan, *alias* Lanka, *alias* Ophyr, aujourd'hui Singhala, île d'émeraudes, d'une magnificence luxuriante, est un nid de verdure et de fraîcheur épanoui sous les premiers feux du soleil : sa réputation remonte à l'origine du monde.

Les Védas, ces testaments de l'Inde, désignent Ceylan comme une oasis aimée de Brahma. Cinq siècles avant Homère, le poète Valmiky choisit cette île pour le théâtre de la guerre des Assuras et des Pandous.

Lanka est connu des peuples riverains du Tigre et de l'Euphrate ; elle se nomme Ophyr au temps du roi prophète, et les vaisseaux de Tyr et de Sidon viennent échanger la pourpre contre les pierres précieuses : diamant, émeraude, améthyste, hyacinthe et autres divers produits de cette terre de promission.

Singhala, le Ceylan actuel, est, dit-on, le berceau du bouddhisme ; les temps sont changés. Depuis des milliers d'années, la poésie a suspendu sa lyre aux palmiers du rivage, la religion bouddhique tire l'aile et traîne le pied : quelques bonzes, pauvres et déguenillés, empêchent la lueur mourante de la lampe du sanctuaire de s'éteindre.

Au XVIᵉ siècle, un Portugais, Lorenzo d'Almeyda, découvre l'île, s'en empare et en fait un comptoir de commerce ; au siècle suivant, la Hollande chasse le Portugal pour être chassée à son tour par l'Angleterre en 1795.

Une chaîne de montagnes boisées divise l'île en deux parties ; au centre, se trouve Candy, ville où l'on trafique spécialement de l'ivoire, des peaux de fauves, du bois d'ébène et de divers minerais. A chaque extrémité de cette épine dorsale de rochers et de forêts, sont assises, sur les bords de l'Océan, les cités de Pointe de Galles et Colombo, deux ports en rivalité, deux centres de commerce en con·currence. Le premier s'est amoindri par suite du changement d'escale des Messageries Maritimes qui ne touchent plus à Pointe de Galle et s'arrêtent à Colombo. A chaque passage le steamer est bondé de café, d'indigo, de sésames, d'arachides, d'huiles de coco et de jute.

Les Cinghalais sont un des plus beaux types de de la race hindoue ; ils portent un sarrau de cou·leurs variées, jaune citron, pistache, vert, groseille, abricot, violet, avec rayures, quadrillages et envo·lées d'oiseaux. Le torse est nu au-dessus du sarrau ; la teinte de la peau est cuivrée, patinée du soleil ; les formes sont minces et graciles ; les cheveux, en chignon, retenus par un peigne d'écaille ; les ma·nières sont douces et l'humeur enjouée ; on les confond souvent avec les femmes. A Pointe de Galles et Colombo les chevaliers d'Eon ne manquent pas.

A côté de la race pure, il y a les métis, les

« topas », gens à chapeaux ; ils sont Indiens par le dessous, c'est-à-dire le pagne, et Européens par le paletot qu'ils revêtent et le chapeau bolivar qu'ils arborent sur le peigne d'écaille.

La ville européenne de Colombo est groupée près du fort ; la ville noire, qui compte cent mille indigènes, s'étend dans la plaine, au milieu d'une végétation puissante et une frondaison touffue. Dans une vaste pièce d'eau qui se trouve au milieu d'un parc dessiné à l'anglaise, croissent de superbes lotus, des nénuphars bleus et blancs, et sur les rives une guirlande de canadiums variés chauffent leur robe tigrée au soleil.

Les Cinghalais sont industrieux et fabriquent quantité de bibelots en ivoire et en ébène, sans compter les pierres fausses qu'ils taillent avec habileté et qu'ils n'hésitent jamais à vendre comme véritables. Les Indiens, originaires de la côte Malabar, sont presque tous de la caste macoua (bateliers). Ces Tritons sont nus, à l'exception du traditionnel langouty ; leur peau est foncée comme vieille basane ; ils chiquent le bétel, sont pauvres, mais d'une probité relative. Ils manœuvrent très habilement le catimaron, ce premier mot de la construction navale : ce bateau est creusé dans un tronc d'arbre ; il nage au moyen d'une rame, ou mieux d'une perche qui se termine par une pelle arrondie. Cette pirogue à balancier est singulièrement étroite, les pieds sont placés l'un devant l'autre et on est assis sur une planchette fixée, en guise de banc, aux extrémités du catimaron. Cet esquif primitif ne tiendrait pas la mer ; aussi, est-il relié par deux branches recourbées à une poutre qui plonge dans l'eau à deux mètres de son flanc. Le catimaron, sur l'eau, ressemble à un escarbot qui a perdu une de ses ailes. Les macouas rendent d'importants services, ils transbordent les marchandises et vont à la pêche. L'Indien, comme tous les Asiatiques, se nourrit exclusivement de riz et de poisson salé.

En quittant Ceylan, on met le cap dans la direction du détroit de Malacca qui fait communiquer le golfe du Bengale avec la mer de Chine ; ce détroit est très resserré, surtout à la pointe d'Achem, véritable guet-apens pour la navigation. Malheur au bateau qui rase de trop près la côte, il risque de s'échouer sur des bas-fonds ; d'autre part, s'il sort du chenal navigable, il est à redouter qu'il ne se heurte contre de nombreux rochers apparents ou cachés qui obstruent à droite et à gauche le passage. Une demi-douzaine de carcasses de navires échoués, la carène en l'air, confirment les justes appréhensions de cet écueil. Par une vieille habitude de la route, le Tigre n'a pas bronché malgré les fréquents orages que nous avons essuyés, un peu de brouillard et de houle.

En vue de Singapour, on se trouve au milieu d'ilôts plats et d'autres escarpés, tous couverts d'une riche végétation ; on sortirait difficilement, sans un pilote, des méandres de la mer qui présentent une succession de coudes dangereux ; l'expérience et

l'habileté du guide triomphent presque toujours de
cet obstacle et rarement on constate des naufrages
ou avaries de navires.

Singapour, petite île au centre de la Malaisie,
est remarquable par un développement aussi vaste
que rapide ; sa prospérité a grandi à vue d'œil. Au
commencement du siècle, c'était un repaire de
tigres, de serpents, de singes avoisinant quelques
huttes de pirates malais, construites sur le rivage
de l'Océan; l'antre des fauves et le gîte des forbans
n'étaient pas de nature à éveiller les convoitises
des nations conquérantes. Cependant, en 1819, sir
Strafford Raffles, cherchant une revanche à la resti-
tution de Java aux Hollandais, jeta les yeux sur ce
poste avancé dans les mers de Chine ; le sultan de
Johore vendit cette île à l'Angleterre.

Un régime de liberté et de tolérance, allié à une
justice rigoureuse, sut attirer une foule d'étrangers
des parages voisins ; aujourd'hui, par un prodigieux
accroissement, la population dépasse cent mille
habitants. Ce qui a fait la richesse et la prospérité
de Singapour, c'est d'être un port franc ; de là, une
rade remplie de bâtiments de tous les pays, depuis
le grand steamer jusqu'au coutre indien, la jonque
siamoise et la prod des Moluques.

La ville est un immense entrepôt où s'amoncel-
lent tous les produits d'Orient : soie, laque, camphre, sucre, café; tous les métaux ; les articles
manufacturés d'Europe ; enfin, l'indigo et l'opium
des Indes. Il en résulte que les commerçants peu-

vent réaliser de gros bénéfices et vendre à meilleur marché.

La ville européenne, d'un aspect souriant, est bâtie le long de la mer ; de charmantes habitations anglaises s'élèvent au milieu de la pelouse et se chauffent aux rayons d'un soleil tamisé par les voûtes de verdure d'arbres et de lianes entrelacés ; l'enceinte est fortifiée de remparts et de ponts-levis ; à l'intérieur, les rues sont larges et macadamisées ; on y compte de nombreux édifices publics : des collèges, des casernes de cipayes, une douane. Sur la place de l'Hôtel-de-Ville se dresse le palais du Gouverneur, construction assez lourde, à toits plats, mais plus vaste que les habitations des autres fonctionnaires anglais.

La ville malaise, fourmilière de cagnas et dé maisons chinoises, est située sur le repli de terrain qui confronte à l'embouchure d'une rivière ; beaucoup de ces huttes sont assises sur des piquets en bambous ; il faut une échelle ou un plan incliné en planches pour pénétrer dans ces logis qui semblent plutôt faits pour la volaille que pour l'espèce humaine.

Le climat de Singapour ne ressemble en rien à celui de l'Inde ou de la Chine ; l'année n'est point divisée en saison sèche ou pluvieuse : chaque jour, une ondée vient arroser le sol, balayer la poussière et vivifier la végétation ; d'immenses forêts couvrent l'île, cause indubitable de cette pluie quotidienne et fécondante. Les environs de la ville sont soigneusement cultivés ; les fruits par excellence ont une grande réputation : les oranges, les ananas et les mangoustans sont exportés en quantité considérable.

J'ai visité le jardin zoologique artistement dessiné et aménagé avec beaucoup de goût ; au milieu des boulingrins, ornés de toutes les plantes exotiques, s'élèvent les cages des animaux : tigres, panthères, hippopotames, ours, aigles, vautours, poules et coqs de toutes les variétés asiatiques ; un compartiment spécial est réservé aux ophidiens dont on peut admirer les nombreux spécimens. Le jardin est cultivé par les Chinois de la congrégation de Fokien ; ils s'appliquent, suivant leur habitude, à tailler les arbustes en leur donnant les formes bizarres de dragons, chimères, ou oiseaux.

Si des bêtes on passe aux êtres humains, il est facile de se donner le curieux spectacle d'un échantillon de toutes les races asiatiques. En allant au grand bazar, on y coudoie le Bengali de l'Inde, au profil aquilin, aux yeux noirs fendus en amande ; le Malabar bronzé ; le Parsis olivâtre ; le Malais, avec son nez épaté, de lourdes mâchoires ; le Javanais, le Siamois, le Cambodgien, le Birman, l'Annamite, tous portant plus ou moins la livrée du soleil. On distingue encore des nègres de Malacca mélangés à quelques types arabes, descendants supposés de ce Zomorin de Calicut qui, au XVIe siècle, fut vaincu par les Portugais, alors que Vasco de Gama était résident supérieur à Cochin.

VIII

LA COCHINCHINE.

Le grand ruban des mers s'est presque entièrement dévidé et l'étape de Singapour à Saïgon est
du reste très courte ; trois jours suffisent pour arriver au cap Saint-Jacques, dans une baie dite des
Cocotiers, entourée de montagnes couvertes d'arbres de triste apparence et ayant une teinte d'automne ; à leur droite se trouve l'embouchure du
Donaï, c'est la porte de Cochinchine qui s'ouvre
sur des taillis de palétuviers et des jungles tachetés
de grandes bandes vertes qui sont des rizières.

Le fleuve, large, profond, est sinueux et ses flots
sont soumis au flux et reflux de la mer, ce qui explique la facilité qu'ont les plus grands navires de
pouvoir aborder à Saïgon. Notre bateau est resté
à l'ancre plusieurs heures attendant la marée ;
quand cette attardée a paru, nous nous sommes mis
en marche et fait à travers les méandres du Donaï
une délicieuse promenade, de cinquante à soixante
kilomètres, qui s'est terminée au port. Le steamer
a stoppé à l'appontement des Messageries Maritimes ; de là, des fiacres, en expectative de passagers,
nous ont pris avec nos bagages et véhiculé jusque
dans la ville en franchissant un pont en fer jeté sur
un large arroyo. Cette construction hardie est l'œu-

vre de l'ingénieur Eiffel, le père de la tour monumentale de Paris.

Je suis installé dans le *Grand-Hôtel* de la rue Catinat ; mon appartement est confortable et la nourriture excellente. Je mentionne ces détails avec un soupir de bien-être, ces douceurs sont vraiment appréciables lorsque, pendant trois mille lieues, on a été obligé de subir les *british boarding houses*, exécrables tavernes qui font penser à la boutade humoristique du grand poète français qui, mécontent de l'auberge et de l'aubergiste Lahure, crayonna son adieu au bas de l'addition :

> Vendeur de fricot frelaté,
> Hôtelier, chez qui se fricasse
> L'ordure avec la saleté,
> Gargotier, chez qui l'on ramasse
> Soupe maigre et vaisselle grasse
> Et tous les poux de la cité ;
> Ton auberge, comme ta face,
> Est hure pour la bonne grâce
> Et groin pour la propreté......

V. H.

Quelques jours après l'arrivée à Saïgon, une gracieuse invitation à dîner me fut adressée par l'ambassadeur de la cour de Pékin.

A huit heures du soir le vieux et jeune diplomates étaient à table. Avant de donner connaissance du menu, je dirai quelques mots de l'installation de mon hôte. La salle à manger, assez vaste, est d'un style sévère, mais du meilleur goût asiatique ;

les meubles sont en bois de saô, sculptés et incrustés de nacre : ils sortent des ateliers de Wantay, ébéniste renommé. D'élégants bahuts, en forme d'étagères, sont ornés de porcelaines anciennes, d'une pâte transparente, richement décorées et qui portent l'estampille des fabricants du XVI⁰ siècle. Un lustre en bronze japonais, d'une étrange originalité, pend au plafond : il figure un nid de couleuvres dont les têtes émergent et chacune d'elles sert de support à une bougie qui darde la flamme. Sur une console, en laque brune, triomphe une imitation en jade de la pendule de Falconet : les trois Grâces sont aussi nues dans la copie que dans l'original et, suivant la réflexion du philosophe Diderot, ces trois olympiennes montrent tout sauf l'heure. Un panka en laque rouge d'Yédo avec enlèvement d'oiseaux roses et crème brodés en soie et filigranes d'argent ; cet éventail de grande dimension, manœuvré régulièrement et sans secousses par un hindou fortement teinté, maintient l'atmosphère à un degré de température supportable, avantage qui a son prix quand le festin doit se prolonger.

> Sur un tapis de Turquie
> Le couvert se trouva mis.
>
> . . . .

Voici le menu du dîner :

POTAGE NIDS D'HIRONDELLES

FILETS DE CONGRE FUMÉ

CANARD BOUILLI

SALMIS DE PEAUX DE PATTES DE CANARDS

BOL D'OIGNONS ET D'HERBES HACHÉS

BOUILLIE DE HARICOTS

PORC RÔTI LAQUÉ

THÉ, VINS DE FRANCE ET BIÈRE D'AUTRICHE

Une profusion de sweet meats, de pâtisserie, gâteaux et bonbons chinois.

Ce repas national m'a mis en appétit et en belle humeur ; le goût affadi par la cuisine d'Europe a été activement réveillé par cette variété de substances qui ont une saveur tantôt sucrée, aromatisée, tantôt acide et pimentée.

N'empêche que les Français sont passés maîtres dans l'art culinaire, c'est le dernier cri du genre ; en Occident, on a tout dit avec ce mot : « cuisine de Paris ».

La basse Cochinchine, désignée par les Annamites sous le nom de Gia-dinh, est ce vaste quadrilatère formé par la pointe sud de la presqu'île indochinoise. Elle est baignée à l'ouest par le golfe de Siam ; à l'est par la mer de Chine ; au nord-ouest par le royaume du Cambodge ; au nord et au nord-est par de vastes forêts, habitées par des Moïs, indigènes indépendants, qui la séparent du Binh-thuan, province annamite.

La superficie de la basse Cochinchine dépasse soixante mille kilomètres carrés.

La basse Cochinchine peut se diviser en deux bassins, celui du Mékong et celui du Donaï.

Le Mékong, un des grands fleuves d'Asie, prend

sa source dans les montagnes du Thibet, traverse l'extrémité sud-ouest de la Chine, longe la partie occidentale de l'Annam, arrosant le Laos siamois, passe dans le Cambodge, se partage en trois branches à Pnom-Penh, ville distante de soixante kilomètres de l'endroit où il entre en Cochinchine.

La première branche de Mékong va se perdre dans le grand lac (ton le sop) du Cambodge.

La seconde, sous le nom de fleuve postérieur, se rend directement à la mer de Chine.

La troisième, appelée fleuve antérieur, coule parallèlement à la première jusqu'à Vinh-Long, province de Cochinchine, où elle se divise en quatre bras qui vont se jeter à la mer.

Les deux fleuves, antérieur et postérieur, sont réunis par un bras large et profond, le Vam-noo; ils ont encore entre eux plusieurs artères de communication : le canal Tan-chau, qui débouche à Chaudoc; le canal Tra-on, etc., etc.

Le Bassac, ou fleuve postérieur, communique avec le golfe de Siam par les canaux du Rach-Gia et Hatien.

Tous ces cours d'eau contribuent à la fertilité des terrains qu'ils arrosent par le limon qu'ils déposent dans leurs inondations périodiques ; ces crues, qui sont produites par la fonte des neiges du Thibet, coïncident avec la saison des pluies, d'avril à novembre.

Un canal, dont l'entrée est à Mytho, réunit le bassin du Mékong à celui du Donaï en faisant communiquer le bras du Cua-Tieu avec le Vaico occidental.

Ce canal, connu sous le nom d'arroyo de la Poste, creusé par les Annamites en 1815, sinueux, asséchant à marée basse, obstrué par la vase, ne pouvait plus suffire à la navigation. En 1877, l'amiral V. Duperré, gouverneur de Cochinchine, fit creuser un nouveau canal rejoignant le Cua-Tieu au Vaico oriental. Ce travail fut effectué en deux mois par quarante mille ouvriers, sous la direction de M. de Serraval, officier de marine et premier administrateur de la circonscription de Mytho.

Le Donaï prend sa source dans le pays des Moïs, traverse la province de Bien-hoà, passe devant la ville et reçoit, sur sa droite, au lieu dit le Nha-bé, la rivière de Saïgon. Le Donaï se partage en plusieurs branches dont l'une, le Soirap, prolongement naturel du fleuve ; mais le chenal par lequel il se jette à la mer étant moins facile à suivre que celui de la branche qui se dirige vers le cap Saint-Jacques, les navires suivent cette voie pour remonter à Saïgon.

La rivière de Saïgon est un affluent du Donaï ; elle a sa source sur les frontières du Cambodge, court du nord-ouest au sud-est, arrive à Saïgon et s'y jette à dix milles au sud de la ville. Cette rivière a une largeur de quatre cents mètres et une profondeur de seize mètres.

Cette hydrographie est l'œuvre du comité agricole et industriel de la Cochinchine ; elle est due,

en majeure partie, à M. Palasme de Champeaux, inspecteur des affaires indigènes qui est
mort résidant supérieur du Cambodge.

Par arrêté ministériel du 5 mai 1876, la Cochinchine est divisée en quatre circonscriptions, savoir :

1° *Circonscription de Saïgon* qui comprend les
arrondissements de Saïgon, Taï-ninh, Thudomot,
Bien-hôa et Baria.

2° *Circonscription de Mytho* qui comprend :
Mytho, Tanan; Gôcong et Cholon.

3° *Circonscription de Vinh-Long* qui comprend :
Vinh-Long, Bentré, Travinh et Sadec.

4° *Circonscription du Bassac* qui comprend :
Chaudoc, Hatien, Long-Huyen-Rachia, Canthô et
Soctrang.

Dans chaque arrondissement est établi un centre
d'administration du district.

Les chefs de cantons sont chargés de l'administration des cantons, et les maires, en conseil de
notables, de celle des villages.

Les inspections dont la position est la plus importante au point de vue de la défense de la colonie
ont un poste militaire français ; les autres sont
défendues par des milices indigènes. Chaque inspection communique avec Saigon par la ligne télé-
graphique.

La poste aux lettres se fait journellement par les
trams, sortes de facteurs choisis parmi les miliciens ;
le service s'opère à pied, à cheval ou en barque.

Les communications par eau entre l'intérieur et Saïgon se font par les Messageries de Cochinchine, paquebots subventionnés par la colonie.

On désigne sous le nom de marchés, des constructions régulières, élevées dans les cantons populeux et de production, par la commune ou le Gouvernement et où se font les échanges de toute nature.

IX

SAÏGON ET CHOLON.

L'arrondissement de Saïgon a été formé avec les anciens huyens de Binh-duong et de Binh-long ; il a pour chef-lieu Saïgon, capitale de la basse Cochinchine, siège de toutes les administrations.

233.450 habitants, 18 cantons, 234 villages, 3 postes de miliciens, 25 marchés, dont les principaux sont Choquan, Cau-ong-lan, Thuduc, Gôviap, Hocmon.

Les administrateurs de l'arrondissement résident dans la banlieue, à Binh hôa.

La ville de Saïgon est renfermée dans un trapèze irrégulier formé par la rivière de Saïgon à l'est, l'arroyo chinois au sud, le canal de ceinture à l'ouest et l'arroyo de l'Avalanche au nord.

La conquête a détruit l'ancien Saïgon ; le plan de la nouvelle ville, largement dessiné, a été plus qu'une résurrection. Pour opérer cette création, il a fallu écrêter le plateau qui la dominait, combler les marais qui l'enterraient, faire des rues et construire des maisons sur un sol mouvant : ce travail immense a été l'œuvre de trente années.

La rue mise la première en état de viabilité a été la rue Catinat ; elle part de la citadelle et s'étend jusqu'au fleuve ; les commerces européen et chinois sont installés dans ce quartier où règne la plus grande animation : toutes les autres grandes artères sont parallèles à la rue Catinat. A gauche, un magnifique square a remplacé le grand canal du marché ; divers monuments décorent ce bouquet d'arbres et de fleurs ; le plus ancien, élevé à la mémoire du commandant de la Grée, chef de l'expédition du Mékong ; un second représente le héros, du Tonkin, Francis Garnier, assassiné misérablement par les pavillons noirs, à Hanoï, le 21 décembre 1873. Un troisième, dressé à l'extrémité sud du square, sur le quai Charner, est un duplicata de la statue de Gambetta par Falguière. Le chef de l'opportunisme regarde les flots du Donaï et semble méditer sur leur inconstance.

A droite de la rue Catinat, la rue Nationale qui traverse la ville dans toute sa longueur.

Les boulevards de l'Hôpital et de la Citadelle partent aussi du quai, parallèlement à la rue Catinat : le premier s'arrête à la rue d'Espagne, le second à l'arroyo de l'Avalanche. Sur le terrain de l'ancienne citadelle ont été construites de belles casernes pour l'infanterie de marine. Toutes ces voies vont du sud-est au nord-ouest ; elles sont coupées par de nombreuses rues dont la direction est sud-ouest et nord-est ; les plus importantes, en partant des quais sont : la rue Vannier, la rue d'Ormay, la rue de l'Eglise, le boulevard Bonnard, la rue d'Espagne, la rue de Lagrandière qui commence la route haute de Cholon, la rue Thabert, le boulevard Norodom en face le palais du Gouvernement et la rue Chasseloup-Laubat.

De larges rues partent aussi de l'arroyo chinois et remontent jusqu'à la plaine des Tombeaux : ce sont les rues Ollivier, Pellerin, Mac-Mahon, cette dernière longe le Gouvernement ; enfin, la rue Boresse, qui a eu pour résultat d'assainir ce marais, et à l'extrémité de laquelle ont été construits les magasins à pétrole et l'abattoir.

Tous ces boulevards, toutes ces rues sont bordés de trottoirs qui recouvrent de profonds égouts en maçonnerie et sont ombragés par des plantations d'arbres variés.

Les paquebots des Messageries viennent mouiller à l'entrée de la ville, en face de l'hôtel de l'agent, et des constructions importantes ont été exécutées par la compagnie en vue de faire de Saïgon la tête de ligne du Japon et de la Chine. Le pont en fer, l'œuvre de l'ingénieur Eiffel, relie les Messageries à la ville.

En face des Messageries, à l'angle de la rivière de Saïgon et de l'arroyo chinois, se trouve le mât

de signaux ; en longeant le quai, on passe devant
le port de commerce, de nombreux cafés, l'hôtel de
la Compagnie des Messageries fluviales, la Direction du port de guerre, les chantiers et parcs de
l'artillerie de marine ; l'Arsenal, qui occupe une
superficie de vingt-deux hectares et a mille mètres
dans sa plus grande longueur, avec son bassin de
radoub ; cet établissement occupe plus de six cents
ouvriers chinois et annamites.

Derrière l'arsenal se trouve le jardin botanique ;
une volière, très ingénieusement construite, con-
tient des spécimens de tous les oiseaux de Cochinchine ; des cages de fer renferment de beaux tigres,
des panthères, des ours ; il y a un palais en fil de
fer où s'entortillent, sur les branches d'un arbre,
d'énormes pythons. Sous un dôme de feuilles de
cocotier, se promène, attaché par la patte avec la
chaîne de caliban, un pachyderme, jeune éléphant
donné au jardin par le phu de Cholon. Enfin, dans
de vastes enclos, errent, en liberté, des chevreuils,
des vaches, des axis, des sangliers, et sur une magnifique pièce d'eau s'ébattent de nombreux oiseaux
aquatiques.

En face le jardin botanique, le collège d'Adran,
le séminaire de la Mission, la Sainte-Enfance, établissement très vaste, dirigé par les sœurs de Saint-
Paul de Chartres. La citadelle, placée vis-à-vis
l'extrémité nord du jardin botanique, est un grand
ouvrage en terre, bastionné aux quatre angles,
ayant quatre cents mètres de côté et coupé dans

les axes des fronts par la rue Chasseloup-Laubat et
la rue de la Citadelle. Elle a été construite en 1799
sous la direction d'officiers français à la solde de
l'empereur Gialong. Dans l'enceinte ont été cons-
t uites les deux casernes de l'infanterie de marine.

Si en quittant la Citadelle, on se dirige au nord-
est, en suivant la rue Chasseloup-Laubat, on trouve,
à droite, le château-d'eau et les bassins d'alimenta-
tion, le collège et la pagode Barbet où est né l'empereur Minh-Mang, fils de Gialong ; le parc du
Gouvernement et le parc de la ville, faisant suite
l'un à l'autre. Le palais du Gouvernement qui a
quatre-vingts mètres de façade se compose de deux
pavillons aux extrémités et d'une partie centrale
avec dôme, rampe d'accès et descente à couvert ;
le rez-de-chaussée, élevé sur un soubassement où
sont établies les cuisines et les dépendances, con-
tient, à droite, les bureaux, le cabinet du Gouverneur, la salle du Conseil ; à gauche, la salle à manger, le télégraphe, le secrétariat du Conseil privé ;
au milieu, un magnifique vestibule sur lequel donne
un escalier en marbre blanc, à double rampe, donnant accès aux appartements du premier étage. Au
fond du vestibule se trouve la salle des fêtes, fort
belle nef, richement décorée, adossée perpendicu-
lairement à la façade postérieure du palais et pouvant contenir huit cents personnes.

En quittant le Gouvernement par le boulevard
Norodom, on trouve l'évêché ; la cathédrale, qui a
coûté 2.600.000 francs, en briques et en grès blanc

des carrières de Paris : ce monument rouge festonné de blanc, tout respect gardé, ressemble à un homard cuit entouré de branches de céleri. En face, on distingue le mess des officiers de l'infanterie de marine, dû à la sollicitude de l'amiral Duperré.

La cathédrale forme le centre d'une immense place dans l'axe de la rue Catinat dont la partie supérieure et les rues voisines sont le siège de tous les services : le Trésor, les Postes et Télégraphe, l'Enregistrement, la Direction de l'Intérieur, l'habitation du Lieutenant-Gouverneur, l'Hôtel-de-Ville. Dans la rue d'Espagne : les bureaux de la Marine, les établissements du Génie, le service des travaux publics ; rue La Grandière : l'Observatoire, le Conseil de guerre ; l'Institution municipale, la caserne de gendarmerie, l'hôtel du procureur général, le palais de Justice, la prison, le musée.

L'aspect de Saïgon est très animé, très curieux ; là, vivent des populations de civilisation diverse : les Français et Européens, les Chinois, les Annamites, les Malais, les Tagals, les Indiens, originaires de la côte de Coromandel, Pondichéry, Karikal, Trinquebard et Négapatam.

Les Chinois habitent de préférence dans la partie basse de la ville, les quartiers commerçants et le voisinage du grand marché.

Les Indiens construisent leurs paillotes dans les faubourgs, sur la route haute de Cholon, aux abords de Tong-kéou.

Les Annamites gîtent généralement un peu en dehors de la ville, du côté du marais Boresse et sur la route basse de Cholon.

La population de Saïgon et de sa banlieue, en y comprenant les militaires, les marins, les fonctionnaires et les allants et venants, peut être évaluée à soixante-cinq mille ou soixante-dix mille âmes.

Les environs de Saïgon offrent de belles promenades et de jolies routes qui, dès cinq heures du soir, sont sillonnées par les voitures ; les plus fréquentées sont les deux routes de Cholon et celle qui conduit au Goviap ; ces quartiers sont peuplés par des Annamites qui, attachés dès l'origine à la fortune des Français et en ayant subi les vicissitudes depuis l'évacuation de Tourane, ont reçu des concessions sur le bord de l'arrayo de l'Avalanche entre le deuxième et le troisième pont. Sur la rive gauche de cet arroyo se trouvent de riches villages : Phuo-hoâ et Hiep-hoâ qui approvisionnent Saïgon en fruits et légumes.

Si en quittant le marché du Goviap on se dirige parallèlement à l'arrayo de l'Avalanche on suit une superbe route qui, partant du premier pont, passe devant l'inspection de Bien-hoâ et se continue jusqu'à Tong-kéou : c'est dans ces parages, qu'au milieu d'un bosquet de manguiers, s'élève le tombeau de Monseigneur Pigneau de Béhaine, le célèbre évêque d'Adran, l'auteur du traité de 1787 entre la France et l'Annam, le conseil et l'ami de l'empereur Gialong. C'est là qu'après la pacification du pays s'était retiré l'évêque d'Adran ; il y mourut en 1799 ; Gialong lui fit faire de magnifiques funérailles et ordonna la construction, au milieu du jardin, d'un monument funéraire, bâti dans le style des pagodes chinoises. En 1861, l'amiral Charner a déclaré ce tombeau propriété nationale.

L'arrondissement de Cholon est un des plus considérables de la colonie ; il a 150.600 habitants, 12 cantons, 215 villages, 2 postes français à Cholon et à Caï-mai, 5 postes de miliciens, 18 marchés.

En 1778, une colonie de Chinois, chassée de Mytho et de Bien-hoâ par l'invasion des Tay-son, remonta le fleuve du Tanh-binh et fonda sur un emplacement admirablement choisi une ville à laquelle fut donné le nom de Taï-gnon et qui, grâce à l'activité et à la persévérance de ses habitants, né tarda pas à devenir le centre commercial le plus important de la basse Cochinchine : les Annamites l'appelèrent Cholon, le grand marché.

Les Chinois, pendant près d'un siècle, ne se laissèrent point décourager par les mesures vexatoires des autorités annamites ; le génie commercial parvint à triompher des obstacles les plus ardus ; ils construisirent des kilomètres de quais en pierres, creusèrent des canaux, entre autres l'arroyo de la poste qui allant à Mytho, ouvrait la route du Cambodge. L'occupation française fut pour eux le commencement d'une ère de liberté plus grande et leur commerce avait pris une extension considérable ;

mais depuis quatre ou cinq ans leur prospérité serait, dit-on, moins grande.

Cholon a une population de quarante mille âmes dont vingt mille Chinois et vingt mille Annamites : ces derniers vivent dans les faubourgs, loin des rues bruyantes où la circulation est trop active. La ville, embellie depuis l'administration française, a pris un vaste développement ; des quais bordent le fleuve sur une étendue de plusieurs kilomètres ; des ponts, construits de manière à laisser un passage aux jonques, s'élèvent en reliant les quais et donnent à la ville un cachet original ; c'est par les magasins de Cholon que passent les quatre ou cinq millions de piculs de riz expédiées en Chine, au Japon, à Singapour, aux Philippines.

X

LES ANNAMITES. — PÉRIODES MOUVEMENTÉES. — LE TRAITÉ DE 1787.

Les Annamites appartiennent à la race mongole et en ont tous les caractères physiques : ils sont de taille moyenne, les membres bien constitués, la poitrine un peu en saillie, la tête proportionnée, les mains étroites et longues, le pied bien fait, avec cette particularité que le pouce est très développé et légèrement écarté des autres doigts, ce qui lui a valu de toute antiquité le surnom de giao-chi (chinois, doigts bifurqués) ; le teint des Annamites est cuivré, le front est rond, les pommettes saillantes, les yeux noirs légèrement bridés. L'expression de la physionomie est douce, chagrine, l'abord est méfiant et respectueux, enfin poli et affable. Comme tous les peuples de l'Indo-Chine, les Annamites mâchent le bétel. La sobriété des peuples de l'Annam est très grande ; les gens riches sont seuls adonnés à l'opium ; la charité est naturelle chez eux, on ne voit pas de mendiants, sauf quelques rares à Saïgon.

Les ancêtres des Annamites remontent à la plus haute antiquité, sous le nom de giao-chi (mongols aux doigts bifurqués), ils habitaient le Tonkin ; cette nation, qui occupait la limite sud de l'Empire, tomba sous la domination chinoise dont elle emprunta les mœurs, les usages, l'écriture, les connaissances agricoles et industrielles.

Au XIIe siècle après Jésus-Christ, les Annamites font usage de la boussole, tissent la soie et décorent l'avant de leurs barques de ces deux grands yeux de squale qu'on y remarque aujourd'hui, afin, dit la légende, d'en imposer aux monstres marins avec lesquels une population maritime est toujours en contact.

Pendant des siècles, les Annamites sont en guerre avec la Chine et le ciampo (autrement dit les pirates de la basse Cochinchine) ; une succession de princes de l'Annam gouvernent le pays, mais sous la suzeraineté du fils du ciel. En 1418, de Jésus-Christ, un personnage de la famille royale qui avait occupé le trône annamite, Lé-Loï, soulève la population et secoue le joug chinois; l'Annam se réveille libre, mais chinois, c'est-à-dire conservant toute la civilisation des conquérants.

Au commencement du XVIIe siècle, le royaume d'Annam se divise en deux gouvernements : celui du nord, à la tête duquel se trouvaient les Lé et dont la capitale était Hanoï; celui du sud, fondé par Nguyen-hoang résidant à Hué. Ces deux gouvernements reconnaissent l'autorité des rois de la famille Lé, tout en conservant leur indépendance; cet état de choses ne pouvait manquer d'amener la rivalité entre ces deux puissants mandarins : de là, ces guerres qui désolèrent la population pendant la durée de la dynastie des Lé. Les armées du sud et du nord sont constamment en observation l'une vis-à-vis de l'autre; mal organisées, mal commandées, elles font des razzias sur leurs territoires réciproques, c'est une série d'escarmouches où le vaincu abandonne au vainqueur un pays ruiné et qu'il achève de détruire par le fer et le feu.

En 1663, le roi Lé-than-tong monta sur le trône d'Annam après avoir reçu l'investiture de l'empereur Minh qui donna aux princes du nord le titre de roi. Cette faveur accordée à la dynastie des Lé réveilla la jalousie des princes du sud qui prirent les armes, envahirent le Tonkin; dès cette époque, la fortune sembla favoriser la famille de Hué, les Nguyen-hoang.

Pendant ces évènements, des relations s'étaient établies entre les Annamites et les Européens ; des navigateurs hollandais s'étaient installés dans l'Annam, les missionnaires les y avaient suivis ; l'histoire enregistre les noms des premiers qui arrivèrent en Cochinchine. Le dominicain Diégo d'Alverte. Le Camoëns, en 1556, fit naufrage à l'entrée du Mékong et se sauva à la nage emportant les *Lusiades*. Le révérend père de Rhodes, en 1625, gagna les bonnes grâces du roi d'Annam en lui faisant cadeau d'une pendule à sonnerie. De nouveaux missionnaires pénètrent au Tonkin ; pendant une vingtaine d'années, ils évangélisèrent les populations sans être inquiétés ; mais en 1664, la persécution fut violente, la religion catholique fut défendue sous peine de mort.

En 1638, un établissement hollandais se fondait à Phohien sur le bras occidental du fleuve Rouge (Son-coï) ; on y voyait une ville de deux mille maisons, fréquentée par les Français, les Anglais, les Hollandais et les Portugais ; cette ville était située entre Nam-dinh et Hanoï. Les Hollandais, rebutés par les difficultés, partirent dans une autre direction. Pendant les luttes intestines entre le nord et le sud, les Cochinchinois furent envahis et le mandarin du sud, Vuong, porte le dernier coup. Continuant ses succès, il cherche à étendre sa domination sur le Cambodge ; de nombreuses colonies annamites avaient préparé la conquête en se mêlant à la population ; elles s'étaient groupées à Baria et Bien-hoâ, et les Cambodgiens étaient impuissants à s'opposer à cet envahissement qui continue plus que jamais de nos jours dans les débris du royaume Khmer.

En 1663, un général chinois, Duong, parvint à s'établir à Mytho et sur le Cua-tien pendant que son lieutenant, campé à Cangiou, sur le Donaï, fermait la seconde entrée accessible aux grandes jonques. Les Chinois ne jouirent pas longtemps de leur conquête, Duong fut assassiné par son lieutenant Tran qui déclara la guerre au Cambodge ; le roi, trop faible pour résister à l'invasion chinoise, appela à son aide le mandarin du sud qui chassa l'ennemi, mais ne songea plus à évacuer un pays aussi fertile que le delta du Mékong. Les Chinois s'établirent à Saïgon et chassèrent la cour du Cambodge jusqu'à Pnom-penh, au delà des Quatre-Bras.

En 1774, commence l'histoire la plus troublée de l'Annam. La révolte des frères Tay-son. L'affaiblissement graduel de la dynastie royale et légitime de Lé avait excité de vifs mécontentements ; les Nguyen soulevaient de fréquentes séditions et se montraient plus ambitieux que jamais. Mach, un riche marchand de Qui-nhon à l'aide de ses deux frères, entreprit de se faire un royaume aux dépens de la famille Nguyen ; la révolte se répandit dans tout le royaume dont la capitale tomba entre les mains des Tay-son, en 1775. Le roi abandonna Hué et vint se fixer à Saïgon ; les rebelles le poursuivirent et il fut mis à mort en 1779.

Son fils, Nguyen Anh, qui régna sous le nom de

Gialong, parvint à s'échapper et entreprit de conquérir son royaume ; il y réussit avec le secours que lui procura l'évêque d'Adran, Monseigneur Pigneau de Behaine. Après plusieurs années de guerres malheureuses, le monarque détrôné se réfugia, en 1785, à la cour de Bangkock et réclama l'assistance du roi de Siam. Ces premiers succès furent suivis de revers. Au moment où tout paraissait désespéré pour le dernier des Nguyen, héritier du royaume d'Annam, le sort lui fit rencontrer l'évêque d'Adran qui lui offrit un asile dans sa retraite menacée. L'évêque lui proposa de solliciter l'appui de la cour de France et vint en Europe pour négocier avec Louis XVI une alliance offensive et défensive : le traité fut signé le 28 novembre 1787 par le comte de Montmorin et Monseigneur Pigneau de Behaine.

Les dispositions du traité étaient les suivantes : en échange d'un corps auxiliaire de 1,500 hommes et tout un matériel de guerre, le roi de l'Annam cédait à la France en toute propriété l'île de Poulo-Condore ; le port de Tourane devait appartenir aux deux puissances. Les Français étaient autorisés à y créer tous les établissements nécessaires à la navigation et au commerce ; enfin, une liberté absolue de circulation à l'exclusion des autres peuples.

Le traité de 1787 ne reçut pas d'exécution, et la Révolution française qui éclata en 1789 enleva les dernières espérances à Gialong. Cependant, Monseigneur de Behaine réussit à lui trouver un appui assez ferme pour restaurer sa dynastie ; les noms des Français qui aidèrent Gialong sont restés populaires dans le pays : Chaigneau, Vannier, Ollivier et Dayot. En 1790, Giadinh était reconquis.

Les officiers désignés plus haut organisèrent l'armée annamite, formèrent la marine, bâtirent les fortifications de Saïgon, celles de Hué et les citadelles des provinces.

En 1802, Gialong se déclara roi du Tonkin et de Cochinchine ; dans la même année, il mourut, laissant sa succession à son fils Minh-Mang.

De 1802 à 1852, les navires français se montrent dans la baie de Tourane pour renouer des relations politiques avec la Cochinchine et protéger les missionnaires cruellement persécutés. En 1847, le capitaine Lapierre, avec deux navires de guerre, la *Gloire* et la *Victorieuse*, attaqua Tourane, tua mille Annamites, coula et incendia cinq corvettes de guerre. Cette défaite n'arrêta point la persécution, et le 20 juillet 1857, Monseigneur Diaz, évêque du Tonkin, fut martyrisé.

Les massacres des chrétiens eurent un écho retentissant en Europe, la France se décida à agir vigoureusement.

XI

L'INTERVENTION FRANÇAISE EN BASSE-COCHINCHINE

La persécution contre les chrétiens s'étant accentuée, la France se décida à des mesures sévères de répression. Sous prétexte de droits résultant du traité de 1787 qui était annulé par suite des conventions non exécutées, le gouvernement français donna ordre à l'amiral Rigault de Genouilly, commandant de la division des mers de Chine, d'opérer militairement contre les Annamites. L'Espagne, qui avait à venger le sang de ses nationaux, fournit à l'expédition un contingent de Tagals de Manille.

Le 31 août 1858, l'amiral se présenta devant Tourane avec une frégate, deux corvettes, cinq canonnières, trois transports et un petit vapeur espagnol. L'attaque commença le lendemain, les forts furent détruits, l'ennemi dispersé et toute la presqu'île de Tourane était conquise.

L'amiral avait le désir de continuer ses opérations sur Hué ; mais des renseignements des provinces de la Basse-Cochinchine et des instructions ministérielles modifièrent ce plan et il se dirigea sur Saïgon. Le 7 février 1859, sa flottille pénétrait dans la rivière qu'elle remontait en détruisant les forts qui défendaient l'approche de la ville, et, le 17, elle tombait entre ses mains.

Obligé de revenir à Tourane, l'amiral laissa la position de Saïgon sous le commandement du capitaine de frégate Jauréguiberry.

Les Annamites de Tourane qui, pendant l'absence des troupes, avaient préparé la révolte, furent attaqués et refoulés sur la route de Hué.

L'amiral Page, le 1er novembre 1859, succéda à l'amiral Rigault de Genouilly et s'empara de la position de Kien-Shan, sur la route de Hué; mais la guerre avec la Chine ayant éclaté, la flotte dut abandonner Tourane et on se borna à conserver Saïgon comme base aux opérations futures.

Pendant près d'une année, une faible garnison eut à tenir en échec toute l'armée annamite qui s'était fortifiée dans la plaine de Ki-hoâ, autour de Saïgon.

L'expédition de Chine terminée, l'empereur Tu-Duk persistant à refuser tout accommodement, le vice-amiral Charner fut chargé de reprendre les hostilités. Le 24 février 1861, avec un effectif de trois mille hommes, il attaqua le camp retranché de Ki-hoâ. Après deux jours d'une lutte acharnée, les Annamites, au nombre de vingt mille, furent battus et évacuèrent leurs positions. Après expulsion des Annamites de la province de Saïgon, l'amiral Charner envoya une double expédition, par terre et par mer, pour s'emparer de Mytho ; l'armée de terre déboucha devant Mytho presqu'en même temps que le contre-amiral Page franchissait la barre du grand fleuve du Cambodge et faisait son entrée à Mytho avec le canon. La prise de Mytho livra aux Français tout le pays entre le Donaï et le Cambodge.

Le 8 août 1861, l'amiral Charner fut remplacé par l'amiral Bonard. Cet officier continua l'expédition et s'empara de la province de Bien-hoâ après avoir dispersé trois mille Annamites qui prirent la fuite dans les montagnes.

Une révolte s'étant manifestée sur le territoire de

Vinhlong, les troupes françaises débarquaient à quelques kilomètres de la ville, défendue par huit forts et de nombreuses estacades : la place fut emportée le 23 mars 1861, et l'empereur Tu-Duk fut contraint à demander la paix qui fut signée le 5 juin 1862.

Par ce traité, le roi d'Annam, Tu-Duk, cède à la France les trois provinces de Bien-hoâ, Saïgon, Mytho, Poulo-Condore et autorise les sujets de la France à entrer librement dans les trois ports de Tourane, Balat et Quangan ; en outre, il s'oblige à payer une indemnité de vingt millions de francs. Les Français devaient rendre la citadelle de Vinh-long.

En 1863, une révolte ayant éclaté dans le sud de la province de Saïgon, à Gôcong, les troupes françaises, divisées en deux colonnes, châtièrent les rebelles et en même temps refoulèrent dans leurs forêts les Moïs qui avaient pris part à l'insurrection.

Le 20 avril 1863, l'amiral Bonard remit le service au contre-amiral de La Grandière.

Un des premiers soins du Gouverneur fut de régler les rapports de la France avec le royaume du Cambodge ; depuis le XVII° siècle, l'Annam avait rendu tributaire le Cambodge ; mais profitant des querelles de Tu-Duk, le roi de Siam avait fini par acquérir une prépondérance telle qu'il gouvernait par ses commissaires à Houdon. M. de La Grandière entama des pourparlers avec le roi Norodom qui s'est placé sous le protectorat français par un traité du 11 août 1863 et lui a livré sur le grand fleuve la position importante des Quatre-Bras.

En 1864, les pirates et insoumis réfugiés dans le cercle de Baria furent l'objet de répressions énergiques.

Les trois provinces cédées à la France, Saïgon, Mytho, Bien-hoâ, étaient une enclave dans le royaume d'Annam et obligées de servir d'intermédiaire entre Hué et ses provinces du sud : Vinlong, Chaudoc et Hâtien. Cette situation difficile força le gouvernement annamite à confier la vice-royauté de ses possessions à un grand mandarin nommé Phan-thanh-gianh ; cet homme d'Etat se mit à entraver l'Administration française qui, convaincue de ses manœuvres hostiles, ne tarda pas à diriger une expédition contre les rebelles soulevés par lui. En même temps, eut à faire face à une insurrection des Cambodgiens voulant détrôner Phra Norodom et le remplacer par un prétendant nommé Poucombo.

Les hostilités cambodgiennes commencèrent par l'attaque de Taïninh tandis que les bandes de la Plaine des Joncs réorganisées par le quan quyen poussaient l'audace jusqu'à envahir, le 24 juin 1866, le fort de Tonh-kéou, à trois kilomètres de Saïgon. Ces bandes de pirates et de rebelles furent mitraillées et refoulées jusques dans le Laos.

Phan-thanh-gianh comprit sa situation, s'y résigna et en sortit par la mort. Tu-Duk n'eût pas manqué pour s'être laissé battre de l'inviter à s'ouvrir religieusement le ventre; les Français, beaucoup plus humains, l'eussent condamné à la relégation perpétuelle avec amnistie ultérieure.

Tous ces événements eurent pour résultat l'annexion, au territoire français, des provinces de Vinlong, Chaudoc et Hâtien. Cette occupation n'étant que temporaire, on proposa à l'Annam de la rendre définitive en lui faisant abandon des sommes restées dûes pour l'indemnité de guerre résultant du traité de 1862. Des négociations s'entamèrent, mais traînèrent en longueur par suite de la guerre de 1870-71, survenue entre la France et l'Allemagne; un incident fut cause de leur ratification.

Un Français nommé Dupuis ayant découvert la navigabilité du fleuve Rouge pendant toute la traversée du Tonkin, ouvrait une route de communication entre la mer et les plus belles provinces de la Chine méridionale, notamment le Yunam dont les mines seraient d'une richesse extraordinaire. Dupuis, agissant pour le compte de la Chine, entra en négociation avec le commissaire royal Ly pour l'ouverture du Son-coï à la marine marchande ; non seulement, il ne réussit pas, mais il fut bloqué par la fermeture du fleuve, menacé par les mandarins annamites qui le dénoncèrent à l'amiral Dupré, gouverneur de Cochinchine, l'accusant de faire cause commune avec les pirates.

L'amiral Dupré ne voulut point accepter les plaintes du gouvernement annamite, offrit sa médiation et envoya à Hanoï une petite expédition.

Le lieutenant de vaisseau Francis Garnier fut nommé envoyé politique et commandant militaire du Tonkin. L'escorte qui l'accompagnait se résumait à soixante hommes d'équipage, trente soldats d'infanterie de marine sous les ordres du lieutenant de Trentinian ; son état-major comprenait un enseigne de vaisseau, Esmez ; un médecin, Chédan ; un caporal aux écritures, Lasserre, et deux interprètes annamites. Troupes et matériel furent embarqués sur l'aviso le d'*Estrées* qui devait se compléter d'un autre aviso, le *Décrès*, et la canonnière l'*Espingole*. L'effectif de ce second aviso se composait de soixante fusiliers, marins, matelots et canonniers commandés par un enseigne, Bain de la Coquerie ; deux aspirants, Hautefeuille et Perrin, et un docteur, Dubois. L'*Espingole* comptait vingt-cinq hommes sous les ordres de l'enseigne Balny d'Avricourt, auquel étaient adjoints l'ingénieur hydrographe Bouillet et le docteur Harmand.

Le 15 octobre 1873, le d'*Estrées* relâche à Tourane pour faire parvenir à la cour de Hué une dépêche du gouverneur de Cochinchine annonçant la mission de Garnier et demandant un plénipotentiaire annamite chargé avec l'envoyé français de régler les questions litigieuses.

Le 23 octobre, le d'*Estrées* ayant à son bord les deux mandarins expédiés par Tu-Duk vint mouiller à l'entrée du fleuve du Tonkin. Garnier, pressé de se procurer des jonques pour transborder soldats, vivres et matériel, met à flot son canot à vapeur et se rend à Haï-dzuong. Il écrit à Jean Dupuis son arrivée; en même temps, il l'informe de la ligne de conduite qu'il est disposé à suivre dans les affaires du Tonkin.

Le 3 novembre, à bord de son bateau le *Mongaho*, Jean Dupuis remorque les jonques de Garnier avec son steamer et arrive à Hanoï. Le maréchal Nguyen-tri-phuong, vice-roi, s'étant abstenu d'assister au débarquement des Français, blessa par ce procédé Francis Garnier, qui entre avec quinze hommes dans la citadelle et obtient qu'on mette à sa disposition le camp des lettrés avec les logements qui en dépendent et sont voisins de la citadelle.

Les négociations s'entament avec Nguyen et les mandarins sans résultat. Le 19 novembre, Garnier, avec un corps expéditionnaire qui se chiffre par quatre bouches à feu et deux cent douze hommes, attaque la citadelle qui fut prise grâce à la vaillance de cette petite troupe et de son chef. Pendant deux mois, le destin, de complicité avec les événements, favorise l'audace de cet intrépide bataillon; le pugilat de la guerre se noue et se dénoue avec la rapidité des éclairs; chaque jour inscrit une victoire, enregistre un triomphe. Cette poignée de Français, infiniment petits par le nombre, mais multipliés par le cœur, montrent une bravoure inexprimable; fractionnés en groupes, souvent invraisemblables, ils sont aux prises avec une nation entière, exposés aux plus grands périls; mais ils procèdent comme la foudre, brisent les obstacles, pulvérisent les résistances, foudroient les forteresses et citadelles qui se rendent à merci, Haï-dzuong et Ninh-binh.

Le 11 décembre, le corps expéditionnaire est maître du delta.

Hanoï est gardé par Bain.

Hung-yen par un gouvernant soumis.

Phuly par un auxiliaire général, Bà.

Ninh-binh par Hautefeuille.

Haï-dzuong par Balny d'Avricourt.

Nam-dinh par Garnier.

Mais à l'heure même du triomphe, le danger menace du nord ; la faible garnison d'Hanoï est inquiétée par les Annamites rebelles et des bandes de Pavillons Noirs (heckis) agglomérés dans la citadelle de Sontay ; sous le commandement du général Hoang-Hévien, ces heckis, grossis de pirates, sèment l'épouvante dans les villages : le poste de Gia-loum est emporté malgré les efforts de Dupuis et Perrin qui mettent en déroute sept cents Pavillons Noirs.

Le mal est profond, il importe de le couper dans la racine ; c'est de Sontay que vient la guerre, c'est là qu'il faut détruire ce repaire de bandits. Garnier quitte Nam-dinh le 14 décembre et se rend à Hanoï ; il allait mettre à exécution son plan d'attaque quand une ambassade de la cour de Hué fait son entrée à Hanoï et vient, au nom de Tu-duk, conclure un traité de paix. Ce n'est pas la paix, mais une noire trahison que réservent les perfides ambassadeurs. Ce procédé tartare qui réjouit le vain-

queur, ne laisse pas que de faire une fâcheuse impression : même pour défendre son pays, la trahison
attriste la conscience humaine.

Pendant que les ambassadeurs font semblant de
négocier de la paix, un indigène vient annoncer que
les heckis attaquent la citadelle. Garnier court au
point menacé, envoie Bain avec trente hommes surveiller le rempart. Perrin avec cinq hommes occupe
le bastion sud. A peu de distance de la citadelle,
six cents Pavillons Noirs longent la route de Phu-
hoaï, deux mille Annamites, campés à deux cents
mètres en arrière, attendent pour suivre le mouvement.

Le feu commence, les Pavillons Noirs, épouvantés
par les obus, se divisent en deux bandes ; l'une par
la route de Phu-hoaï, l'autre longe le rempart d'Hanoï pour gagner le même fort en suivant une digue
qui part du village de Thu-lé. Garnier se hâte de
faire une sortie, passant par la porte sud avec
un canon, dix-huit Français et des auxiliaires
indigènes, il s'engage dans les rizières ; le canon
s'embourbe ; il l'abandonne à la garde de trois servants et court chasser l'ennemi, baïonnette au canon. Les Pavillons Noirs vont se retrancher à l'extrémité de Thu-lé, Garnier gravit le tertre occupé
par l'ennemi ; avec lui s'élancent le fourrier Dagorne, le caporal Guérin et le soldat Laforgue. Dagorne est tué, Guérin blessé. Garnier après avoir
déchargé son revolver sur les Pavillons Noirs descend du tertre pour les chasser des broussailles,

mais son pied butte au bord d'un fossé; il tombe et soudain les Pavillons Noirs, sortis de leurs fourrés, se ruent sur lui, le percent de coups de lance et emportent sa tête comme trophée.

Ce héros qui poursuivit la gloire avec tant de bravoure, qui se sacrifia pour l'honneur de son drapeau fut, dit-on, désavoué par le gouverneur de Cochinchine, l'amiral Dupré, qui trouva que son héroïsme avait outre-passé ses instructions. Quoiqu'il en soit, cette vaillance ne fut pas sans profit à la France, elle permit à l'amiral de faire signer aux représentants de Tu-Duk le traité du 15 mars 1874. Les conventions plaçaient l'Annam sous le protectorat français; le gouvernement annamite s'engageait à conformer sa politique extérieure à celle de la France et à ouvrir le fleuve Rouge à tous les pavillons. Cette clause dernière n'a jamais reçu d'exécution; les navires étrangers n'ont jamais pu remonter le fleuve Rouge au delà d'Hanoï, les côtes infestées de pirates et les rives du fleuve inquiétées par les heckis.

De nombreuses réclamations faites à Tu-Duk pour assurer la navigabilité du Song-hoï étant restées infructueuses, le gouvernement français, convaincu d'un pacte secret entre les Annamites et les pirates, décida, non pas une expédition, mais une manifestation armée au Tonkin. En avril 1882, M. Le Myre de Villers, gouverneur de Cochinchine, envoya quelques troupes de débarquement. Le commandant Rivière, qui était à la tête de ce détachement, éprouva le même sort que Francis Garnier ; pour se maintenir et assurer sa sécurité, il s'empara de la citadelle d'Hanoï.

Pendant un an, cet officier des plus distingués de la marine resta sans renforts, et lorsque quelques compagnies lui arrivèrent par la *Corrèze* (transport de l'Etat), la situation avait empiré ; les pirates s'étaient organisés et les mandarins annamites tentèrent de barrer le bras du fleuve qui conduit à Hanoï.

Pour ne pas laisser intercepter les communications avec la mer, le commandant Rivière occupe la citadelle de Nam-dinh et prend position à Hong-hay, dans la baie d'Allong.

Le 27 mars 1883, la prise de ces deux points stratégiques fut le signal de la rupture officielle, et le représentant à Hué, M. Rheinard, quitta l'Annam et revint à Saïgon.

En France, l'expédition du Tonkin préoccupa les esprits, et le Ministère se mit en mesure d'envoyer des renforts sérieux.

Le contre-amiral Meyer, qui était dans le golfe du Tonkin avec quelques croiseurs, reçut le commandement de la division des mers de Chine qui se composait de onze navires et de deux torpilleurs. Le capitaine de vaisseau Rivière eut sous ses ordres treize bâtiments' dont quatre avisos et neuf canonnières. En réalité, cette décision qui l'investissait de ce commandement fut ignorée du commandant Rivière qui venait de mourir tragiquement.

Depuis la prise de Nam-dinh, 27 mars 1883, les

Pavillons Noirs quittèrent la route de Sontay et vinrent harceler la concession française; repoussés de leur attaque de la citadelle d'Hanoï, ils ne lâchèrent pied et se rapprochèrent de plus en plus de la ville. La situation devenue intolérable, il fallait répondre à d'insultantes provocations; c'est ce que fit le commandant Rivière, en ordonnant une sortie sur la route de Sontay où était massé l'ennemi, fort de quinze cents hommes, armés de fusils se chargeant par la culasse et ayant de l'artillerie de campagne.

La colonne française se composait de quatre cents hommes et de trois pièces de canon. Les lieutenants de vaisseaux Marolles et Clerc accompagnaient le commandant Rivière : l'un comme chef d'état-major et l'autre comme aide de camp.

Sur la route de Sontay, le combat s'engage ; de longues lignes de Pavillons Noirs débouchent de Phu-hong et marchent sur les Français ; la fusillade devient plus meurtrière ; malgré des prodiges de valeur, la mort décime les officiers : le commandant d'infanterie de marine Berthe de Villers est frappé mortellement ; l'enseigne Le Bris est blessé ; le lieutenant de vaisseau Brisis est tué ; Clerc, blessé ; plusieurs soldats tués et blessés.

Le commandant Rivière cherche à ranimer sa troupe en donnant l'exemple du sang-froid et du courage ; il fait atteler la pièce de canon, mais les chevaux blessés ne peuvent la traîner ; Rivière pousse à la roue avec un jeune aspirant, Moulins, qui tombe mortellement frappé ; au même instant, un autre officier s'affaisse et le commandant tombe à son tour, l'épaule gauche trouée par une balle ; il se relève et tombe quelques pas plus loin pour ne plus se relever ; le capitaine Jacquin est tué sur lui.

Les Chinois coupèrent la tête et les mains du commandant et les promenèrent dans Hanoï en signe de trophée.

Cette journée fut sanglante ; cependant, l'intrépidité du lieutenant de vaisseau Moulins permit à la colonne de se retirer en faisant essuyer des pertes considérables aux Pavillons Noirs.

XII

LE GÉNÉRAL BOUET, L'AMIRAL COURBET, MM. HARMAND ET DE CHAMPEAUX.

Li-Hung-Chang, gouverneur de Canton et de Quan-Si, a fourni au Yamen des notes diplomatiques au sujet du mouvement des troupes chinoises qui, en 1882, pénétrèrent au Tonkin et occupèrent Hong-hoâ et Sontay.

Le gouvernement français, avisé par son ambassadeur, M. Bourrée, entra en négociation avec la Chine.

Le 29 décembre 1882, fut signée la convention de Petchili : « Ouverture du Yunam, protectorat français au Tonkin, une zone à délimiter suivant la frontière chinoise, garantie de cet état de choses contre toute entreprise extérieure. »

Cet accord qui, en réalité, conduisait au partage du Tonkin avec la Chine, ne fut pas signé par la France.

L'ambassadeur Bourrée fut rappelé et remplacé par M. Tricou. Les troupes chinoises qui avaient évacué le Tonkin reparurent, mais confondues avec les Pavillons Noirs. Sur ces entrefaites, le général Bouet prend le commandement en chef des troupes du Tonkin ; son premier soin est d'apporter des modifications utiles au costume des soldats en l'appropriant à la température du pays ; ensuite, il fait fortifier Haïphong et se prépare aux deux combats qu'il livre à Cau-Giâ et dans le voisinage de Nam-dinh.

Par décision ministérielle, l'amiral Courbet est envoyé au Tonkin avec M. Harmand comme commissaire civil. La direction des affaires devient triple : la partie administrative confiée à un représentant civil et la partie belliqueuse partagée entre l'amiral qui a les forces de mer et le général Bouet celles de terre.

La première occupation militaire fut la prise d'Haï-dzuong par le lieutenant-colonel de Brionval qui eut pour résultat la mise en fuite des Annamites, la prise de cent-cinquante canons et trente mille piastres.

Cette victoire, sans coup férir, fut suivie d'une autre qui coûta de grands efforts aux Français et un assez grand nombre de tués ou blessés ; je veux parler de la bataille de Phu-Hoay, sur la route de Sontay, déjà deux fois funeste aux troupes françaises.

Le général Bouet, sachant qu'il va être aux prises avec des bandes nombreuses bien armées et solidement retranchées, divise son armée en trois colonnes fortes chacune de cinq cents hommes. L'aile droite est sous les ordres du colonel Bichot. Le centre est commandé par Coronat, chef de bataillon. La gauche a pour chef le capitaine Georges sous la direction du colonel d'artillerie Révillon.

Le 15 août 1883, la première colonne attaque l'ennemi, enlève trois barricades, mais se heurte contre la quatrième défendue par des canons de gros calibre. Le commandant Coronat, aux prises avec des bandes de Pavillons Noirs qui vont toujours grossissant, est obligé de se fortifier dans la pagode de Noï. En même temps, l'aile gauche est attaquée par toute la force des irréguliers chinois ; elle se bat pendant dix heures sans relâche, prend la première enceinte de la citadelle de Vuong, mais ne pouvant se maintenir, elle se retire en bon ordre : soixante-cinq hommes furent tués ou blessés.

Dans le même temps, le 17 août, l'amiral Courbet adressait un ultimatum à la cour de Hué demandant la reddition des forts. En cas de refus, le bombardement serait immédiat.

La réponse du gouvernement annamite n'ayant pas été satisfaisante, le feu commence par le fort de Thunan qui est criblé d'obus par les navires embusqués dans la passe de Hué. Pendant la nuit le feu cesse ; mais au jour il recommence ; toutes les batteries annamites sont démontées en quelques intants. Pendant que les Français se reposent, le conseil, réuni à bord du *Bayard*, décide le débarquement pour le 20 août. Le vaisseau amiral donne le signal par un coup de canon, et au même instant l'escadre toute entière couvre la plage de projectiles. Les Annamites ripostent par des balles, des bombes ; mais bientôt, mis en déroute, ils prennent la fuite et laissent le champ libre aux troupes qui opèrent leur débarquement. En quelques heures, tous les forts étaient pris et une panique générale s'était emparée des Annamites.

Le résultat de ces faits de guerre fut le traité conclu à Hué entre les plénipotentiaires Harmand. de Champeaux et le gouvernement d'Annam.

Le général Bouet, après divers combats livrés sur le territoire compris entre le Son-coï et la rive gauche du Day-daï, termine la campagne par la victoire de Palan. Maître de cette importante situation qui lui ouvre la route de Sontay, il se contente de mettre une forte garnison dans la place et rentre avec ses troupes dans le camp retranché d'Hanoï.

Cet acte de prudence, après un succès qui avait coûté aux Français seize morts et cinquante blessés, fut mal envisagé par le commissaire civil. M. Harmand était d'avis de marcher sur Sontay ; on pré-

tend qu'il en aurait, à l'avance, télégraphié la prise
à Paris.

Le général Bouet ne partageait pas cette opinion, faisant observer les dangers d'une pareille
entreprise : neuf mille Chinois bien armés, solidement retranchés derrière des remparts, ne pouvaient
être délogés avec un effectif réduit et fatigué par le
climat. En outre, il était indispensable de faire
face à quinze mille réguliers et irréguliers de Chine
qui avaient passé la frontière du Tonkin et se diri-
geaient sur Bac-ninh. De là, un vif conflit et révocation plus ou moins déguisée du général Bouet envoyé en France pour éclairer la situation.

Ce procédé, inusité jusqu'alors, produisit une
impression fâcheuse sur l'armée de terre et de mer ;
les marins se sentaient découragés et les troupes
auxiliaires, entendant les murmures, perdaient con
fiance. L'amiral Courbet instruisit le gouvernement
français de cet état de choses, et M. Harmand fut
rappelé quelques mois plus tard, en décembre 1883.

Le traité de Hué aussitôt connu en Chine, Li-
Hung-Chang, mécontent d'apprendre le licencie-
ment des troupes annamites, fit franchir les frontières à quatorze mille hommes qui devaient rejoindre
les Pavillons Noirs de Sontay et de Bac-ninh et
s'emparer de Cao-bang.

Pendant le même temps, le général Tso-Tsang-
Pang, à la tête de trente mille hommes, gardait les
postes fortifiés qui donnent accès sur le territoire
chinois.

... Que se passait-il à Paris ? Le marquis de Tseng, représentant le Céleste-Empire près de la France, la Russie et l'Angleterre, gagnait du temps par des négociations, considérées comme oiseuses, entretenues avec le ministre des affaires étrangères Challemel-Lacour et son successeur Jules Ferry.

M. Bourrée, ambassadeur en Chine, fut remplacé par M. Tricou, plénipotentiaire à Téhéran. Son premier acte diplomatique fut d'obtenir la rentrée des troupes chinoises cantonnées sur la frontière du Tonkin.

La convention Bourrée, rejetée par Challemel-Lacour, fut acceptée, sauf de légères modifications, par Jules Ferry.

Il faut reconnaître que toutes ces négociations, tous ces traités, restaient sans effet en Chine; la question n'avançait pas d'une ligne et les hostilités continuaient.

Le colonel Bichot avait pris le commandement des troupes après le départ du général Bouet ; dans le conseil de guerre réuni par M. Harmand, il refusa de marcher sur Bac ninh, d'accord sur ce point avec les colonels Badens et de Brionval.

Au Tonkin, les Annamites qui, par suite du traité, devaient être licenciés, ne le furent pas ; ils grossissaient clandestinement l'effectif des Pavillons Noirs. Le frère de l'empereur Tu-Duk, Hoang-ké-vien, ne reconnaissait point l'autorité de son successeur Hiep-hoâ, fantôche élevé au trône et qui, soigneusement caché dans le palais, n'avait aucune influence. Hoang-Kévien s'appuyant sur les Chinois du Houang-si et du Yunam, s'était retranché à Sontay et entretenait des relations avec Bac-ninh. La trahison des phus annamites battait son plein. Thon-Truong tentait de livrer le blockaus de Batang à son fils, chef de huit cents rebelles. Décapité sur la place d'Hanoï, cet exemple ne découragea point d'autres phus, entre autres celui de Quan-Yen-Thuan qui fut pris après cinq jours de combat et eut le même sort que Thon-Truong.

Le commissaire civil, renonçant à ses idées belliqueuses, usait des armes de la diplomatie et cherchait à traiter avec le chef des Pavillons Noirs, La-Vinh-Phuoc, qui eut peut-être accepté ses propositions sans l'intervention du prince Hoang-Kévien qui souleva contre ce projet les Annamites et les Chinois. La conséquence fut que Hong-hoâ, à trente-cinq kilomètres de Sontay, fut fortifiée par les Pavillons Noirs.

La défense héroïque d'Haï-Dzuong, pendant la nuit du 12 novembre, est un fait d'armes attestant une fois de plus la valeur et le courage des troupes françaises : une faible garnison mit en fuite des bandes de Pavillons Noirs qui incendièrent une partie de la ville et semèrent l'effroi parmi les habitants. Cette surprise aurait eu de graves conséquences si la canonnière *le Lynx* n'avait solidement appuyé les quelques hommes enfermés dans le fort d'Haï-dzuong.

Des renforts étaient arrivés de France, et, tenant

compte des blessés, des malades et de ceux qui gardaient divers postes, l'amiral disposait d'environ sept à huit mille hommes ; avec ces forces, il devait faire face à l'ennemi, mais encore l'attaquer sur deux points différents Sontay et Bac-ninh. La lutte allait donc s'engager contre vingt-cinq ou trente mille hommes, Chinois et Annamites.

L'indécision de l'amiral cessa sur les injonctions du Ministère qui pressait l'attaque et attendait un succès qui permettrait de demander de nouveaux crédits.

La route de Hanoï à Bac-ninh est de trente-cinq kilomètres ; elle longe le canal des rapides ; c'était le seul chemin ouvert aux soldats français, et encore avait-il été fortifié par des digues des plus solides, des retranchements en terre soutenus par un clayonnage et percés de créneaux. La pagode Hi, le village de Phu-tu-Son étaient fortifiés et gardés par les Chinois, armés de canons de gros calibre. En réalité, toute la route conduisant à Bac-ninh offrait un obstacle : des forts, des redoutes et des barrages.

Une prétendue intervention officieuse de l'Angleterre pour amener la paix avec la Chine paralysa les mouvements de l'amiral Courbet, forcé de se conformer aux ordres du Gouvernement, mais ces négociations ayant échoué, ordre fut envoyé de prendre Sontay et Hong-hoâ.

En présence de l'anarchie des Annamites et des Tonkinois à l'intérieur et des forces considérables des ennemis réguliers et irréguliers, l'amiral proclama l'état de siège dans tout le delta : M. le Commissaire civil eut alors le loisir de rentrer en France après un court séjour à Hué et une halte à Saïgon pour prendre congé de M. le gouverneur Tompson.

Le 27 novembre 1883, comment l'amiral avait-il manœuvré ? toujours est-il que, par télégraphe, il annonçait à Paris que les colonels Revillon et de Brio.ival avaient fait une reconnaissance à quatre kilomètres en avant de Bac-ninh et que ses canonnières avaient pris position au delà de la ville pour couper la retraite aux ennemis.

Le Ministère français semble faire le jeu de ses adversaires en multipliant des ordres contradictoires au commandant de l'expédition : il flotte entre la nécessité de la prise de Bac-ninh et une simple sommation au général chinois d'évacuer la ville, mais sans menace s'il refuse.

Pendant toutes ces tergiversations, le moral des troupes s'affecte et les Annamites en profitent pour fomenter la révolte à Hué. Tous les catholiques sont massacrés et la légation française et la mission sont menacées.

La prise de Sontay s'imposait ; il était temps de mettre un terme à toutes les provocations des Pavillons Noirs.

Le 10 décembre, les préparatifs de l'amiral Courbet étaient faits ; sur des chaloupes et des jonques, il embarque trois mille hommes qui opèrent leur débarquement sous la protection de sept canonnières.

Le 11, l'ordre de départ fut donné : la colonne Bichot sur les jonques et celle du colonel Belin partit à pied.

Le 13 au soir, les deux colonnes ont opéré leur jonction derrière la digue bordant le fleuve Rouge, à dix kilomètres de Sontay. S'étant mises en marche à six heures du matin et attaquant les deux digues avec une batterie d'artillerie, les premiers obstacles sont facilement enlevés ; les Chinois s'étant retranchés derrière les barricades qui joignent les deux digues à six cents mètres en avant de Phu-Sa, les tirailleurs sont arrêtés par une fusillade des plus terribles. D'autre part, le colonel Belin en tournant les Pavillons Noirs, les force à une contre-attaque à laquelle répondent les soldats de la légion étrangère. Vers trois heures, commence le bombardement du fort Phu-Sa ; le feu de l'ennemi s'étant ralenti, l'assaut est ordonné. Les turcos se portent en avant, et, soutenus par trois compagnies d'infanterie de marine, attaquent de front ; obligés de se replier, une compagnie d'infanterie de marine commandée par le capitaine Cuny vient les protéger. Enfin, Phu-Sa est emporté ; mais l'armée française a été cruellement éprouvée : plusieurs officiers sont tués et un grand nombre de soldats répandent leur sang sur ce mémorable champ de bataille.

Le 16 décembre, Sontay devait avoir le même sort que Bac-Ninh ; cette victoire glorieuse pour les Français leur coûta de sérieuses pertes.

La presse parisienne communiqua une dépêche

réduisant le nombre des tués et blessés ; mais des lettres particulières rétablirent la vérité et constatèrent des pertes considérables. Toutefois, les Pavillons Noirs étaient chassés de leurs repaires et la citadelle que Hoang-Ké-Vien déclarait imprenable était conquise et le prince avait dû fuir et se retrancher à Hong-Hoâ.

L'amiral Courbet, froissé dans ses combinaisons par les ordres contradictoires de la Métropole, remit à regret le commandement des troupes de terre et de la flottille du Song-Koï au général Millot et reprit la direction de son escadre. La croix de grand-officier de la Légion d'honneur et une splendide ovation à bord du *Bayard* furent un léger dédommagement à la quasi humiliation qui lui était infligée.

XIII

LES GÉNÉRAUX « MAN-MAN » ET « MAHO-MAHO », MILLOT ET NÉGRIER ; BAC-LÉ.

Le général Millot, qualifié par les Annamites de général « Man-Man » (qui ne se presse pas), débuta par mettre en disponibilité les officiers d'état-major de l'amiral Courbet, Bichot et Badens, et en attendant que les renforts fussent arrivés de France, le commandant Coronnat reçut ordre de faire des reconnaissances sur la rivière Noire, près de Hong-

Hoâ. Pendant ce temps, le général Brière de l'Isle s'organisait à Hanoï et le général de Négrier s'installait à Haï-Dzuong qu'avait dû quitter le capitaine de vaisseau de Beaumont.

Les Annamites, contrairement à « Man-Man » appliqué au général Millot, désignaient de Négrier sous le qualificatif de « Maho-Maho » (qui va vite). En effet, celui ci, impatient du retard des troupes immobilisées sur le transport le *Vinhlong* qui avait souffert des avaries, dirigea sur Phu-Laï une forte avant-garde qui chassa les Pavillons Noirs et fortifia le camp des sept pagodes ; de ce point il devait partir pour Bac-Ninh.

L'armée, forte d'une dizaine de mille hommes, fut divisée en deux colonnes se réunissant à Truong-Song où elles se séparèrent : la brigade de Négrier devait détruire les barrages et couper la route de Chine par Langson, elle était appuyée de huit canonnières qui remontant le Song-Koï fermaient le passage aux fuyards de Bac-Ninh.

La brigade de Brière de l'Isle avait pour objectif de s'emparer des hauteurs de Tuong-Song en longeant la route d'Haï-Dzuong.

Le 12 mars 1884, le feu s'ouvrait des deux côtés ; pendant que Brière de l'Isle canonnait les forts de Truong, de Négrier enlevait les redoutes qui fermaient l'ouverture du Song-Koï et emportait d'assaut toutes les positions fortifiées entre lesquelles on voit Bac-Ninh où se réfugièrent les Pavillons Noirs, sauvés de Truong-Song.

L'artillerie mise en batteries sur les hauteurs tira à toute volée; ce fut un vrai massacre : deux mille Chinois tués ou blessés et le reste des ennemis, jetés dans un affreux désordre, prit la fuite. Quand de Négrier entra dans Bac-Ninh, il n'y avait plus personne ; le butin trouvé dans la citadelle fut considérable : cent canons, une batterie Krupp, une mitrailleuse, des milliers de fusils, une quantité prodigieuse de munitions, des approvisionnements de toute sorte ; enfin, quarante drapeaux. Cette victoire coûta peu de monde : une douzaine d'hommes tant Français qu'auxiliaires annamites.

Une faute, heureuse pour Lu-Van-Phuoc, fut commise, celle de ne pas tout aussitôt poursuivre l'armée chinoise, démoralisée, prise de panique et qui eût été anéantie. On prétend que des ordres venus du Ministère enjoignaient de ne pas aller plus avant ; d'autre part, on rejette la culpabilité sur les lenteurs et indécisions du général Millot.

Pour délimiter la frontière de l'est, il fallait de toute nécessité s'emparer de Hong-Hoâ, position stratégique sur le fleuve Rouge et à courte distance de la rivière Noire.

De nombreuses difficultés se présentaient pour l'occupation de cette place ; la flottille était paralysée par suite de la baisse des eaux du fleuve Rouge, et le transport de l'artillerie se faisait sur des jonques, remorquées par des chaloupes à vapeur ; d'autre part, la citadelle d'Hong-Hoâ était protégée par de larges épaulements de terre qui étaient comme de véritables montagnes. C'est au village de Taï-bab que les deux colonnes se rencontrèrent, la brigade de Négrier marchait en avant pour attaquer de front la citadelle et la brigade de Brière de l'Isle opérait un mouvement tournant qui menaçait la face est de la citadelle et coupait les communications avec le fort de Dong-Yon.

Le passage de la rivière au village de Voi-Chu fut la partie la plus meurtrière de l'expédition ; plusieurs soldats français et annamites furent tués ou blessés. L'artillerie débarqua après beaucoup d'efforts, couvrit la citadelle d'un feu terrible ; les Chinois, craignant d'être enveloppés et massacrés entre deux feux, prirent la fuite abandonnant Hong-Hoâ. Le général Millot, pour donner sans doute le temps à la population de se sauver, ne trouva pas utile de poursuivre les fuyards. Le 11 avril, les troupes entrèrent dans la ville où il n'y avait ni un soldat ni un habitant ; en somme, on avait conquis une ruine.

M. Fournier, capitaine de frégate, officier des plus distingués de la marine française, commandait le *Volta* dans les mers de Chine quand il reçut l'ordre d'aller chercher au Japon M. Tricou, qui devait remplacer M. Bourrée comme plénipotentiaire à Pékin. Débarqué à Sanghaï, M. Tricou obtint de conserver auprès de lui le commandant Fournier, très au courant des questions pendantes et en outre ayant des rapports d'amitié avec Li-Hung-Chang, vice-roi de Petchili, à qui il avait rendu des services personnels.

Des négociations s'entamèrent et aboutirent promptement à un traité. Li-Hung-Chang n'ignorant pas que l'impératrice régente de l'empire, inquiète des tiraillements des membres du Tsong-li-yamen, voulait y mettre un terme, obtint de la souveraine l'ordre de s'entendre avec le plénipotentiaire français.

Cette mission entrait dans les vues politiques du vice-roi qui, couvert par l'impératrice, trouvait occasion d'enlever au marquis de Tseng qu'il haïssait, l'honneur de conclure un traité. Ce mode de procédé était irrégulier ; il eut été plus naturel de négocier directement avec Paris ; mais sans doute l'espoir des conditions plus avantageuses fit accepter un autre moyen, et, le 8 mai 1884, le commandant Fournier ayant reçu tous ses pouvoirs, l'affaire fut terminée et la convention signée à Tien-Tsin le 11 mai 1884.

Les principales clauses du traité se résumaient à la renonciation de la suzeraineté de la Chine sur le Tonkin, abandon difficile à obtenir : le Chinois, naturellement orgueilleux, a pour principe de ne jamais « perdre la face » ; ce qui veut dire recevoir une humiliation, et, suivant l'expression spirituelle de Bonnetain, un François Ier asiatique après Pavie s'écrierait : « Tout est perdu fors la face. »

La France s'engageait à protéger contre tous envahisseurs les frontières limitrophes du Tonkin. Enfin, restait la condition d'indemnité de 200.000 fr. réclamée par la France. Li-Hung-Chang prétendit

qu'il serait décapité en acceptant pareille proposi-
tion, que l'empereur d'Annam avait appelé les troupes chinoises et qu'il devait payer les pots cassés.

Le commandant Fournier eut l'air de se rendre à
ces excellentes raisons ; mais en compensation de
cette indemnité, il accepta un traité de commerce
spécial favorisant le trafic de la France, tout en
conservant le droit de repéter l'indemnité si la convention n'était pas exécutée.

Le gouvernement chinois donna l'approbation
ne varietur, mais accorda difficilement le rappel du marquis de Tseng qui comptait des parents
et de nombreux amis dans le Yamen.

M. Patenôtre, succédant à M. Tricou, fut chargé
de régler le traité définitif avec la Chine ; mais il
s'arrêta en route, à Hué, pour porter à la signature
du roi un traité rédigé à Paris, infirmant celui de
M. Harmand, et faisant de plus larges concessions
au peuple d'Annam. Outre le protectorat français,
diverses autres questions furent soumises à la cour
de Hué, telles que indemnités aux missionnaires
pour les massacres et pillage dont ils avaient été
victimes; amnistie pour les mandarins compromis ;
enfin, remise du sceau chinois, dernier lien de vas-
salité de l'Annam envers la Chine. Ce sceau est une
plaque en métal d'argent dont la poignée est formée
par un chameau couché. Sur le cachet est inscrit
cet exergue en langue mandchou : *Sceau du roi des
Annamites.*

Ce traité fut accepté et signé, puis Monsieur le
plénipotentiaire partit pour la Chine.

La convention du 17 mai, annexe du traité de Tien-Tsin, stipulait le départ, dans un délai de vingt jours, des troupes qui occupaient les places frontières de Quam-Si, Caobang et Langson.

Le 6 juin au plus tard, l'évacuation devait être complète ; mais le général *peu pressé* ne pensa à la prise d'occupation que le 12 juin et envoya quelques détachements français dans des villes occupées par vingt mille Chinois.

La colonne qui reçut mission d'occuper Langson, sous les ordres du lieutenant-colonel Dugenne, se composait de trois compagnies d'infanterie de marine, trois compagnies de tirailleurs tonkinois, d'un peloton de chasseurs d'Afrique, commandé par le capitaine Laperrine ; en même temps, un convoi d'approvisionnements.

Cette petite troupe arriva le 22 juin 1834, à Bac-Lé où elle laissa garnison ; le lendemain, à dix kilomètres de cette place, elle se heurtait contre quatre mille Pavillons Noirs dans un défilé bordé de rochers à pic et de cent mètres d'élévation.

Sous prétexte de pourparlers entre les commandants chinois et le lieutenant-colonel Dugenne, les troupes françaises furent enveloppées dans ces thermopyles du Tonkin ; il fallut un véritable héroïsme pour échapper à un entier désastre. Le combat dura deux jours : le premier fut employé à essayer de repousser l'ennemi ; le deuxième jour à battre en retraite en traversant ses lignes.

Cette surprise fut sanglante ; le général en chef

ne voulant pas accepter la responsabilité de cette défaite, télégraphiait à Paris et publiait un ordre du jour où il omettait, intentionnellement, de signaler la bravoure de Dugenne :

Soldats,

Partis en petit nombre pour occuper, conformément aux ordres du Gouvernement et suivant la convention de Tien-Tsin, les places frontières entre le Tonkin et la Chine, vous avez été attaqués dans les gorges de Langson par un ennemi déloyal qui avait tout préparé pour vous attirer dans un guet-apens ; mais, grâce à votre énergie, vous avez déjoué toutes les ruses, combattu avec succès un contre dix, fait respecter le drapeau et l'honneur de nos armes. Quelques bagages abandonnés par les coolis sont restés au pouvoir de l'ennemi.

Je le proclame bien haut, vous valez les soldats de la première République ; si vous n'avez pas vaincu, vous avez rassuré la France par votre courage, votre constance et votre héroïsme.

Honneur à vous soldats !

La République vous remercie et inscrira un glorieux fait d'armes de plus dans vos annales.

Signé : MILLOT, *général en chef.*

Le lieutenant-colonel Dugenne fut rappelé en France pour rendre compte de sa conduite. Après une longue enquête, il fut démontré que cet officier s'était admirablement comporté dans cette affaire périlleuse et qu'il était regrettable que tant de courage et de bravoure montrés devant l'ennemi eussent été récompensés par d'odieuses calomnies. Le lieutenant-colonel Dugenne continua ses services au Tonkin ; mais brisé de fatigues morales et physiques cet officier distingué revint mourir en France. On a dit que les imputations mensongères avaient remplacé le poignard avec lequel s'ouvre le ventre le capitaine chinois à qui la victoire échappe.

Après l'affaire de Bac-Lé, violation sanglante du traité de Tien-Tsin ; le plénipotentiaire Patenôtre partit de Shanghaï et se rendit à Pékin pour demander une réparation. Le Tson-li-yamen objecta que la convention ne portait pas un délai déterminé pour l'évacuation des troupes chinoises. Le commandant Fournier, signataire dn traité, démontra, pièces en main, que l'objection n'était pas fondée et que la bonne foi chinoise n'avait rien à envier à la bonne foi punique.

XIV

BRIÉRE DE L'ISLE, NÉGRIER, DOMINÉ, HERBINGER.

Les négociations diplomatiques étaient traînées en longueur par les Chinois, coutumiers de cette mystification, quand le ministre Ferry donna ordre de faire une démonstration offensive dans l'île de Formose et d'attaquer Kélung.

Kélung est un bourg de quelques milliers d'habitants, sous la même latitude que Foutchéou, où se trouvait la première division de l'escadre de l'amiral Courbet. Des fortifications naturelles, des ouvrages établis sur des collines dominantes et deux îles rocheuses défendaient le port de Kélung. La garnison se composait de quatre mille Chinois, armés de fusils Remington, et disposant de nombreux canons Krupp. L'amiral Lespès, avec la deuxième division de l'escadre, fut chargé de l'attaque de Kélung qui fut bombardé en juillet 1884.

Sur ces entrefaites, un nouvel événement se produisait à Hué : on annonçait la mort du jeune empereur Hien-Phuoc ; la maladie qui mettait fin à ses jours était la même, sans doute, que celle qui enleva ses prédécesseurs Hiep-Hoâ et Tu-Duk.

Nguyen-Truong, surnommé le tueur de rois, trouvait ce moyen ingénieux et expéditif de se soustraire aux obligations d'un traité en faisant disparaître le signataire. Le résident Rheinart n'ayant pu obtenir la remise de la citadelle s'opposa à l'investiture du nouvel empereur, un enfant nommé Mé-Triu, frère de Hien-Phuoc.

Partant de ce refus, Truong répondit que le traité était invalidé et qu'il était disposé à de nouvelles négociations. Cette décision eut pour conséquence l'arrivée de six cents hommes commandés par le colonel Guerrier qui mit en batterie ses canons devant la citadelle ; en présence d'un pareil ultimatum, Nguyen-Truong se rendit et la citadelle fut occupée.

Cette mauvaise foi constante se manifestait encore

en Chine qui refusait d'admettre le principe de l'indemnité de guerre. L'amiral Courbet, prévoyant la nécessité d'une démonstration armée, avait réuni ses navires à l'entrée de la rivière Min qui débouche dans le canal de Formôse ; il surveillait la flotte chinoise commandée par l'amiral chinois, personnage fanfaron, matamore d'une jactance ridicule, si on en juge par la dépêche ultra comique adressée à l'amiral Courbet lui ayant fait demander une entrevue :

Amiral,

Si vous désirez combattre, combattez d'abord et venez me voir ensuite ; si vous désirez la paix, adress z-vous à un autre, car je ne suis pas pacifique de ma nature.

Si vous tenez à venir me voir par admiration de ma renommée, vous pouvez le faire ; mais soyez certain que je ne vous rendrai pas votre visite.

TCHANG-PIE-LUN.

L'amiral Courbet ne songea qu'à la voix du canon pour manifester son admiration à son collègue chinois ; son but n'était pas une déclaration de guerre à la Chine, surtout sans la notification préalable aux puissances étrangères ; mais il voulait donner une leçon sérieuse aux Chinois, détruire l'arsenal de Foutchéou et couler la flotte.

La division de l'amiral Courbet se composait de huit navires et deux torpilleurs ; la flotte chinoise, en outre des batteries Krupp qui dominaient l'arsenal et la rade, possédait quinze navires et de nombreuses jonques armées.

Le plan de l'amiral Courbet était conçu de la manière suivante :

23 août attaque de la flotte chinoise.

24 » bombardement de l'arsenal et du fort Lo-Sing.

25 » éteindre les feux des batteries des deux rives.

26 » forcer la passe de Mingan.

27 » forcer la passe de Kimpaï.

28 » rallier les cuirassés qui attendaient dans la rivière Min.

Toutes ces opérations s'exécutèrent avec une précision et une régularité qui dénotent les calculs savants faits par l'amiral, du jour où il avait fait entrer ses navires dans la rivière Min en rade de Foutchéou.

Le 30 août, il adresse l'ordre du jour suivant :

États-majors et équipages,

Vous venez d'accomplir un fait d'armes dont la marine a le droit d'être fière.

Bâtiments de guerre chinois, jonques de guerre, canots porte-torpilles, brûlots, tout ce qui semblait nous menacer au mouillage de Pago... a disparu ; vous avez bombardé l'arsenal ; vous avez détruit toutes les batteries de la rivière Min : votre bravoure et votre énergie n'ont rencontré nulle part d'obstacles insurmontables. La France entière admire vos exploits ; sa reconnaissance et sa confiance vous sont acquises.

Amiral COURBET.

L'amiral Fracasse, Tchong-Pei-Lun, pris de panique après la destruction de sa flotte, alla se cacher dans un couvent, empressé de se soustraire à l'admiration du vainqueur.

L'amiral Courbet avait rangé son escadre dans la baie, à l'entrée de la rivière Min, en attendant les renforts indispensables pour s'emparer de la partie nord de Formôse; en septembre, les transports venus de France amenèrent deux mille hommes ; quatre compagnies furent détachées et données à la division Lespès qui partit pour Tamsui avec la *Galissonnière*, la *Triomphante*, le d'*Estaing* et la canonnière la *Vipère*.

D'après le plan de l'amiral en chef, il devait attaquer Kélung et refouler l'ennemi coupé dans sa retraite par le feu des navires de l'amiral Lespès. Cette manœuvre réussit ; le 1ᵉʳ octobre 1884, la flotte entrée dans le port, l'ordre du débarquement fut donné et une dépêche du 2 octobre rendait compte des opérations :

Le 1ᵉʳ octobre, le morne Saint-Clément de Kélung a été occupé. Après une affaire assez chaude, du 1ᵉʳ au 2, les troupes chinoises ont évacué les deux ouvrages à l'ouest du morne Saint-Clément et nous les avons occupés sans coup férir ; nous sommes en train de nous y fortifier, le 4, nous opérerons sur l'est. Quatre tués, un drapeau, cinq blessés grièvement, huit légèrement. D'après les habitants du pays les pertes des chinois sont de cent tués et deux cents ou trois cents blessés.

Amiral COURBET.

Le 2 octobre, l'amiral Lespès dirigeait son attaque contre Tamsui.

Les quatre forts de l'est étaient conquis ; la deuxième division était trop faible et dans l'impossibilité de déloger des masses considérables de Chinois établis sur les hauteurs de Tamsui ; l'amiral Courbet, avisé du danger de cette situation, vint au secours avec quatre navires et douze cents hommes.

Après une résistance acharnée, le résultat chèrement obtenu donnait satisfaction au commandant en chef, maître du port et du fort Blanc qui est à l'entrée, et, par suite, empêchait le ravitaillement des Chinois de Kélung par Tamsui.

Sur ces entrefaites, le général Millot, sous prétexte de santé, fut rappelé en France. Sa proclamation, adressée aux troupes avant son départ, indique suffisamment que la raison invoquée n'était pas sérieuse et déguisait la vérité, l'affaire de Bac-Lé avait accablé sa responsabilité :

Officiers, sous-officiers, soldats et marins,

Autorisé par le Gouvernement à rentrer en France, je vous remercie du concours que vous m'avez prêté, de l'énergie et de l'entrain que vous avez mis à me seconder dans l'accomplissement de ma mission.

Je me plais à reconnaître que vous avez été aussi braves devant l'ennemi que disciplinés dans vos cantonnements et que l'établissement du protectorat de la France sur le territoire du Tonkin est la consécration de votre attitude virile pendant la campagne.

Après vous avoir commandé dans trois affaires capitales qui ont décidé la conquête du Tonkin, après vous avoir dirigé dans quarante-sept combats plus ou moins importants, je vous quitte, malade de chagrin, et d'autant plus désolé que nous sommes restés en face les uns des autres sans peur et sans reproche, bien qu'on ait eu le triste courage de dénaturer l'affaire de Langson où vous avez fait preuve d'une ténacité remarquable, que vous avez rassuré ceux qui aiment l'armée et leur pays.

Je n'ai plus qu'un conseil à vous donner : soyez pour mon successeur, le général Brière de l'Isle, ce que vous avez été pour moi et n'oubliez pas que votre présence dans le pays sera d'autant plus facilement acceptée que vous perdrez moins de vue les tendances et les aspirations françaises des laborieuses populations qui l'habitent.

G. MILLOT.

Hanoï, 1er septembre 1884.

Le général Brière de l'Isle accepta le commandement en chef des troupes, mais réclama pour condition l'envoi de renforts indispensables pour résister aux Chinois, massés sur les frontières du nord et prêts à se ruer sur le Tonkin. Les événements ne permirent pas au général d'attendre et de donner suite au plan de combat qu'il avait préalablement soumis au ministre Jules Ferry.

Le 2 octobre 1884, les canonnières qui donnaient la chasse aux pirates furent attaquées par des bandes de Chinois, embusqués derrière les broussailles sur les bords du Loch-Nam, affluent du Son-Koï.

Le général, avisé par l'officier de la canonnière la *Massue* du danger qui le menaçait, envoya l'ordre au général Négrier, campé à Bac-ninh, de marcher sur les Chinois retranchés dans les environs de

Bac-Lé. Le général prit la route de Langson et détacha deux cents hommes sous les ordres du lieutenant-colonel Donnier jusqu'au village de Lam occupé par quarante mille Chinois.

Le six octobre, le combat commençait ; le feu fut des plus vifs, cinq cents Chinois furent mis hors de combat et les pertes dans les rangs français furent assez sensibles.

Lang-Kep est un village distant d'une dizaine de lieues de Bac-ninh sur la route de Langson et à la jonction d'une route qui conduit à Thaï-Nuyen et à Tuyen-Quan. Cette position importante servait d'entrepôt d'armes de munitions et de ravitaillement aux Chinois.

Le général de Négrier, apprenant le succès du lieutenant-colonel Donnier à Lam, vint attaquer Lang-Kep. Le 8 octobre 1884, la bataille fut livrée ; les Chinois marchèrent intrépidement contre les tirailleurs français qui les refoulèrent ; loin de les poursuivre, le général dirigea ses troupes sur les hauteurs à droite de la route de Langson, y établit son artillerie et bombarda le village ; en même temps le capitaine Fortoul s'emparait du fort et fusillait l'ennemi pris entre deux feux. Dans cette impasse terrible, les Chinois, mitraillés des deux côtés, prirent la fuite, abandonnant ceux qui étaient dans Lang-Kep et qui se défendirent courageusement. Entrées dans la place, les troupes françaises victorieuses comptèrent six cents cadavres.

Cette bataille fut sanglante ; les pertes sérieuses,

même pour l'armée française qui eut vingt et un tués, dont un officier et cinquante-huit blessés, parmi lesquels le général de Négrier qui reçut une balle dans la jambe droite : c'était la revanche de Bac-Lé.

Les Chinois chassés de Lam se replièrent dans le nord, vers Bac-Lé, leur quartier général. Le lieutenant-colonel Donnier les poursuivit, et, le 10 octobre 1884, il les attaquait dans le marché de Chu, à droite de Loch-Nam, à quinze kilomètres de Lang-Kep. Le combat fut meurtrier ; les Chinois, délogés des hauteurs à la baïonnette, se réfugièrent dans la citadelle qui, bien qu'attaquée sur deux faces, opposa une assez longue résistance. Le 11 octobre, le général Brière de l'Isle, informé de la victoire, entrait dans la place, et dans un brillant ordre du jour, félicitait les troupes de leur solidité et de leur entrain.

Les victoires de Loch-Nam, Lang-Kep et Chu avaient édifié les généraux français sur l'effectif des Chinois qui fut évalué à cinquante mille ; il n'était donc pas prudent de les poursuivre avant l'arrivée des renforts : occuper les positions conquises et les protéger était le plus sage parti à prendre.

Le 24 novembre, la garnison, composée de six cents hommes sous les ordres du commandant Dominé, était assiégée à Tuyen-Quan par des troupes considérables venues du Yunam et grossies de Pavillons Noirs sous la conduite de Lu-Van-Phuoc. Ce siège, dit le général Brière de l'Isle dans sa proclamation, doit compter parmi les plus belles pages de l'histoire militaire de France.

Toutes les communications étaient interceptées, les eaux étaient trop basses pour permettre aux canonnières d'arriver à Tuyen-Quan ; l'ennemi entourait la place et pendant trente-six jours répétait des assauts contre la citadelle défendue avec un courage et une intrépidité admirables par les assiégés dont l'effectif fut bientôt réduit à un tiers. Quatre cent cinquante hommes eurent à lutter contre vingt mille Chinois ; des travaux surhumains, une résistance héroïque pendant trente-six jours furent couronnés d'un légitime succès ; les renforts envoyés par le général en chef arrivèrent le 2 mars 1885, et, après un combat sanglant, les Chinois levèrent le siège, ayant essuyé des pertes immenses.

Le 23 mars 1885, le général de Négrier voulant repousser les attaques des Chinois qui menaçaient Langson se porta à quinze kilomètres en avant sur Dodang. Le 24, le nombre des impériaux grossissant toujours ne permet pas aux soldats du 143° de ligne, commandés par le colonel Herbinger, de se maintenir ; ils sont obligés de se replier.

Le 25, le général s'établit à Cu-aï, la porte de Chine ; mais l'ennemi n'ayant pas paru, il revint sur Kilua et Langson. Le 26, dix-sept cents hommes de renfort viennent s'ajouter à l'effectif réduit de moitié après l'affaire de Bang-Bo. Le 27, les Chinois, massés sur les mamelons avec des forces considérables, protégés par des bois, des chemins inaccessibles et de nombreux ouvrages fortifiés, dirigent une vive attaque contre les Français. Le général, par une manœuvre savante, les repousse en leur faisant éprouver des pertes sanglantes; mais dans une contre-attaque il est moins heureux; blessé grièvement d'une balle qui lui traverse la poitrine, il quitte le champ de bataille, laissant le commandement au colonel Herbinger qui ordonne la retraite. Cette opération fut la source d'interprétations diverses : blâmée par les uns, expliquée par les autres.

Le 28 mars, le commandant en chef faisait partir d'Hanoï la dépêche suivante, avisant le Ministère :

Je vous annonce avec douleur que le général Négrier gravement blessé a été contraint d'évacuer Langson.

Les Chinois, débouchant par grandes masses et sur trois colonnes, ont attaqué avec impétuosité nos positions en avant de Kilua.

Le colonel Herbinger, devant cette grande supériorité numérique et ayant épuisé ses munitions, m'informe qu'il est obligé de rétrograder sur Dang-Son et Then-Moï.

Je concentre tous mes moyens d'action sur les défilés de Chu et de Kep.

L'armée grossit toujours sur le Son-Koï.

Quoi qu'il arrive, j'espère défendre le delta.

Je demande au gouvernement de m'envoyer le plus tôt possible des renforts.

BRIÈRE DE L'ISLE.

La retraite de Kilua fit une regrettable impression sur les troupes françaises et les responsabilités furent rejetées sur l'officier qui avait pris le commandement quand le général de Négrier fut blessé.

Le colonel Herbinger fut blâmé devant ses soldats par un ordre du jour du commandant en chef.
Obligé de venir en France pour rendre compte de
sa conduite, il fut traduit devant un conseil de
guerre au Tonkin : une ordonnance de non-lieu le
renvoya indemne.

XV

LA MORT DE COURBET.

A la même date où l'armée des Quam-Si obli-
geait les Français à la retraite de Kilua, l'amiral
Courbet mettait fin au blocus de Formôse et rem-
portait une victoire qui devait être la dernière.

Le 29 mars 1885, il s'emparait des îles Pescado-
res; le fort qui défendait le port de Makung fut
démantelé, la ville prise et deux poudrières firent
explosion. Cette conquête avait de doubles conséquences; elle ménageait une station de ravitaillement, un pays riche, une baie bien abritée et pouvant servir de base aux opérations que méditait
l'amiral, résolu à mettre le blocus devant Petchili ;
enfin cette occupation était une revanche de Langson.

La fortune en disposa autrement. Le 15 juin,
l'amiral expirait à bord du *Bayard*, atteint d'une
maladie de foie, excédé de fatigue ; pendant deux

ans, sous les ardeurs d'un climat redoutable, il avait irréparablement compromis sa santé ; des invitations pressantes, des conseils souvent répétés des médecins de la flotte furent impuissants à décider l'amiral Courbet à rentrer en France prendre un repos si nécessaire et bien gagné. « Mon poste est ici, mes bons amis, et je dois y rester. »

C'était une grande perte pour la France, un grand deuil pour sa patrie. Cette nouvelle fut communiquée au Corps législatif par le ministre de la marine qui trouva des expressions émues pour peindre la douleur de la marine, et comme témoignages d'unanimes regrets, la séance fut levée.

Le président du Conseil, M. Brisson, fit en ces termes cette communication au Sénat :

Le Sénat connaît la mort de l'amiral Courbet.

Certainement chacun de vous a lu la communication faite à la Chambre des députés par M. le Ministre de la marine qui restera comme pour montrer qu'il n'est tel que les braves pour faire avec sincérité l'éloge des autres.

Que pourrais-je ajouter qui ne fût au-dessus de notre émotion ?

On l'a dit déjà très bien, Courbet aura été à la peine et n'aura pas reçu l'appel triomphal que lui ménageait la patrie.

Une âme courageuse, a dit Bossuet, sait demeurer maîtresse du corps qu'elle habite ; nul ne l'avait mieux prouvé que l'illustre amiral ; mais ne vivant que pour son pays, il nous semble qu'après avoir assuré la victoire et la paix, Courbet a comme dédaigné de commander à son mal.

Il est enlevé à la fois à notre reconnaissance et à nos espérances.

N'y a-t-il pas, Messieurs, de ces existences faites de sacrifices qui s'éloignent sans avoir reçu toute leur récompense et qui n'en apparaissent aux yeux de la postérité que comme plus pures et plus achevées par cela même.

Le dernier sceau de la gloire de Courbet aura été de réunir toutes les âmes dans le même sentiment, de faire battre tous les cœurs à l'unisson.

Vous voudrez sans doute, Messieurs, en levant votre séance vous associer au deuil de la Marine, de l'armée, de la nation toute entière; mais nous honorerions mal Courbet s'il ne se mêlait à notre douleur le juste orgueil que doivent inspirer à la France de tels serviteurs et si nous ne partagions la confiance indomptable qu'il avait dans l'avenir de sa patrie.

POST-SCRIPTUM.

En écrivant ces lignes, j'ai déféré aux vœux bienveillants des amis : je pense que ce travail donnera au lecteur un rapide aperçu des événements qui se déroulent sur le territoire, loin de nos frontières et attirent l'attention de l'Europe et de l'Asie.

Je me suis aidé des documents authentiques, publiés par la presse, sous la direction du gouvernement de la France.

Le pays, sa configuration, son étendue, son origine, les phases diverses de son histoire, je les ai résumés sous forme de notes incomplètes, sans doute, mais suffisantes pour guider dans de plus amples recherches.

C'est ce que j'ai souhaité.

Ussel, septembre 1892.

INDE ET INDO-CHINE

FRANCIS GARNIER

I. Les Débuts. — II. L'Œuvre. — III. La Mort.

I

LES DÉBUTS.

Le 7 avril 1876, les restes mutilés du lieutenant de vaisseau Francis Garnier, transférés d'Hanoï, recevaient la sépulture dans la terre française de Saïgon.

Ce pieux devoir était le prélude de l'acte de justice nationale qui s'accomplit plus tard en 1887 : élever une statue à Francis Garnier fut un honorable tribut d'admiration acquitté sur le théâtre même de sa gloire. Un pareil monument au milieu de Saïgon provoque l'attention, suscite le désir de connaître et devient un exemple. On se demande la signification de ce bronze ; quel est ce nom qui ne dort pas ignoré sous la ronce et l'ortie, et dont la mémoire survit à cette fuite du temps qui passe et nous emporte ? Pourquoi là mort qui, pour la plupart, est une entrée dans les ténèbres de l'oubli, fait-elle exception et dégage-t-elle de la lumière ? *Heroem calcas*, répond la pierre commémorative, et les œuvres du héros apprennent que cette figure ineffaçable appartient au groupe des célébrités qui ont sacrifié leur vie à la science et à la grandeur de la Patrie.

Que de rayons et d'ombres dans l'existence de cet homme ! quelle vie plus mouvementée et plus recueillie ? plus semée d'aventures et de fortunes diverses ! et plus singulièrement partagée en illusions, en mécomptes ! et quelle fin plus tragique !

Francis Garnier naquit le 25 juillet 1839, à Saint-Etienne, sur les bords du Furens, ce torrent qui semble avoir communiqué au caractère de quelques-uns de ses fils privilégiés la forte trempe qu'il donne aux aciers. Entré jeune au collège de Montpellier, ses études furent brillantes et laissèrent entrevoir une intelligence avide de s'instruire, une ardeur passionnée pour les sciences et les lettres et un goût inné pour la poésie. A peine adolescent, une irrésistible vocation pour la marine se déclare ; il subit avec distinction les examens de l'Ecole navale, et, en 1857, il en sort aspirant de 2ᵉ classe. Garnier est au comble de ses vœux, son rêve est réalisé ; il est fait enfant de cette admirable famille des travailleurs de la mer ; il compte désormais au nombre de ces hommes rudes et doux comme l'élément qu'ils pratiquent. Braves gens au cœur de chêne contre les dangers et maniant le vent et la vague avec ce calme inaltérable, cette régularité patiente qui sont les indices du vrai courage et des sublimes dévouements.

Le premier voyage de l'aspirant se fait dans les mers du Sud. Embarqué sur la frégate l'*Alceste* et plus tard sur l'*Eurydice*, il navigue sur les côtes du Brésil et de la Plata. Cette navigation difficile, pénible, ne refroidit point son ardeur, elle accentue au contraire l'amour de sa profession. Cette âme, toute imprégnée de poésie, se passionne pour la mer ; cette grande fascinatrice l'attire, la grande voix des flots parle à son oreille ; son idéal a soif des horizons infinis ; l'immensité, les surprises de l'inattendu l'enthousiasment ; il lui faut ce rayon que darde le soleil du fond d'un ciel de pourpre ; il entre en contemplation devant les contrastes de l'Océan et il admire ce père des fleuves, nappe d'eau dormante, ou tumultueux estuaire des tempêtes.

En 1860, aspirant de 1ʳᵉ classe, Garnier, sur sa demande, fait partie de l'expédition de Chine ; il est embarqué sur le *Duperré*. Un incident pendant la traversée met en relief l'intrépide dévouement du jeune marin. En pleine nuit, un officier de cavalerie, M. de Neverlé, accoudé sur un bastingage, se laisse tomber du navire. « Un homme à la mer ! », ce cri lugubre aussitôt entendu, Garnier se précipite dans l'abîme, en quête de celui qui se noie, et il est assez heureux pour le sauver.

Après cette action d'éclat, il est promu, à l'âge

de 20 ans, enseigne de vaisseau, et fait ses premières armes en Chine comme attaché à l'état-major
de l'amiral Charner. Des postes de confiance lui
sont dévolus; c'est lui qui veillera aux constructions des bateaux plats qui doivent forcer les défenses du Peï-ho et assurer les communications avec
les troupes dirigées sur Pékin ; et alors que brûlait
le palais d'été, qu'il s'ébranlait sous la main de la
victoire, Garnier s'enrichissait d'un précieux butin
d'observations et d'études.

Depuis l'année 1858, de sérieux événements s'é-
taient produits en Cochinchine ; les Annamites
avaient été battus à Tourane, en février 1859, l'amiral Rigault de Genouilly avait occupé Saïgon, mais
cette ville n'était pas réellement en notre pouvoir ;
la faible garnison franco-espagnole faisait d'héroïques efforts pour s'y maintenir. En 1861, arrive
devant Saïgon l'amiral Charner, commandant des
forces de mer en Orient, et qui revenait de l'expédition de Chine. Alors commence cette période
d'action qui se traduit par les victoires de Ki-hoa
et la prise de Mytho. La convention du 5 juin 1862,
entre l'empereur Thu-duc et la France, nous octroie,
en pleine propriété, les provinces de Saïgon, Bien-
hoa, Mytho et l'île de Poulo-Condore.

Préparer les bases d'une organisation administrative en Cochinchine fut le premier soin des nouveaux occupants, et naturellement on songe à
Francis Garnier. En 1863, il est nommé inspecteur
des affaires indigènes.

A l'âge de 24 ans, on le charge de l'administration de Cholon, centre de population très dense,
composée d'Annamites et surtout de Chinois. Ce
grand marché, à 4 kilomètres de Saïgon, est l'entrepôt des richesses accumulées par le commerce et
l'industrie asiatiques. Le jeune administrateur étu-
die l'idiome des deux races, se familiarise avec
leurs mœurs et acquiert de précieuses connaissances sur l'Asie orientale.

Sous son activité intelligente, Cholon se transforme ; ce cloaque obscur, boueux, devient une cité
sillonnée de routes, avec des rues bien percées, des
quais étendus. Des cases en bambous sont rempla-
cées par des constructions en briques, des canaux
sont creusés et des ponts sont jetés sur l'arroyo.

Cette *hausmanisation*, passez-moi le mot, gagne
la sympathie des habitants et contribue à faire
accepter une domination qui se manifeste par le
bien.

Mais les vues de Garnier ne sauraient s'emprisonner dans les étroites limites de son inspection,
æstuat reclusus in carcere ; il pense qu'il y a mieux
à faire et que le chemin le plus utile à trouve, serait celui qui mettrait en rapport la colonie avec
les provinces méridionales de la Chine.

Un problème était à résoudre ; le fleuve qui relie
le Yu-nan à nos possessions était-il navigable ?
Solution inconnue, l'Indo-Chine centrale est vierge
encore de toute exploration. Toutefois, on n'ignore

point que le pays est riche en thé, en soie et autres ressources végétales et minérales.

La perspective de grands intérêts commerciaux lui inspire l'idée d'un voyage d'exploration qui prendrait le Mékong comme fil conducteur jusqu'aux montagnes du Thibet.

Pendant que Garnier complétait ses études d'ethnographie en Indo-Chine, dans la Métropole, à Paris, rue Royale-Saint-Honoré, on s'effrayait fort d'actes de rébellion et de piraterie commis par les indigènes. Quelques esprits timorés proposaient d'abandonner cette contrée lointaine, dangereuse et insalubre ; l'administrateur de Cholon, irrité de ces idées de rétrocession, publie une brochure intitulée : *La Cochinchine en 1864*. Il combat l'idée de ce regrettable abandon d'une conquête si pleine de promesses, il plaide chaleureusement l'extension de la colonie, son agrandissement ; il explique la nécessité d'annexer les trois provinces d'Hatien, Chaudoc et Vinhlong, enfin, il insiste pour qu'on explore les cours et les rives du Mékong. « Les nations sans colonies, disait-il, sont des nations mortes, étant des ruches qui n'essaiment pas. »

Cette brochure, répandue dans le monde de la marine, fit sensation. Le Ministre, le marquis de Chasseloup-Laubat, fut séduit par les raisonnements de Garnier, il approuva ses idées, et le voyage d'exploration du Mékong fut décidé.

Le 1er juillet 1866, la commission d'exploration fut constituée ; elle se composait de :

MM. Doudard de Lagrée, capitaine de frégate, commandant en chef ;

Francis Garnier, lieutenant de vaisseau, récemment promu ;

Delaporte, enseigne de vaisseau ;

Goubert et Thorel, médecins de la marine ;

Et de Carné, attaché au Ministère des affaires étrangères.

Un petit nombre de marins complète ce groupe d'explorateurs.

L'expédition part de Saïgon et suit le cours du fleuve, jusqu'au Cambodge ; arrivée au Grand-Lac, elle fait une halte aux ruines d'Angkor. L'imagination ardente de Garnier, qui se colore si vite de l'impression des choses et des lieux, nous laissera des peintures vives et saisissantes des monuments khmers. Mais sous le charme des débris de l'antique son esprit ne peut se défendre de la comparaison avec l'état actuel du royaume cambodgien. Le poète semble soulever le voile de l'avenir et il nous fait le portrait de son apathique habitant.

« Triste incurie, triste indolence, voilà le fonds du caractère cambodgien ; aussi, au milieu du pays le plus admirablement favorisé de la nature, reste-t-il pauvre et misérable, éloignant par paresse et découragement le bien-être qui lui tend la main : cette nation est fatalement appelée à disparaître ; ces ruines gigantesques, qui eussent pu sembler impérissables, assisteront à leur destruction et à celle de ce peuple. »

Angkor visité, l'ascension du fleuve se continue jusqu'au Bassac ; à 200 kilomètres de Cratieh, dernier village cambodgien, la navigation à vapeur n'est plus possible. De véritables cataractes présentent un barrage qui paraît infranchissable ; on emploie les pirogues, mais le danger n'en est pas moins extrême. Le 20 avril 1867, l'expédition avait pénétré dans le Laos et s'arrêtait à Luong-prabang où elle retrouvait les traces du voyageur Mouhot, et érigeait une tombe à sa mémoire. Mais au seuil même du Laos, M. de Lagrée, dans son rapport, constatait l'impossibilité d'utiliser le Mékong comme voie de communication.

La vaillante cohorte n'en restera pas moins deux années entières dans des régions où tous les périls sont en embuscade ; climat insalubre, jungles et forêts, antres de fauves, repaires de pirates, tout semble conspirer pour le découragement ; mais Garnier marche devant lui, à perte d'haleine, l'œil en feu, le jarret tendu, il traverse des déserts farouches, il chemine à travers les plaines, les ravins et les escarpements jusqu'à ce qu'il ait constaté de visu l'objet de ses recherches. Il explore des royaumes encore inconnus de l'Indo-Chine septentrionale, enfin il entre dans le Yu-nan. Une excursion sur le Hat-kiang, affluent du Song-koï (fleuve Rouge), révèle aux explorateurs la voie commerciale entre la Chine et la Cochinchine.

On avait la solution théorique du problème, restait la preuve matérielle du passage par le fleuve Rouge. Cette expérience avait été tentée avec succès par un négociant français, Jean Dupuis, que l'on retrouve plus tard mêlé aux affaires de la première expédition du Tonkin.

A ce moment du voyage, la santé de M. de Lagrée, ébranlée par les fatigues, allait s'affaiblissant et inspirait les plus vives inquiétudes; il est obligé de suspendre son itinéraire, et pendant que Garnier avec une partie du personnel s'était aventuré sur le dangereux territoire birman de Taly, le commandant expirait à Tong-tchouen.

Francis Garnier prend le commandement de l'expédition, et à travers des pays montagneux, affrontant tous les obstacles, se frayant une route le revolver au poing, il parvient à rapporter à Shanghaï la dépouille de son regretté chef Doudard de Lagrée.

2,800 kilomètres avaient été parcourus, de précieuses découvertes recueillies et les origines thibétaines du Mékong constatées.

Le voyage était terminé et les explorateurs rentraient en 1868 à Saïgon, le port d'attache.

Tant de villages tracés sur les fleuves, tant de sentiers improvisés à travers des pays inexplorés, enfin cette longue et pénible excursion monumentée dans de remarquables pages, ne pouvaient échapper à l'attention des sociétés savantes. Les

plus hautes distinctions honorifiques furent réservées à Garnier.

La Société de géographie lui décerne une médaille
d'or qu'il fait partager avec M. de Lagrée.

La Société de Londres récompense l'explorateur
de Talz par une médaille d'or de la reine Victoria
(août 1871).

Le congrès d'Anvers frappe deux médailles, une
pour Livingstone, l'autre pour Garnier.

En 1867, il avait été fait chevalier de la Légion
d'honneur, pendant qu'il explorait le Mékong.

En 1872, il fut promu officier pour services rendus pendant la guerre contre la Prusse.

De retour en France au commencement de 1868,
Garnier, attaché au dépôt des cartes et plans, con-
tinuait ses travaux d'ethnographie indochinoise,
quand le 15 juillet 1870, la guerre est déclarée entre la France et la Prusse.

Le géographe redevient aussitôt l'héroïque soldat qui se dévoue à la défense nationale.

Le commandement d'une canonnière sur le Rhin
et d'une chaloupe védette sur la Seine, lui est successivement confié. Aide de camp et chef d'état-major
de l'amiral Méquet, lors du bombardement de Paris,
il fait des prodiges de valeur pour protéger les
forts de Montrouge et de Vanves. Les péripéties de
ce siège terrible l'impressionnent et il nous en laissera des récits d'un intérêt palpitant. Francis Garnier se révèle écrivain militaire, à chaque page
éclate son amour de la France, à chaque pensée

s'affirme l'âme du marin patriote. On sent que la liberté s'est penché sur son berceau ; il s'est fortifié à son souffle, de là cette sève dans la volonté, cette énergie vivace, cette étincelle dans l'intelligence, de là cet esprit qui s'envole agité du bouillonnement intérieur, de là ce besoin de sacrifice et cette noble ambition de s'ébattre dans les lumières du beau et de l'utile.

II

L'ŒUVRE

Les luttes sanglantes entre les deux nations ont pris fin ; la paix est conclue. Notre rançon se solde cruellement par un lambeau du territoire, et, avec le deuil général de la Patrie, l'âme de Garnier se recueille dans la tristesse ; ce n'est pas le découragement, ce n'est pas la défaillance, c'est l'enthousiasme qui semble pâlir et se voiler sous un nuage sombre.

Mais l'imagination de cet homme, livrée tout entière à l'esprit d'aventure, lui ouvre à nouveau les portes de l'Orient : Ce rêve de la première heure le hante et le poursuit !

— « Il me semble, écrit-il dans une de ses lettres, que retentit à mon oreille ce cri : Marche ! marche ! plus vite, tu ne saurais t'arrêter, le temps presse, l'avenir n'attend pas ! »

L'Indo-Chine l'attire encore, c'est en Asie qu'il veut rehausser le drapeau de la France. Ouvrir les routes au commerce, rendre le travail libre dans un pays libre, tel est le tourment de son ambition et nullement l'intérêt personnel, comme l'envie a pu un moment chercher à l'insinuer. Le marin intrépide, explorateur infatigable, voyait plus haut ; il avait au cœur les mêmes sentiments que cet autre soldat, l'une des gloires de la tribune française, qui disait à la Chambre des Pairs : « Je ne connais pas les jeux de bourse, je ne joue moi, qu'à la hausse de l'honneur national. »

En mai 1873, on retrouve Garnier dans la Chine centrale, donnant la dernière main à ses études sur les grands fleuves du Thibet. En août, de retour à Shang-haï, il reçoit la dépêche suivante de l'amiral Dupré, gouverneur de la Cochinchine :

> Mon cher Garnier,
>
> J'ai à vous entretenir d'affaires importantes, et je vous prie de venir le plus tôt que vous pourrez.

Quels événements graves nécessitaient la présence de Garnier et un appel aussi prompt à Saïgon ?

La question du Tonkin se posait ; des difficultés survenues en Annam exigeaient l'intervention d'un officier distingué, ayant à la fois des connaissances diplomatiques et militaires. L'amiral avait naturellement jeté les yeux sur l'explorateur de l'Indo-Chine qui s'empressa de se mettre à ses ordres.

On ne saurait donner un exposé plus net et plus

précis de la situation politique du Tonkin à cette époque, qu'en reproduisant quelques alinéas d'une lettre adressée par Garnier, le 20 septembre 1873, à M. Levasseur, membre de l'Institut :

Monsieur,

Je vous dois de vous mettre sommairement au courant de la situation actuelle. Les affaires du Tonkin traversent en ce moment une sorte de crise et réclament une action immédiate.

M. Dupré a bien voulu penser à moi pour cette action.

Vous connaissez sans doute la tentative faite par M. Dupuis, en partie sur mes indications, pour ouvrir au Yu-nan une route commerciale vers le sud. Agent du vice-roi de cette province, il a pénétré par le fleuve du Tonkin, soutenu à la fois par le Gouverneur français et par les autorités chinoises, et il a expédié vers le Yu-nan les munitions et les armes qu'on lui avait donné mission d'acheter en Europe.

Malheureusement, les résistances du gouvernement annamite, son refus de reconnaître la validité des pouvoirs donnés à M. Dupuis par le vice-roi du Yu-nan ont amené notre compatriote à une sorte de prise de possession, au nom du gouvernement chinois, du cours du fleuve du Tonkin. Il se maintient à Hanoï dans une position indépendante, depuis plusieurs mois, malgré les plaintes de la cour de Hué qui réclame l'exécution des traités d'après lesquels un Français peut commercer, *transiter*, mais non *résider* au Tonkin.

Cet état de choses est plein de dangers : d'un côté, l'impuissance où se trouvent les autorités annamites de forcer à la retraite une poignée d'Européens et de soldats chinois, peut encourager d'autres aventuriers à aller s'établir dans un pays aux dépens duquel il est si

facile de vivre ; de l'autre, les autorités du Yu-nan disposant d'un effectif militaire considérable et bien armé,
que la répression mahométane laisse sans emploi, peuvent être tentées de prolonger et rendre définitive
l'occupation du cours du Song-koï qui leur assure des
avantages commerciaux d'autant plus considérables
que, dans la situation prise par M. Dupuis, il ne peut
être question d'acquitter au gouvernement annamite
les droits de douane qui lui sont dus.

Dans le premier cas, une intervention anglaise de-
viendra imminente, l'expédition de Dupuis est partie
de Hong-kong ; les aventuriers qui l'imiteraient en
partiraient aussi et seraient anglais pour la plupart ;
au besoin, le gouvernement de cette colonie en susci-
terait s'il était nécessaire. La cour de Hué ayant déjà
adressé des plaintes à sir Kennedy, gouverneur de
Hong-kong, celui-ci, qui a des instructions, agira dès
qu'il aura le plus léger prétexte pour le faire.

Dans le second cas, le Tong-king redevient chinois,
l'influence anglaise fait ouvrir le port d'Hanoï, y place
un commissaire de douanes anglais, et c'est Hong-
kong qui bénéficie des avantages commerciaux que
nous devons nous efforcer d'assurer à Saïgon. Vous
savez que le chef des douanes chinoises est un anglais,
M. Hart.

Le Tong-king est dans une situation déplorable qui
explique la faiblesse du gouvernement annamite. Des
bandes chinoises ont envahi le pays, dont les populations accablées d'impôts et d'exactions n'obéissent qu'à
regret à une dynastie qu'elles considèrent comme illé-
gitime.

La première pensée de l'amiral avait été de profiter
de cet état de choses pour s'emparer du pays par un
hardi coup de main.

Je n'ai pas eu de peine à lui démontrer les inconvénients, les dangers mêmes de cette tentative. Les troupes du Yu-nan sont armées de fusils à tir rapide et comptent des instructeurs européens ; un conflit avec elles serait à craindre. Diplomatiquement nous serions dans notre tort, et un échec serait d'autant plus grave. Enfin nous achèverions par une lutte, la ruine de ce malheureux pays, qui de longtemps ne pourrait nous offrir une compensation aux sacrifices faits.

Notre politique doit consister à dénouer peu à peu tous les fils de cette situation trop tendue : agir auprès du gouvernement de Pékin pour obtenir le retrait des troupes chinoises, garantir la libre circulation du fleuve, faire comprendre à la cour de Hué qu'elle perd le Tong-king si elle n'accepte pas cette clause, qu'elle s'enrichit au contraire si au lieu de laisser ce courant commercial lui échapper, elle en bénéficie par l'organisation d'un système douanier placé entre nos mains. Enfin, pour donner satisfaction à ses plaintes contre J. Dupuis et enlever tout prétexte à une intervention officieuse ou officielle d'une autre puissance, envoyer à Hanoï un officier chargé de faire une enquête et de régulariser la situation de Dupuis.....................

Ce document est l'indice certain des intentions de Garnier, il repousse toute intervention armée, croit plus sage et plus conforme au droit de rester sur le terrain de la diplomatie, et d'employer les moyens de conciliation. Sa mission, pense-t-il, doit consister à se faire le champion de la cour de Hué, régler à l'amiable le différend élevé entre Jean Dupuis et les Annamites ; faire comprendre aux mandarins qu'ils sont exposés à une ingérence dangereuse des soldats du Yu-nan et des troupes irrégulières du Céleste Empire échelonnées sur divers points des rives du fleuve ; mettre en garde ces mêmes mandarins contre les entreprises ambitieuses des Anglais, à qui Thu-duc avait fait clandestinement des propositions ; leur inspirer en même temps la défiance de l'Allemagne qui nourrit de sournoises visées sur l'Annam ; conclure les négociations par l'ouverture au commerce de la grande artère du Song-koï et organiser les douanes dans le protectorat français.

Tels sont les desseins politiques de Garnier ; l'amiral lui a donné *carte blanche,* et dans le cas où la cour de Hué opposerait refus et résistance, la résolution extrême sera de *laisser les évenements* s'accomplir.

Le 8 octobre 1873, par décision du Gouverneur de la Cochinchine, Garnier est nommé envoyé politique et commandant militaire au Tonkin.

L'escorte qui l'accompagne se résume à 60 hommes d'équipage, 30 soldats d'infanterie de marine sous les ordres du sous-lieutenant de Trentinian ; en outre de cet officier, son état-major comprend un enseigne de vaisseau, Esmez ; un médecin, Chédan ; un caporal commis aux écritures, Lasserre, et deux interprètes annamites. Pour la traversée, troupes et matériel sont embarqués sur l'aviso le *d'Estrées* qui remorque la canonnière l'*Arc*. Cette escorte devant, à quelque temps de là, se compléter de l'aviso le *Décrès* et de la canonnière l'*Espingole*. L'effectif du *Décrès* se composait de 60 hommes fusiliers marins, matelots et canonniers commandés par l'enseigne Bain de la Coquerie ; deux aspirants, Hautefeuille et Perrin, et un docteur, Dubut.

L'*Espingole* comptait 25 hommes sous les ordres de l'enseigne Balny d'Avricourt, auquel avaient été adjoints l'ingénieur hydrographe Bouillet et le docteur Harmand.

Le 11 octobre, le d'*Estrées* se met en marche pour Hanoï, remorquant la canonnière l'*Arc* qui, après deux jours de navigation, sombrait à la suite de violents coups de mer dans le golfe du Tonkin.

Le 15 octobre, l'aviso relâche à Tourane pour faire parvenir à la cour de Hué une dépêche du Gouverneur de la Cochinchine annonçant la mission de Garnier et demandant un plénipotentiaire annamite chargé, avec l'envoyé français, de régler les questions litigieuses.

Le 23 octobre, le d'*Estrées*, ayant à son bord deux mandarins expédiés par Thu-duc, vient mouiller à l'entrée du fleuve du Tonkin. Garnier, pressé de se procurer des jonques pour transborder soldats, vivres et matériel, met à flot son canot à vapeur et se rend à Haï-dzuong, ensuite à Kémot, résidence d'une chrétienté espagnole, où il écrit à Jean Dupuis son arrivée et en même temps il l'informe de la ligne de conduite qu'il est disposé à suivre dans les affaires du Tonkin.

Le 3 novembre, Jean Dupuis, à bord de son bateau le *Monghao*, vient rendre visite à Garnier et lui propose de remorquer ses jonques avec son steamer. Cette offre acceptée, le 5 novembre la flotille entre à Hanoï au milieu de la population tonkinoise qui l'accueille avec empressement ; mais les Annamites restent froids et étrangers à toute manifestation. Les hauts fonctionnaires de la citadelle, le maréchal Nguyen-tri-phuong, vice-roi, le de-doc (général), le tong-doc (gouverneur), s'abstiennent d'assister au débarquement des Français. Ces procédés inconvenants froissent le commandant et ses soldats qui voient le prélude des sentiments hostiles des mandarins annamites, qui les accentuent par la désignation d'un logement indigne de l'envoyé français et de son escorte.

Sous le coup de l'irritation, Garnier, accompagné de quinze hommes, marche droit à la citadelle, et avant qu'on eut fermé les portes, il entre *tout de go*, dit-il, chez le maréchal. Il lui exprime en termes très vifs son mécontentement et obtient qu'on mette à sa disposition le camp des lettrés avec les logements qui en dépendent et sont voisins de la citadelle.

Les négociations s'entament avec le maréchal et les mandarins annamites ; tous les moyens d'apaisement et de conciliation échouent devant une opposition obstinée et dédaigneuse. Une attitude si orgueilleusement inflexible décide Garnier à un coup d'éclat pour rétablir son prestige. Le 19 novembre, il adresse à Nguyen-tri-phuong un ultimatum, l'invitant à accepter ses propositions ou à s'attendre à l'emploi de la force. Le maréchal prend pour une bravade inconsciente cette sommation et n'y répond pas.

Garnier n'a qu'une poignée de soldats avec les renforts du *Décrès*, de l'*Espingole* et du *Scorpion* dirigés par ordre de l'amiral de Hong-kong au au Tonkin ; le corps expéditionnaire se chiffre par 11 bouches à feu et 212 hommes.

Dans la nuit du 19 au 20 novembre, des ordres sont discrètement donnés pour attaquer la citadelle. Toutes les combinaisons stratégiques sont assurées et toutes les indications tracées avec une rare intelligence.

La troupe marche sur deux colonnes ; la première composée de 30 hommes commandés par l'enseigne Bain, doit battre en brèche le côté sud-ouest de la citadelle ; la deuxième colonne formée de 30 soldats d'infanterie de marine ayant à leur tête le sous-lieutenant de Trintinian, 29 marins sous les ordres de l'enseigne Esmez et de trois pièces d'artillerie, ouvrira la feu sur la porte sud-est. Des instructions également bien comprises sont données à l'officier de marine Balny d'Avricourt, qui commande les deux canonnières *Espingole* et *Scorpion* embossées dans le fleuve à 1,200 mètres de la citadelle, et la canonneront à bout portant.

A six heures du matin l'attaque commence : Garnier en personne essaie d'enfoncer la porte principale ; les haches se brisent contre les épaisses solives bardées de fer, mais s'apercevant que la partie supérieure est garnie de barreaux, il s'accroche au rebord et, malgré une pluie de projectiles, il se fraie un passage et saute dans la forteresse ; de Trintinian le suit. La citadelle est prise : le pavillon national flotte sur la tour d'Hanoï, c'est le signal du triomphe et en même temps l'ordre implicite aux canonnières de cesser le feu.

Le combat a duré 35 minutes ; pas une mort, pas une blessure n'est à constater dans les rangs de la vaillante cohorte. Du côté des ennemis on compte 80 morts, 300 blessés, 2,000 prisonniers, parmi lesquels de grands mandarins et le vieux Nguyen-triphuong, grièvement blessé et inconsolable de sa défaite. Un butin considérable est tombé en notre pouvoir.

Ce fait d'armes accompli, les troupes sont casernées dans la citadelle, et le commandant en chef s'installe dans le palais appelé *Temple de l'Esprit des lois.*

Occuper le pays, c'est bien, mais l'organiser c'est le but principal ; Garnier, sous l'influence de cette idée, adresse au peuple du Tonkin une proclamation et ébauche un programme d'administration. Il affirme qu'il est venu, non en conquérant, mais en pacificateur d'un pays que les mandarins oppresseurs rongent jusqu'aux moelles. Il révoque de leurs fonctions administratives divers mandarins et les remplace par des Annamites soumis et fidèles. Il forme une milice indigène chargée de réprimer le brigandage et châtier les pirates. Pour faire face aux dépenses, tout en abaissant la taxe du riz, il afferme le droit de pêche sur le fleuve et régularise le service douanier. Son plan est de donner au pays une certaine autonomie, tout en agissant sous l'autorité de Thu-duc avec l'investiture française.

Par suite de la position centrale d'Hanoï, Garnier ne peut faire une utile application de son système commercial qu'avec le concours des populations voisines ; à l'est du Song-koï sont situées les provinces de Bac-ninh, Hung-yen et Nam-dinh ; à l'ouest le Daï, grand bras du fleuve Rouge, baigne les préfectures de Phu-li et de Ninh-binh. Il est indispensable de ne pas laisser entre Hanoï et la mer ces places fortes aux mains de l'ennemi. Ou les gouverneurs de provinces feront leur soumission, ou ils résisteront. Dans le dernier cas, il faut les traiter comme les mandarins d'Hanoï.

Le destin, de complicité avec les événements, se prononce pour le choix des armes. Pendant plus de deux mois le pugilat de la guerre se noue et se dénoue avec la rapidité des éclairs, chaque jour inscrit une victoire, enregistre un triomphe, on croit assister au spectacle fabuleux des Titans en voie de fait contre l'Olympe. Cette poignée de Français infiniment petits par le nombre, mais grandis et multipliés par le cœur, montre une bravoure inexprimable ; fractionnés en groupes souvent invraisemblables, ils sont aux prises avec une nation entière, exposés aux plus grands dangers, serrés de près, voisins de l'écrasement, mais ils procèdent de la foudre, brisent les obstacles, pulvérisent les résistances, sèment la panique dans les masses annamites, terrifient les gouverneurs de provinces et foudroient forteresses et citadelles qui se rendent à merci.

Le 23 novembre, Balny d'Avricourt, de Trentinian et le docteur Harmand s'emparent avec 32 hommes de Hung-yen et du fort Phu-ly. Pendant que Balny réorganise l'administration indigène, détruit les barrages, fait poursuivre les pirates, Hautefeuille, le 1er décembre, occupe Gia-lam dans la province de Bac-ninh.

Garnier voulant assurer les communications avec la mer, trouve urgent de s'emparer des citadelles de Haï-dzuong et de Ninh-binh, l'une dominant le cours de Thai-binh, l'autre gardant les défilés du sud.

Balny reçoit l'ordre de se diriger sur Haï-dzuong; il entre aussitôt dans le Thai-binh, et le 3 décembre l'*Espingole* est en face de la citadelle.

Le gouverneur d'Haï-dzuong refuse de faire sa soumission; Balny mitraille les remparts, débarque sa troupe, et en dépit d'une grêle de pierres, de briques, de boulets en marbre qui pleuvent sur les assaillants, la citadelle est occupée.

A Haï-dzuong, le docteur Harmand se signale par le brillant exploit qui rappelle celui de Garnier à Hanoï. Il semble que parmi ces invulnérables il y ait comme un souffle de rivalité, d'audace : toute porte qui résiste est escaladée par un heureux téméraire, qui s'ouvre une issue le revolver au poing.

Le 11 décembre, la province d'Haï-dzuong est confiée à la garde du sous-lieutenant de Trentinian, et Balny se rend en toute hâte à Nam-dinh, très inquiet sur le sort de Garnier dont il n'avait pas de nouvelles depuis plusieurs jours.

A son arrivée le commandant en chef lui annonce que Ninh-binh, Nam-dinh et Binh-dinh sont entre ses mains.

L'occupation de Binh-dinh reste tout entière à l'acquit de Hautefeuille, jeune enseigne de vingt ans, dont l'intrépidité et le courage ont quelque chose de l'entrain et de la verve d'un héros de l'Iliade. Avec 8 hommes, 6 obus, 6 boîtes à mitraille et 250 cartouches il fait mettre à genoux 1,700 défenseurs annamites enfermés dans la place.

La prise de Nam-dinh est l'œuvre de Garnier. Cette citadelle était fortement protégée ; de grands préparatifs de défense avaient été faits. La lutte fut acharnée ; les batteries masquées ras de terre fai-saient pleuvoir des volées de mitraille sur la canon-nière le *Scorpion* gravement endommagée. Garnier à Nam-dinh suit la même stratégie que devant Ha-noï. Il divise ses troupes en colonnes, l'enseigne Bain conduit la première, l'ingénieur Bouillet la deuxième et Garnier commande la troisième ; quand les munitions sont épuisées les Français procèdent encore une fois par escalade. Ils n'ont pas plutôt enjambé le parapet que la panique s'empare des Annamites et leur déroute se change en vraie dé-bâcle.

Le 11 décembre, le corps expéditionnaire était maitre du delta.

Hanoï est gardé par Bain.

Hung-yen par un gouverneur soumis.

Phu-ly par un auxiliaire, le général Ba.

Ninh-binh par Hautefeuille.

Haï-dzuong par Balny d'Avricourt.

Nam-dinh par Francis Garnier.

III

LA MORT.

Le delta soumis, il semblerait qu'un repos légitime soit dû aux vaillants officiers et soldats. Mais à l'heure même du triomphe, le danger menace du nord. La faible garnison d'Hanoï est inquiétée par des Annamites rebelles et des bandes de heckis (Pavillons Noirs), agglomérés dans la citadelle de Song-taï sous le commandement du général Koang-keoien. Ces heckis mercenaires, grossis de pirates, s'avancent et se sont déjà emparés de Phu-hoai. Ils sèment l'épouvante dans les villages par la dévastation, l'incendie et le massacre de nos partisans. Le poste de Gia-loun est emporté et sans le secours du navire *Hong-kiang* de Dupuis, qui, par une vive canonnade, met en déroute 700 Pavillons Noirs, l'enseigne Perrin et sa troupe à leur poursuite eussent éprouvé une sanglante défaite.

Apprenant de semblables nouvelles, Garnier expédie sur-le-champ l'enseigne Esmez à Hanoï. Deux jours après il quitte Nam-dinh, et le 14 décembre il a rejoint son lieutenant. Le mal est profond, il importe de le couper dans la racine ; sans désemparer marcher sur Song-taï. C'est de Song-taï que vient la guerre, c'est à Song-taï qu'il faut porter un coup décisif et anéantir ce repaire de bandits. Garnier forme aussitôt un plan d'attaque ; les navires de Dupuis, comme auxiliaires de ses marins et soldats, peuvent lui assurer la victoire. Ce projet allait être en voie d'exécution, quand le 19 décembre une ambassade de la cour de Hué fait son entrée à Hanoï ; elle vient, au nom de Thu-duc, conclure un traité qui assure la libre navigation de Song-koï. La fortune semble donner la dernière couronne à nos efforts.

Hélas ! espérances vaines et décevantes.

Ce n'est pas *la paix*, mais la plus noire trahison que nous réservent les perfides ambassadeurs d'Annam.

Le 21 décembre, à dix heures du matin, le commandant en chef s'était rendu chez les plénipotentiaires de Hué pour entamer les négociations du traité.

En ce moment, un indigène se précipite chez l'évêque, monseigneur Puginier, et s'écrie : « L'armée de Song-taï s'avance pour attaquer la citadelle, les Pavillons Noirs sont à l'avant-garde, devant eux se sont repliés les volontaires qui gardent la route de Phu-hoai. » Garnier, aussitôt prévenu, court au point menacé, envoie Bain avec 30 hommes surveiller le rempart de la face du nord, se réservant le côté de l'ouest ; Perrin avec 5 hommes occupe le bastion du sud.

A peu de distance de la citadelle, 5 ou 600 Pavillons Noirs barrent la route de Phu-hoai ; 2,000 Annamites, campés à 200 mètres en arrière, attendent pour suivre leur mouvement.

La porte sud étant attaquée, Garnier fait hisser un canon de 4 ; ses obus jettent la confusion et le désordre dans les rangs des Pavillons Noirs, qui se retirent pied à pied, s'abritant derrière des bosquets de bambous. Ils se replient divisés en deux bandes, l'une prend la route de Phu-hoai, l'autre longe le rempart de la ville d'Hanoï pour gagner le même fort, en suivant une digue qui part du village de Thu-lé.

Sur ces entrefaites, Balny d'Avricourt paraît avec 10 matelots de l'*Espingole* : « Allez tout droit sur Phu-hoai, lui crie Garnier du haut du rempart, je vais vous rejoindre en prenant l'ennemi à « revers. » Garnier se hâte de faire une sortie ; passant par la porte sud avec 18 Français, 1 canon et des auxiliaires indigènes, il prend la direction de Thu-lé. Mais, obligé de quitter la chaussée, il s'engage dans les rizières, le canon s'embourbe, retarde sa marche, il l'abandonne à la garde des trois servants et court au pas gymnastique, baïonnette au canon et chasse l'ennemi de sa position. Les Pavillons Noirs vont se retrancher à l'extrémité de Thu-lé. Pendant que le sergent Champion et quatre hommes fouillent le village, Garnier gravit le tertre occupé par l'ennemi, avec lui s'élancent le fourrier Dagorne, le caporal Guérin et le soldat Laforgue.

Dagorne est mortellement atteint d'une balle, Guérin est blessé. Garnier, après avoir déchargé son revolver sur les Pavillons Noirs, descend du tertre pour les chasser des broussailles, mais son pied butte au bord d'un fossé, il tombe, et soudain les Pavillons Noirs, sortis de leurs fourrés, se ruent sur lui, le percent de coups de lance et emportent sa tête comme trophée.

Champion qui débouche de Thu-lé trouve devant les retranchements ennemis les corps décapités de Garnier et de Dagorne.

Au même moment, au village de Ha-yen-ké, Balny d'Avricourt, cerné par les Pavillons Noirs, subissait le même sort que Garnier.

Quelle éloquence que celle des faits et quel dévouement ! qui pénètrera le tragique mystère de cette heure suprême passée dans le monde des vivants ?

La mort par surprise, dans un piège, des sauvages se disputant ce cadavre mutilé. Cette tête au cou saignant emportée comme trophée : l'arme incons- ciente d'un barbare, d'un lâche chinois aux gages de l'Annam, ayant tranché cette existence si glo- rieuse, brisé ce cœur si noble, cette intelligence si riche et si féconde en grandes conceptions. N'y a-t il pas de quoi frémir ?

Ainsi périssait, misérablement assassiné sur le bord d'un fossé, Francis Garnier, ce savant doublé d'un héros qui poursuivit la gloire, ce fantôme brillant, avec une ardeur peut-être oublieuse de la prudence *(vehementius quam caute)*, mais avec un dévouement poussé jusqu'à la mort pour le service de la Patrie.

Dix ans après, le 19 mai 1883, par une coïncidence fatale de la destinée, au même village de Thu-lé, dans la même embuscade, de la main d'un Pavillon Noir, le chef de la deuxième expédition française au Tonkin, le commandant Henry Rivière, payait tragiquement de sa vie la même bravoure que son prédécesseur.

L'ange de la mort qui a réuni après dix ans d'intervalle dans le même linceuil de gloire ces deux hommes de guerre, doit venir dans le silence des nuits planer sur les rives du fleuve et secouer ses grandes ailes humides de la rosée féconde de l'immortalité.

De pareils hommes ne meurent pas tout entiers : La postérité tient à honneur de recueillir pieusement leur souvenir et de le consacrer avec le bronze et le marbre.

La statue de Garnier, noble témoignage des habitants de la Cochinchine, œuvre du statuaire Noël, artiste d'un grand talent et de plus ami intime du héros, reproduit avec fidélité les traits de cet homme,

mort si jeune, qui réveille tant de douloureux souvenirs et tant d'émotions qu'on est saisi d'une profonde admiration et d'une profonde pitié. Rendons
hommage au ciseau qui a obéi au sentiment de
l'art, mais encore à des souvenirs de tendresse et
d'affection.

VIVE LA FRANCE !

Cette étude biographique et historique est la repro-
duction du discours officiel prononcé à l'inauguration
de la statue de Garnier. — Saïgon, IMPRIMERIE COLO-
NIALE, 1887.

INDE ET INDO-CHINE

L'ART INDO-CHINOIS

La nouvelle Délos. — Création d'un Musée Indo-Chinois à Saïgon. — L'initiative et ses résultats.

> Primi per figuras animalium Egyptii sensus mentis effingebant, et antiquis.
> sima monumenta memoriæ humanæ impressa saxis cernuntur, et littera-
> rum semel inventores perhibent.
>
> TACITE, *Annales XI, 14.*

Disons-le tout d'abord, une des plus jolies villes de l'extrême Orient est Saïgon ; dans l'espace de vingt années, cette nouvelle Délos est sortie du trident de Neptune : palais splendide, jardins admirablement dessinés et plantés, casernes et hôpitaux construits avec élégance et solidité. — Hier, encore, d'une grève sablonneuse, aride, dévorée du soleil, jaillissait sous la baguette magique de notre habile ingénieur, un château d'eau, avec son bassin de dryades dont les urnes répandent des ondes pures et rafraîchissantes qui donnent la vie à toute une population.

Et cependant, il y avait une lacune à combler, un monument à élever, qui s'imposait à un administrateur instruit et ami de tout ce qui touche aux sciences et aux arts : je veux dire la création d'un Musée indo-chinois, institution d'intérêt national au plus haut degré, source de lumière féconde et accessible à tous : qui n'a pas le temps de consulter le livre, d'étudier, d'apprendre, est forcé de voir ; qui heurte un piédestal, regarde l'inscription. « Une statue, dit un de nos grands génies modernes, est un coup de coude à l'ignorance. »

Posteri, vestra res agitur ! — La première pierre du Musée est posée, l'édifice sort de terre ; cette initiative appartient à M. Lemyre de Villers, gouverneur de la colonie, esprit actif, sagace, indicateur du progrès dont il signale la marche par la préparation du chemin aux futurs explorateurs ; il y a lieu d'espérer que l'Indo-Chine ancienne reprendra dans l'histoire générale du monde la place qui lui convient (1).

En Orient est né la lumière ; dans le même berceau est née la civilisation. — Alors que le reste du monde est noyé dans d'épaisses ténèbres, l'Asie écarte cette obscurité ; l'intelligence se désagrège du chaos, elle s'étend, se développe et rayonne enfin, laissant entrevoir, à travers les âges, ses vestiges gigantesques qui, par leur étendue, leur ampleur, feraient croire à une excursion dans le domaine de la Fable.

Cette Asie, *alma parens*, donne naissance à

---

(1) Depuis 1887 le Musée est terminé et placé sous la garde d'un administrateur désigné par le Gouverneur d'Indo-Chine.

l'énigmatique Egypte, qui a servi de transition à la civilisation européenne. Les destinées suivies par l'art égyptien nous semblent réservées à l'art khmer. A peine la terre des Pharaons, sortant de sa torpeur séculaire, devint-elle le champ d'études des savants, à peine ses richesses artistiques, exhumées des sables où elles sommeillaient depuis la chute de sa gloire, apparurent-elles à l'éclat du jour, que l'admiration enthousiaste des égyptologues les dispersa aux quatre coins de l'Europe ; chaque capitale voulut avoir un musée égyptien ; on érigea, sur la place de la Concorde, un obélisque enlevé aux rives du Nil. — Les débris antiques de Memphis, Philœ, et Thèbes, allaient ainsi s'éparpillant, lorsqu'il s'est rencontré un ami des arts comprenant, mieux que ses devanciers, la grande mission qui s'imposait à ses efforts : Mariette Pacha, arrachant des profondeurs des syringes les monuments et les statues voués à l'oubli, créa dans la capitale même des khédives le musée de Boulaq.

Les récents travaux scientifiques et les brillantes découvertes historiques qui en ont été le fruit nous ont amené à espérer le même succès pour ceux qui se consacreront à l'étude de l'art cambodgien. — Il y a, en effet, un lien de parenté très étroit entre le génie des deux civilisations ; après avoir trouvé la clef de l'une, pourquoi celle de l'autre resterait-elle perdue ?

Les principaux éléments que possède actuellement le Musée de Saïgon proviennent des ruines d'Angkor, — pays qu'il m'a été donné de visiter, grâce à la bienveillance tout aimable de M. Lemyre de Villers, qui m'a procuré les moyens de faire une charmante excursion sur le territoire de Siam. — Angkor, grande capitale autrefois du royaume Khmer, est située entre l'Inde de Sakya-Mouni et la Chine de Confucius ; l'ethnographe, l'historien, l'artiste, qui, après avoir remonté le grand fleuve de Me-Kong, traversé les grands fleuves du Cambodge et enfin cheminé de longues heures à travers la forêt, approche de ces ruines, est saisi de stupeur ; un mélange d'étonnement et de tristesse arrête sa pensée dans un silence profond ; ces monceaux de pierres aux prises avec la destruction, ces murs avec leurs penchements pleins de menaces, ces immenses sanctuaires couverts de blessures ont conservé un aspect auguste ; ils ont l'étendue, la masse et le mystère, forces imposantes et redoutables parce quelles sortent de la mesure ; l'esprit inquiet interroge, le regard ébloui fouille et veut savoir ; une partie du problème se résout : faire la preuve de l'homme par le géant, la preuve du Dieu par le symbolisme multiplié et colosse, tel a été le but des constructeurs. Etudier l'œuvre dans ces débris, déchiffrer le nom de l'ouvrier, préciser l'âge de l'édifice, tel doit être l'objet des méditations et recherches de ceux qui ont à honneur de soulever un coin de ce voile mystérieux, qui, tout trempé de ténèbres comme celui d'Isis, enveloppe ces monuments perdus dans la forêt khmerienne.

Ces grands ossements, debout, tristes, sombres, bravent la dent du temps, une teinte noire ou verdâtre les recouvre ; le soleil combiné avec la pluie a imprimé cette nuance au grès qui, dans son origine, a été aussi blanc que le marbre.

Ces ruines semblent avoir emprunté du Destin son immutabilité; les racines, les lianes se cramponnent à leurs flancs lézardés, comme pour en retarder l'écroulement.

Au sommet mutilé de la grande tour du Baïon, toute tapissée de lierre, croit un arbre qui la couvre de son feuillage et enfonce ses racines dans l'épaisseur des murs. Cet arbre dont la tête du ciel est voisine éveilla mon attention ; le souvenir d'un semblable tableau me hantait lorsque ces deux vers aidèrent ma mémoire à retrouver la route oubliée :

Ingens ara fuit, juxtaque celerrima laurus
Incumbens aræ, atque umbrâ complexa penates.

Ce vaste palais, ce très ancien laurier qui l'abrite de ses rameaux, et dont l'ombre tient embrassés les pénates, quel était-il ? et où était-il ? A Argos en Grèce ? c'était la demeure d'Agamemnon, palais farouche, où les vieilles Euménides accroupies méditaient d'horribles catastrophes et des drames sanglants.

Si j'en juge par les bas-reliefs des galeries d'Angkor-Vhât, où sont reproduits tous les supplices de ces âges barbares, il y a comme une image de la férocité des Pélopides.

O vanité des choses humaines ! Maison des dieux, palais des rois se dispersent en poussière ; l'ombre seule d'un arbre survit au néant, parce qu'il est œuvre du Tout-Puissant !

Il y aurait deux siècles, si toutefois cette date a été précisée d'une manière certaine, qu'un Européen aurait pénétré pour la première fois dans la forêt Khmer et aurait fait la découverte d'Angkor. C'était un religieux portugais. Le hasard, de complicité avec une marche à l'aventure à travers les broussailles, mit sans doute l'apôtre en présence de ces ruines. Fut-il saisi, étonné par cet imposant spectacle ? Nul ne le dit, nul ne le sait : son couvent lusitanien a livré le secret de cette découverte, sans y ajouter grande importance ; il est probable que le pèlerin, tout entier à son œuvre d'évangélisation, aura signalé cette pagode des infidèles, comme pouvant fournir de riches et abondants matériaux pour édifier des églises en vue du salut de la chrétienté future.

Et pourquoi cette idée n'aurait-elle point germé dans le cerveau de ce missionnaire compatriote du Camoëns ? le vase de Serpion, fait pour la Vénus *avervative* d'Athènes, ne sert-il pas aujourd'hui de baptistère à Notre-Dame de Gaëte ? et, par contre, l'oratoire élevé sur la crèche du Sauveur à Bethléem de Juda, ne fut-il pas remplacé par une statue d'Adonis, sous l'empereur Adrien ?

Ce premier témoignage de l'existence des ruines d'Ankor est resté sans influence effective sur les

aspirations des archéologues des XVIIe et XVIIIe
siècles. Il était réservé aux esprits distingués de
notre temps de se laisser entraîner jusque dans
l'extrême Orient à la recherche des chefs-d'œuvre
de l'antiquité, de les révéler dans leurs diverses
publications et de produire un mouvement artistique auquel la création du Musée de Saïgon n'est
pas étrangère.

En 1850, l'abbé Boilevaux, missionnaire en Indo-
Chine, faisait une première exploration aux monuments khmers ; en 1856, il en a publié la relation.
Sans contester à ce pèlerin son droit de priorité
comme voyageur dans la terre de Siam, une médiocre attention fut accordée à ses études, ainsi qu'à
celles de l'anglais King, et de M. Forest, excur-
sionnistes du même temps.

En 1860, apparaît le véritable vulgarisateur de
l'architecture angkorienne : Henry Nouhot, natu-
raliste français, passé au service des Sociétés savantes de Londres, après avoir été dédaigné de celles
de Paris, venait mourir à Luong-Prabang, dans le
Laos, laissant de précieux travaux sur l'archéologie
du vieux Cambodge. On a de Nouhot diverses études, telles que *Notes* ou *Cambodia, in lao country*
(voyages dans le royaume de Siam, du Cambodge
et du Laos).

En 1867, le capitaine de frégate Doudart de
Lagrée fut chargé de diriger l'expédition du Me-
Kong, dans le but de reconnaître si ce fleuve per-
mettait d'établir des relations commerciales entre

la Chine centrale et notre colonie. Mais avant de commencer ce long et pénible voyage au terme duquel il devait succomber, il se détourna de sa route pour venir étudier les ruines khmers, les décrire, recueillir de nombreux documents dont certains ont été publiés par les soins de son compagnon de voyage, Francis Garnier, intelligence d'élite, âme vaillante, qui devait plus tard trouver une mort si tragique à l'autre extrémité de la péninsule, à Hanoï, capitale du Ton-King.

Le commandant Doudard de Lagrée offrit la première collection archéologique khmer qui existât en Europe, et qui figure à Paris à l'exposition permanente des Colonies.

Au nombre des membres de cette mission du Me-Kong, se trouvait le lieutenant de vaisseau Delaporte, écrivain élégant, archéologue du plus grand mérite. Il fut désigné pour être le chef d'une deuxième expédition. Le gouvernement français ne pouvait avoir la main plus heureuse en faisant un pareil choix ; nous devons à cette plume habile, à ce pinceau si ingénieux et si correct, une odyssée des plus charmantes et instructive à la fois, à travers ces régions mystérieuses et désertes, où tout est ombre et silence, à travers ces lacs sans rivages, au milieu de ces forêts, vastes solitudes, repaires des fauves et des reptiles. Çà et là, il s'arrête dans la hutte de l'indigène dont il vous donne des peintures saisissantes de vérité et de naturel. Enfin, cet infatigable crayon continue son œuvre et reproduit dans tous leurs détails les monuments, les colonnades, les tours, les cariatides, les terrasses aux balustrades de serpents, les ponts bordés de géants, et tous ces fourmillements de divinités sans nombre, pressées sur des colonnes ou sur des bas-reliefs.

M. Delaporte vient de faire paraître son ouvrage, illustré de dessins et de plans dont il est en partie l'auteur, mais avec le concours de MM. Ratte, ingénieur civil, et Faraut, conducteur des ponts et chaussées, aujourd'hui attaché au service du roi de Cambodge. Ce modeste collaborateur, après le départ de M. Delaporte, a poursuivi ses recherches et a réussi, nous dit le marquis de Croizier, fondateur et président de la Société indo-chinoise, à découvrir vingt monuments nouveaux dans les provinces de Battambang.

La création d'un Musée dans la capitale de notre colonie est une idée féconde, qui mérite d'attirer l'attention de ces infatigables pionniers en quête de la solution des problèmes ethnographiques.

Depuis l'illustre Ozanam, il s'est fait un progrès sérieux dans les études orientalistes. Il suffit de rappeler le nom du savant professeur de la Sorbonne, M. de Foucaud ; et, plus particulièrement attaché à la Société académique indo-chinoise, un groupe d'esprits distingués, tels que le marquis de Croizier, le docteur Harmand, et bien d'autres encore.

Le Musée de Saïgon devient une galerie historique, parlant aux yeux, précisant les usages, les coutumes, les mœurs et la religion de l'Indo-Chine ancienne, en même temps qu'il ouvre un vaste champ à la comparaison entre les civilisations existantes et celles qui sont éteintes. Le Musée sert de complément à l'école ; à côté de la leçon se trouve le modèle ; si, en face du sphinx, l'esprit, aiguillonné par le désir de connaître, a soulevé les bandelettes sacrées cachant des énigmes séculaires, ce même esprit infatigable n'est-il pas en droit d'espérer que telle Lakon descendue du paradis d'Indra ne déroule de ses doigts de grès ou de bronze le fil conducteur à travers ce labyrinthe des décombres cambodgiens.

Poursuivre ce but est une tâche séduisante et faite pour exciter l'émulation : quel honneur ! disons, quelle gloire pour le nouveau Champollion qui traduira les inscriptions gravées sur la pierre de ces temples dont chaque relief, chaque dessin, dieux, déesses, animaux, fleurs, lotus, etc., striés sur les murailles, est la pensée d'un peuple, monumentée par la diffusion d'un mystérieux symbolisme ! Quel triomphe pour la tension de l'esprit de sortir des hypothèses, d'échapper aux hésitations, aux conjectures, au peut-être ? En présence d'Ankor-Vhât et d'Ankor-Tom, que de points d'interrogation ???

Ce temple a-t-il été construit pour les dieux, ou pour une dynastie d'hommes se croyant semblables aux dieux ?

Honorer Vishnou sous son double avatar de Rama et de Bouddah-le-Saint, était-il uniquement dans la pensée de ces bandes d'Indous, chassés par le schisme aryen des sommets de l'Himalaya et émigrés, les uns dans l'île de Lanka, les autres, dans la presqu'île transgangétique? La supposition va et vient, l'observation guette, et c'est encore autant de brumes à dissiper, autant de clarté à faire.

Des légendes éparses, qui sont peut-être des pages d'histoire, et dont je me réserve de parler ailleurs, établissent des dynasties de princes ayant régné à Ankor. Au nombre de celles-ci, figurent le roi lépreux, Prom-Kromlong, « homme aimé des dieux et vénéré de ses semblables. » — Au pied des remparts écroulés du Baïon, non loin du Phimanakas, son palais, on découvre, cachée dans la broussaille, la statue de ce monarque ; la face et le buste sont couverts de squames, mais cette tête est noble, fine, régulière et empreinte d'une résignation sereine. Cette statue, placée à l'extrême Orient, honorée des bonzes, qui entretiennent aujourd'hui le feu sacré devant son piédestal, me semblait le pendant de celle de Job ; et sans avoir recours aux suggestions de la philosophie, n'y avait-il pas eu dans ces deux types de l'espèce humaine, séparés par l'espace et le temps, communauté de grandeurs et de misères, et châtiment pour les mêmes causes : l'amour du bien. Le patriarche arabe avant d'être éprouvé était « le pied du boiteux et l'œil de l'aveugle, » le roi khmer était « le soutien des pauvres et des opprimés, » et cependant pour l'un et l'autre la pourpre se changea en lèpre.

Le sentiment du beau, joint à l'amour-propre national, doit encourager chaque voyageur allant au pays des ruines à faire hommage au Musée de la part du butin précieux glané sur la route : ce tribut payé à la science lui sera compté, et son nom salué avec sentiment de gratitude.

Nous ne sommes plus au temps de ces poètes irrités de voir disparaître du milieu des ronces et des orties quelques fragments des arts de la Grèce. Ces voyageurs, riches d'argent, de gloire et aussi d'un très grand fonds d'égoïsme, ayant accordé leur lyre sous les lauriers roses des bords de l'Ilissus, ne comprenaient pas ou se souciaient peu que le monde, après avoir lu leurs poèmes sur les beautés de l'Attique, fût à même d'en vérifier l'exactitude :
Sed non cuivis adire Corinthum !

Le chantre de *Child-Harold* vouait aux Furies et à Minerve vengeresse lord Elgin, fondateur du Musée hellénique de Londres.

> *Hoc vulnere Pallas*
> *.... et pœnam scelerato ex sanguine sumit.*

M. de Châteaubriand ne va pas jusqu'à demander le sang du pécheur, il se contente de le signaler à la vindicte des antiquaires.

Colères de bardes, indignations exagérées de visionnaires fanatiques ! Le spoliateur sacrilège, livré aux Gorgones, au glaive de Pallas, a enrichi sa patrie de dépouilles sacrées, déposées dans un temple où les adorateurs de l'Art sont venus en

attester le fini et les merveilles et préparer une
génération d'artistes glorifiant dans des œuvres
modernes le ciseau des anciens! A Athènes, les
chèvres broutent sur le Pnyx, quelques maigres
chevaux sous la conduite d'un berger paissent non
loin du temple d'Hérode atticus, le lézard court
entre les pattes du chat de Corinthe qui décore les
reliefs du Parthénon, l'autel de la Pitié a entièrement disparu : la Grèce d'autrefois en est-elle moins
vivante ! et l'ombre des héros de Salamine, de
Marathon, des Thermopyles en est-elle sensible-
ment diminuée? Non, quelques pierres arrachées à
ses ruines ne sauraient porter atteinte au bruit qu'a
fait sa gloire : Athènes, Sparte, Argos, toute la
Grèce a ses titres à l'immortalité, ils sont inscrits
sur l'airain le plus durable, dans l'impérissable
souvenir de la postérité.

Je n'ai pas l'intention de donner des louanges aux
Vandales : détruire pour détruire est un attentat
odieux. Quand l'ignorance et le fanatisme prennent
le marteau et la hache de destruction, c'est une
criminelle voie de fait : Attila est un ravageur de
peuples ; Alexandre un fondateur de villes, un
propagateur de la civilisation. L'Histoire a le droit
de flétrir le démolissement ; elle ne s'en fait pas
scrupule : dans son verdict, elle laisse Omar à son
incendie et lui adjuge la fumée des 700,000 volumes
de la bibliothèque d'Alexandrie, tandis qu'elle
s'incline devant le Pharaon qui la créa, Ptolémée
Philadelpha, et ne songe nullement à reprocher à

son fils, Evesgète, le procédé incorrect par lequel il s'appropria le manuscrit des œuvres d'Eschyle.

La Colonie ne possède pas encore de bâtiment spécial adapté à l'usage du Musée, qui est provisoirement installé au Palais du Gouvernement.

Sur le péristyle d'entrée, on remarque d'abord deux sôngs en grès gris, lions fabuleux, sans crinière, avec le visage fantastique et aplati et une énorme gueule laissant voir une double rangée de dents de nature à effrayer les simples mortels.

Au premier rang, sans contredit, se signale à l'attention une statue en grès, d'une couleur grise, d'un grain très fin et susceptible du plus beau poli ; elle représente une divinité indoue ou un phrôm, semblable à celui que possède le Musée de Compiègne.

Le dieu est debout sur un socle circulaire, son quadruple visage est modelé sur le type indien le plus pur ; ses quatre bras sont brisés à la naissance de l'épaule, mutilation regrettable ! Leur disposition et les attributs dont ils sont armés expliquent les symboles de cette divinité.

Les quatre faces tournées vers les quatre points cardinaux indiquent la pénétration universelle, l'œil du Tout-Puissant embrassant dans la même seconde l'univers entier.

Les quatre bras ont aussi leur sens ; chaque main a son rôle : la première porte les Védas, les tables de la loi, ou la science divine ; la deuxième tient le sceptre, emblème de la domination ; la troisième soutient le cercle, signe de l'éternité ; la quatrième est ouverte et vide ; les brahmes en donnent la raison suivante : que l'Être suprême veut avoir une main libre pour la tendre aux malheureux.

La tête de ce phrôm est d'une beauté remarquable, par la régularité et la finesse des traits. Les oreilles longues et percées, que l'on pourrait croire un caractère distinctif du Bouddha, appartiennent également au dieu hindou ; la grandeur des dieux n'étant pas diminuée par la dimension des oreilles, le statuaire n'a pas craint de les allonger.

On pourrait reprocher à cette statue son manque de proportions ; l'harmonie anatomique lui fait défaut ; le torse est étroit, les jambes sont grêles et écourtées, les pieds défectueux. La cause de cette imperfection tient probablement aux modèles qu'avaient sous les yeux les artistes indiens, la plupart des hommes de haute caste étant efféminés, sans force, et se rapprochant plus d'un Apollon amaigri, aux jambes débiles, que d'un Hercule, personnifiant la force.

Vient ensuite une grande statue de la mère du Bouddha, Maïa, à laquelle l'artiste a conservé le type hindou et que le temps a épargnée. Cette statue est en bon état de conservation, et les quelques mutilations qui l'ont atteinte ne lui enlèvent rien de sa valeur artistique. Les deux bras sont cassés à l'épaule ; la coiffure consiste en un toupet pointu sur le sommet de la tête. Une particularité très curieuse est que, appuyé contre ce toupet, est assis, sculpté dans le grès, un microscopique simulacre du dieu fils du dieu de l'Himalaya qui prit, une nuit, la place du roi de Kapilavota, son père, remplacé à la façon de Joseph de Nazareth. On pourrait donc définir cette statue : Maïa la divine, portant sur sa tête l'image du saint fruit de ses entrailles (voir la légende du Père Bigandel, missionnaire en Birmanie).

Sur la vérandah qui circule autour de la salle des fêtes, sont disposées vingt-cinq pierres triangulaires, provenant des toits de la pagode d'Angkor. Elles ont été brisées à leur base et présentent trois figures sculptées sur un plan formant un angle un peu aigu. Exposées depuis des siècles aux intempéries du temps, les sculptures sont un peu effacées sur plusieurs de ces médaillons.

Sur cette vérandah, on voit aussi un fragment de bas-relief, un petit Bouddha ; un fragment d'une petite statuette (le torse seulement) ; un autre torse de même dimension ; une assez jolie tête de Bouddha ; un bas-relief présentant des sculptures d'ornementation ; une tête de Bouddha plus grosse que nature ; un fragment de bas-relief, très profondément sculpté, représentant un singe, sans doute un guerrier de Lanka ; d'autres bas-reliefs striés sur du grès de même nature. Le dessin représente tantôt un richi, ou pénitent les mains croisées sur son bâton, ou dans l'attitude du recueillement ; tantôt un richi orné d'une massue, les pieds reposant sur trois têtes de vache. C'est le sage Brighou planté sur le front des vaches mères des trois mondes, filles de Surahbi, la vache sacrée, la vache pure, la vache sainte.

L'indianiste Colbrooke, vol. VII, page 276, relate une variante du bénédicité indien, qui nous a mis sur la trace de cette hypothèse : « May cows who are mothers of the three worlds and daughters of Surahbi, beneficent, pure and holy, accept their food given by me. » — « Que les vaches mères des trois mondes, et filles de Surahbi la bienfaisante, la pure, et la sainte, acceptent la nourriture offerte par moi. »

Ce symbole trouverait encore une autre explication : Le dieu armé de la massue pourrait être Schiva, la divinité du châtiment, les pieds sur la triple tête du bœuf, Nandy, représentant la pureté, la vérité et la justice.

D'autres bas-reliefs symétriques à ceux-là représentent trois éperviers ou milans brahmatiques, garoudas, ou monture ordinaire de Wischnou ; le dieu voyage sous l'avatar d'un pèlerin.

Le garouda, que l'on trouve à profusion dans la sculpture indienne, est un animal en grande vénération chez les Indiens; il est sans cesse en lutte avec le serpent. — Allégorie personnifiant l'éternel antagonisme du bien et du mal, du vice et de la vertu.

Enfin, un groupe de statuettes brisées, sans têtes, sans bras, sans jambes, qui dans la vallée de Yama auront bien de la peine à se rabibocher.

Je ne me permettrai pas de vous parler de la collection des divers objets se rattachant à l'âge de pierre : le docteur a publié un très intéressant article à ce sujet.

Si j'ai des loisirs et de la santé, je viendrais causer avec vous des monuments d'Ankor, du pays de Siam et du Cambodge, car ma captivité dans l'extrême Orient n'est, hélas! pas encore finie, et qui sait si jamais je pourrais dire comme Gil-Blas dans sa terre de Valence :

Inveni portum ; nunc spes, fortuna valete !
Sat me lusistis, ludite nunc alios !

Saïgon, octobre 1880.

TABLE DES MATIÈRES

—

FRANCIS GARNIER.

L'ART INDO-CHINOIS.

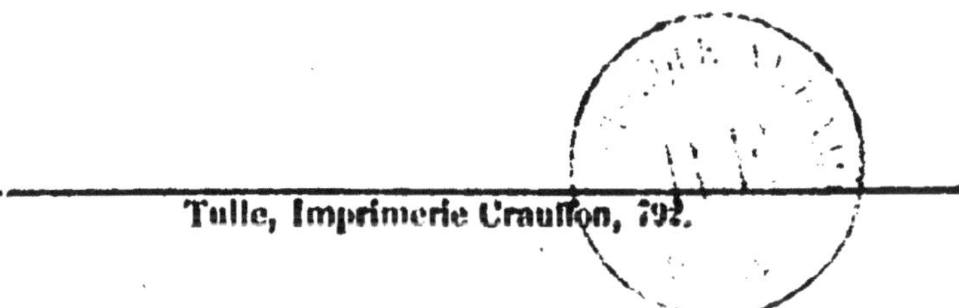